Le Livre noir
du Canada anglais

Du même auteur

Prisonnier à Bangkok (en collaboration avec Alain Olivier), Montréal, Édition de l'Homme, 2001

Alerte dans l'espace (en collaboration avec Michèle Bisaillon), Montréal, Les Éditions des Intouchables, 2000

Enquêtes sur les services secrets, Éditions de l'Homme, Montréal, 1998

L'affaire Gérald Bull. Les canons de l'apocalypse, Montréal, Éditions du Méridien, 1991

Normand Lester

Le Livre noir
du Canada anglais

LES INTOUCHABLES

Les Éditions des Intouchables bénéficient du soutien financier de la SODEC, du Programme de crédits d'impôt du Gouvernement du Québec, du PADIÉ et sont inscrites au Programme de subvention globale du Conseil des Arts du Canada.

LES ÉDITIONS DES INTOUCHABLES
4674, rue de Bordeaux
Montréal, Québec
H2H 2A1
Téléphone : (514) 529-8708
Télécopieur : (514) 529-7780
intouchables@yahoo.com
www.lesintouchables.com

DISTRIBUTION : PROLOGUE
1650, boulevard Lionel-Bertrand
Boisbriand, Québec
J7H 1N7
Téléphone : (450) 434-0306
Télécopieur : (450) 434-2627

Impression : Quebecor
Infographie : Édiscript enr.
Illustration et maquette de la couverture : Marie-Lyne Dionne
Photographie de l'auteur : Heidi Hollinger

Dépôt légal : 2001
Bibliothèque nationale du Québec
Bibliothèque nationale du Canada

ISBN 2-89549-045-7

Toute histoire est histoire contemporaine.

Benedetto Croce

Le passé n'est pas mort, il n'est même
pas passé.

William Faulkner

Prologue

« Le Canada vous aime ! » criait-on aux Québécois la veille du référendum de 1995... Le résultat serré de la consultation aura raison de la passion tout aussi soudaine qu'envahissante que nous portait le reste du Canada ; il déclenchera même à notre endroit une frénésie de violence verbale et de haine comme on n'en avait pas vu depuis longtemps. Durant les deux cent cinquante ans de vie commune, les anglophones du Canada ne nous ont guère voué de grands sentiments d'affection. En fait, ils nous ont surtout voués aux gémonies.

Le Canada anglais est donc encore une fois en guerre contre le Québec. Depuis le référendum, il rêve d'une nouvelle bataille des plaines d'Abraham, il rêve d'en finir avec le Québec.

> *In most epic battles – Waterloo, the Spanish Armada, Gettysburg – there is a clear winner and a loser. When Wolfe climbed the cliffs to the Plains of Abraham and beat Montcalm, the French thought it was a tie* [1].

Partie nulle ! Mais qu'est-ce que c'est que ces Québécois ? Ils ont été vaincus, battus, humiliés, et ils n'acceptent jamais la défaite. Ça devient agaçant à la fin ! Au lendemain du référendum de 1995, le chroniqueur Allan Fotheringham, du *Maclean's Magazine*, constate avec amertume que « [...] *we are back to the Plains of Abraham. A virtual tie that is not going to do anyone any good* [2] ».

---

1. Allan FOTHERINGHAM, *Maclean's Magazine*, 30 octobre 1995, p. 88.
2. *Ibid.*, p. 88.

Assez, c'est assez! Finies les folies! pour reprendre l'exclamation de Trudeau. Une fois pour toutes, le Canada anglais a décidé de faire comprendre aux Québécois qu'ils doivent s'aplatir. Que, vaincus, ils n'existent que grâce à la commisération de leurs vainqueurs. L'opinion publique est prête à appuyer toutes les mesures qui pourraient être considérées contre le Québec, comme elle avait approuvé, en 1970, la *Loi sur les mesures de guerre*. Tous les coups sont permis. Les plans A, B et C... Drapeau sans quartier. Les leaders d'opinion et leurs supplétifs indigènes comme Stéphane Dion sont sur le sentier de la guerre. Avec une avidité et une délectation évidentes, ils entreprennent, comme dans le bon vieux temps, une nouvelle campagne de haine et de dénigrement contre le Québec français. On nous insulte, on nous avilit avec mauvaise foi et mépris pour la vérité. La classe médiatique anglophone s'est donné pour mission de susciter des vues paranoïaques et sectaires dans l'opinion publique anglo-canadienne, en nourrissant et en stimulant les préjugés que celle-ci entretient depuis des générations à l'endroit des Canadiens français et des Québécois. Rien de neuf! Les campagnes haineuses de la presse anglo-canadienne contre les groupes minoritaires sont une constante dans l'histoire du Canada.

En janvier 1997, Conrad Black lance à Toronto une diatribe provocatrice contre la *Charte de la langue française*, qu'il associe indirectement au nazisme combattu par le Canada durant la Seconde Guerre mondiale, au nom de la liberté. Le journal qu'il va fonder, le *National Post*, deviendra le principal porte-parole de ce discours racisant antiquébécois au Canada anglais. La femme de Conrad Black, Barbara Amiel, se plaira à renchérir dans le *Maclean's*:

> Si les membres du PQ s'indignent quand je décris leur parti comme néofasciste, laissez-les faire. Tout parti qui supporte une loi pouvant condamner un citoyen à payer 7 000 dollars d'amende pour avoir sorti un tableau avec l'inscription « *Today's special*/Spécialité du jour » porte en lui un sale penchant totalitaire. Bien sûr, cette loi a été approuvée par les libéraux du Québec et constitue l'illustration d'un autre fait, à savoir que la culture francophone en elle-même n'est pas aussi intrinsèquement démocratique que les

cultures basées sur les traditions britanniques. Si les séparatistes obtiennent leur État un jour, ce sera un pays désagréable, bureaucratique, étatiste et intolérant[3].

C'est une des caractéristiques du discours raciste que de diaboliser le groupe qu'on accable tout en se donnant à soi-même toutes les vertus, de prétendre représenter l'universalisme pendant que le groupe cible des propos haineux est décrié comme mesquin, et ses revendications, sans valeur, anti-démocratiques et intolérantes[4].

> Les similitudes entre les États-Unis à l'aube de la guerre civile et le Canada d'aujourd'hui ne sont pas imputables à de simples coïncidences et deviennent un sujet de préoccupations. [...] Le Québécois aime se décrire comme étant «convivial» et il glorifie la «survivance» de la société francophone en tant que communauté «homogène et cohérente». Cela correspond exactement à la définition du nationalisme ethnique. Quand les anglophones s'en prennent aux caractères ethnocentriques des lois linguistiques du Québec, le ministre québécois de la Culture réplique d'une façon confuse que «toutes les nations sont basées sur le principe de l'ethnocentrisme». Par contraste, les Canadiens anglais adhèrent à des valeurs comme l'égalité des individus et glorifient les «libertés civiles ainsi que l'individualisme libéral classique des cultures anglo-saxonnes»[5].

Pour Bill Johnson, péquistes et libéraux, c'est blanc bonnet et bonnet blanc; le simple fait pour les francophones québécois d'affirmer leur identité est, en soi, un acte de subversion.

> Les deux principaux partis politiques [du Québec] et la majorité des médias francophones articulés veulent renverser la Constitution, ignorer les décisions des cours de justice, fouler aux pieds les droits des Cris, des Inuits, des Mohawks et de l'ensemble des citoyens canadiens du Québec. C'est la recette du chaos, de la ruine économique,

---

3. Barbara AMIEL, *Maclean's Magazine*, juin 1997; cité dans Pierre FRISKO et Jean Simon GAGNÉ, «Le Québec vu par le Canada anglais. La haine», *Voir*, vol. XII, nº 24, 18 juin 1998, p. 12.
4. Voir l'intéressante analyse de Maryse POTVIN, «Les dérapages racistes à l'égard du Québec au Canada anglais depuis 1995», *Politique et Sociétés*, vol. XVIII, nº 2, 1999.
5. James McPherson, *Saturday Night*, mars 1998; cité dans P. Frisko et J. S. Gagné, *op. cit.*

des conflits violents opposant les citoyens entre eux, de la partition du Québec et même de la guerre civile[6].

Il était bien normal que *Cité libre*, vénérable revue fondée par Pierre Elliott Trudeau, participe à la campagne anti-québécoise :

> Au Québec, l'élan nationaliste a donné naissance au plus puissant mouvement sécessionniste de l'Occident, tout en empêchant bon nombre de Québécois talentueux de contribuer au progrès économique, intellectuel, scientifique et technologique, et d'inventer une façon de vivre qui se distingue du consumérisme à l'américaine. Les Québécois possèdent d'immenses richesses mais, génération après génération, ils n'ont pas su exploiter pleinement ces dons à cause de l'aspect rétrograde de leur personnalité culturelle collective. Il leur appartient de transcender cette passion nationaliste ainsi que le complexe de minorité qui la nourrit[7].

Diane Francis : le temps du mépris

Diane Francis, la rédactrice en chef du *Financial Post*, le journal d'affaires le plus influent du Canada anglais, maintenant intégré au *National Post*, se démarque par le caractère particulièrement haineux de ses propos. Pour elle, les Québécois sont des êtres méprisables.

> *They whine and moan and damage our economy. They plot and scheme and dream about creating an ethnocentric, francophone state. They revise history. They fabricate claims about recent injustices. They irritate English Canadians to help their case. They are, in a word, despicable[8].*

---

6. William JOHNSON, *The Gazette*, septembre 1996 ; cité dans P. FRISKO et J. S. GAGNÉ, *op. cit.*

7. Christopher NEAL, *Cité libre*, février-mars 1998 ; cité dans P. FRISKO et J. S. GAGNÉ, *op. cit.*

8. Diane FRANCIS, « Readers support tough stance against Quebec separatists », *The Financial Post*, 4 juillet 1996 ; cité dans Jean-Paul MARCHAND, *Conspiration ? Les anglophones veulent-ils éliminer le français du Canada ?*, Montréal, Stanké, 1997, p 217.

Les Québécois sont une masse d'ignorants et d'imbéciles qui se laissent manipuler par une clique de quelques centaines de séparatistes qu'il suffirait d'éliminer pour rétablir la paix et l'harmonie au Canada. De même que Conrad Black, Diane Francis prône la partition du Québec et l'utilisation de la violence pour bloquer l'indépendance du Québec.

> [...] grassroots fires in favor of partition and human rights have been lit all across the province. Anglos are standing their ground at long last. [...] Mohawks revealed for the first time last month that they will take up arms if Quebec tries to leave Canada. That means violence is certain[9].

Comme elle l'explique dans son livre, le mouvement souverainiste au Québec est une conspiration criminelle de racistes qui violent les droits humains.

> Quebec separatism is not a legitimate struggle for self-determination. It is a racially motivated conspiracy that has run roughshod over human rights, fair play, the Quebec economy, and democracy. The separatists should be treated like the ruthless elite that they are.
>
> Because of superior intellect and single-mindedness, the separatists have controlled Quebec's French language media and the country's political agenda, and by so-doing have been allowed to run virtually rampant, by successive Quebec-born prime ministers, for more than three decades...
>
> English Canadians still remain in the dark and do not fully understand the extent of separatist wrongdoing. The separatists have cheated. Lied. Hidden facts. Revised history. Disenfranchised thousands of voters. Fraudulently spoiled ballots, then covered up their crimes. They have tampered with the armed forces of the nation. Stripped anglophones and allophones of their civil rights for more than three decades. Purposely driven anglophones out of Quebec. Passed laws that legalized employment discrimination and educational discrimination[10].

Vous avez dit discrimination dans l'éducation? Le réseau universitaire de cette pauvre minorité opprimée (trois universités

---

9. *The Financial Post*, 7 octobre 1996; *ibid.*, p. 217.
10. Diane FRANCIS, *Fighting for Canada*, Toronto, Key Porter Press, 1996, p. 184-185.

pour moins d'un million de personnes) reçoit 23,6 % des subventions du Québec et 36,7 % des subventions fédérales accordées aux universités du Québec, alors qu'elle ne constitue que 8,8 % de la population de la province. Selon un chercheur de l'Université de Montréal, Michel Moisan, ce financement extraordinairement généreux est un facteur d'anglicisation qui explique en partie que 60 % des allophones et 21 % des francophones poursuivent des études universitaires en anglais, tandis que seulement 1,3 % des anglophones étudient dans des institutions françaises [11].

Encore aujourd'hui, 40 % des anglophones du Québec sont unilingues. Dans un Québec à 82 % francophone, ils iront du berceau à la tombe sans jamais s'être donné la peine d'apprendre le français. Peut-on imaginer pareille situation au Nouveau-Brunswick? En Ontario? C'est un exemple du contexte colonial dans lequel évolue encore le Québec français.

Ray Conlogue, un des rares journalistes anglo-canadiens à présenter un juste portrait de la société québécoise – au Canada anglais, on l'accuse d'être victime du syndrome de Stockholm, l'otage qui prend le parti de ceux qui le détiennent –, juge que les Anglo-Québécois forment une minorité coupée de la réalité sociale dans laquelle elle vit:

> Cette minorité-là a une mentalité schizophrène. Elle refuse la réalité. C'est une minorité locale qui fait partie d'une majorité nationale. Ces gens vivent au Québec, mais ne regardent pas les émissions de télévision les plus populaires, ne lisent pas les journaux francophones, et *The Gazette* leur présente la culture populaire américaine. Ils ont peu de rapports avec la culture francophone qui les entoure. Pour résister à l'assimilation, ils n'ont qu'à zapper. L'anglais, après tout, est la seule langue du monde qui monopolise un aussi grand continent! Les francophones leur demandent de considérer le Québec comme leur pays. Mais ils en sont incapables. Les jeunes sont un peu mieux… Mais ils ont hérité de la mentalité de supériorité de leurs parents. C'est triste [12].

---

11. *Le Soleil*, 16 octobre 1996; cité dans J.-P. MARCHAND, *op. cit.*, p. 82-86.
12. Ray CONLOGUE, interviewé par Carole BEAULIEU, « C'est la culture… stupid! », *L'actualité*, 15 mars 1997; présenté sur **www.vigile.net/pol/culture/beaulieuconlogue.html**.

C'est d'autant plus à l'honneur d'une centaine de jeunes Anglo-Québécois réunis dans un groupe nommé Forum Québec d'avoir eu le courage d'aller à contre-courant de la frénésie haineuse qui s'est emparée du Canada anglais et de porter plainte contre Diane Francis auprès du Conseil de presse de l'Ontario, le 21 mai 1996 :

> [...] le groupe de pression anglophone affirme que les éditoriaux de Mme Francis sont truffés « d'erreurs grossières, de fausses représentations et d'affirmations gratuites ». Forum Québec a passé en revue les écrits de Mme Francis sur une période d'un an. Leur porte-parole, Daniel-Robert Gooch (directeur d'une firme de relations publiques à Montréal), reproche notamment à Mme Francis de comparer le référendum québécois aux tactiques utilisées par Adolf Hitler et Benito Mussolini pour s'emparer du pouvoir dans les années 1930.
>
> Parmi les nombreuses erreurs factuelles relevées dans les chroniques du *Financial Post*, Forum Québec cite un texte du 23 novembre 1995 dans lequel Diane Francis annonce une chute « dramatique » de la cote de crédit du Québec à New York. Moody's, en fait, avait confirmé la cote du Québec une vingtaine de jours plus tôt, et aucune autre agence ne l'avait modifiée par la suite. Francis a délibérément voulu tromper ses lecteurs. « Comme journal de référence destiné aux Canadiens et aux milieux d'affaires étrangers, le *Post* doit s'assurer que ses informations sont exactes et équitables, écrit Gooch dans sa lettre. Provoquer des sentiments anti-Québécois est tout à fait inutile[13]. »

Comme le journal de Francis ne fait pas partie du Conseil de presse de l'Ontario, la plainte n'aura pas de suite... Dans son ouvrage, *Impossible Nation*[14], Ray Conlogue accuse la presse financière canadienne-anglaise de faire preuve d'une « hostilité démentielle » à l'égard du Québec ; il décrit ainsi la couverture que font du Québec les médias du « Rest of Canada » :

> Ils couvrent le Québec en exploiteurs, en moussant les préjugés de la population. Ce n'est pas pour éclairer la question que Mordecai

---

13. J.-P. MARCHAND, *op. cit.*, p. 112-113.
14. Ray CONLOGUE, *Impossible Nation : The Longing for Homeland in Canada and Quebec*, Toronto, The Mercury Press, 1999.

Richler fait ses commentaires dans *Saturday Night*, c'est pour attiser la haine et les préjugés. Après le référendum, les esprits se sont
durcis au Canada, même dans le journal pour lequel j'écris. On a
réservé davantage de place aux plaintes des Anglo-Québécois concernant leur prétendue persécution. Les Anglo-Canadiens croient
de plus en plus qu'ils ont le droit de s'ingérer dans la vie québécoise. C'est très gênant[15].

Lucien Bouchard, l'ennemi public numéro un du Canada anglais

Lorsqu'il était premier ministre du Québec, Lucien Bouchard était, selon Diane Francis, l'incarnation même du diable :
« Bouchard must go. The man is a menace, a demagogue and,
possibly, a criminal[16]. » Au Canada anglais, on se préoccupait
beaucoup de sa santé mentale. Le *Vancouver Sun* a même, un
jour, accompagné sa photo de la mention : « Cet homme est-il
fou ? », alors qu'un psychiatre de Toronto, Vivian Rakoff, dressait
un portait psychologique dévastateur du premier ministre, sans
jamais l'avoir rencontré… Probablement en lisant ce qu'affabu-
lent à son propos Diane Francis et William Johnson. Mais le caractère répugnant de cette ignoble opération n'embarrasse pas la
presse anglophone, trop contente d'en faire ses choux gras.

> Il importe peu que le profil peu flatteur de Bouchard ne soit pas
> scientifique, et biaisé par le penchant fédéraliste de son auteur. Si
> ça marche comme un putois, parle comme un putois et sent
> comme un putois, alors les raies sont les bonnes. Ce n'est pas une
> nouvelle. C'est la réalité[17].

Le psychiatre Rakoff ne se borne d'ailleurs pas à « analyser »
Lucien Bouchard, il psychanalyse le Québec dans son ensemble.
Il soutient que le programme politique du PQ, sa conception

---

15. Ray CONLOGUE, interviewé par Carole BEAULIEU, *op. cit.*
16. Diane FRANCIS, *The Financial Post*, 14 novembre, 1995 ; cité dans J.-P.
     MARCHAND, *op. cit.*, p. 217.
17. Mark BONOKOSKI, *Ottawa Sun*, septembre 1997 ; cité dans P. FRISKO et J. S.
     GAGNÉ, *op. cit.*

pluraliste et moderne du Québec ne sont qu'une tromperie des souverainistes. Rakoff, lui, le sait, ce que veut vraiment le Québec : « [...] *Quebec really wants a XIXth century ethnic State, but the leaders and intellectuals try to square the circle by packaging it into a late XXth century notion of a pluralist society* [...][18] »

Pour sa part, Lawrence Martin, auteur de *The Antagonist*, une biographie de Bouchard qui s'appuyait sur le profil qu'en avait tracé Rakoff, n'y va pas par quatre chemins dans le *Globe and Mail* : « *Lucien, Lucifer of our land*[19]. »

Le Canada anglais accueille avec satisfaction ces outrances envers le Québec. Dans les tribunes téléphoniques, les intervenants applaudissent aux propos les plus excessifs de la junte médiatique et en rajoutent. Dans *L'actualité*, Jean Paré, alors rédacteur en chef, constate que la démagogie des médias a fait son œuvre :

> Pour beaucoup de Canadiens, le Québec est une réserve ethnocentrique peuplée de racistes qui bouffent les anglophones ramassées la veille par les SS de la Loi 101. [...] L'hostilité ambiante va beaucoup plus loin que les préjugés habituels de l'ignorance [...], l'accusation la plus assassine est celle de racisme. C'est le salissage absolu[20].

L'important, c'est de lier, de n'importe quelle façon, les Québécois en général et les souverainistes en particulier aux fascistes. L'objectif est de souiller le mouvement d'affirmation nationale du Québec. Mordecai Richler, William Johnson, Diane Francis et, à de rares exceptions près, éditorialistes et commentateurs du *Globe and Mail*, du *National Post*, de la *Montreal Gazette*, du *Ottawa Citizen* et du *Maclean's Magazine* vont emboîter le pas. En fait, on pourrait citer l'ensemble des médias du Canada anglais.

> Il est devenu acceptable en ce pays de mépriser les Canadiens français en les taxant d'être foncièrement (génétiquement, peut-être ?)

---

18. *The Globe and Mail*, 25 août 1997, p. A-1, A-4 ; cité dans Maryse POTVIN, *op. cit.*, p. 119.
19. *The Globe and Mail*, 30 août 1997 ; cité dans Maryse POTVIN, *op. cit.*, p. 122.
20. Jean PARÉ, « Opération Salissage », *L'actualité*, 1er mars 1997 ; cité dans J.-P. MARCHAND, *op. cit.*, p. 108.

xénophobes, butés et racistes. La manœuvre est à la fois tellement transparente et intellectuellement piètre qu'on ne s'y attarderait pas si elle n'était pas en train de devenir un véritable modèle de dénigrement.

À force de cultiver la haine d'une idée (la souveraineté du Québec), on finit par salir une population.

Est-ce bien un hasard si ces analyses tirent leur origine, la plupart du temps, des publications de Conrad Black, propriétaire du groupe de presse Hollinger ? Celui-ci héberge dans ses pages à peu près tous les habitués du genre, de Diane Francis à Mordecai Richler.

Ceux que René Lévesque appelait les « Rhodésiens » du Canada sont en train d'inventer un racisme subtil, politiquement correct. Car, derrière le paravent du multiculturalisme, ce sont les nostalgiques de la supériorité anglo-saxonne qui se cachent ; ceux que font enrager l'exception québécoise et le défi qu'elle pose à l'hégémonie culturelle nord-américaine [21].

Comme l'écrit le député Jean-Paul Marchand, Franco-Ontarien d'origine et critique du Bloc québécois en matière de langues officielles :

De fait, un nombre surprenant de journalistes respectés au Canada anglais se font un devoir de cracher sur le Québec, et ce, dans un langage féroce évoquant la violence. Pas surprenant donc que la population anglo-canadienne entretienne en général une idée très sombre du Québec. Elle qui est si peu friande déjà du fait français au Canada [22].

Mentez, mentez, il en restera toujours quelque chose !

Pierre Foglia nous rappelait dans une chronique récente que Mordecai Richler avait informé ses lecteurs du *Atlantic Monthly* que, au soir de la victoire du Parti québécois en 1976, ses jeunes membres chantaient « Tomorrow belongs to us…

---

21. Luc CHARTRAND, « Les " Rhodésiens " masqués. Les cercles de droite du Canada anglais sont en train d'inventer un racisme subtil, politiquement correct ! », *L'actualité*, 15 avril 2000.
22. J.-P. MARCHAND, *op. cit.*, p. 108.

the chilling Hitler Youth song from *Cabaret*[23] »... Extraordinaire coup de propagande ! Peut-on imaginer quelque chose de plus diffamant ?

Les nazis du Parti québécois ont fait leurs les chants des Jeunesses hitlériennes ! Quelle grossière imposture ! Ce chant, qui a été composé aux États-Unis expressément pour le film *Cabaret*, n'a jamais fait partie du répertoire des Jeunesses hitlériennes ; et il n'a rien à voir, non plus, avec le slogan musical du compositeur québécois Stéphane Venne, *À partir d'aujourd'hui, demain nous appartient*. Proposé au PQ pour sa campagne électorale de 1976, après avoir été refusé par le Mouvement Desjardins, le jingle connaîtra un franc succès, et sera dès lors repris dans toutes les assemblées du PQ. Mais la perfidie est trop accrocheuse pour être abandonnée. Richler n'a que faire de la vérité quand il s'agit de salir le Québec :

> Cela n'a pas empêché Mordecai de répéter son histoire en entrevue à CBC. Et la revue américaine *Commentary*, dans un grand article sur l'antisémitisme québécois signé par deux profs de McGill, Ruth Wisse et Irwin Cutler, de rapporter cette même affaire de « *Nazi party song from* Cabaret *that was unfortunately been adopted as a French Canadian nationalist anthem* »[24].

Stéphane Venne a envoyé la partition de sa chanson et celle de *Cabaret* aux deux auteurs pour leur démontrer qu'il n'y avait aucun rapport entre elles, qu'ils étaient les complices d'une mystification injurieuse, d'une diffamation. Pensez-vous que Ruth Wisse et Irwin Cutler se sont excusés, qu'ils ont envoyé un rectificatif à *Commentary* ? Pas du tout. Ils ont répondu à Venne qu'ils maintenaient leurs conclusions. Irwin Cutler est le député libéral fédéral de Mont-Royal ; ancien directeur du programme des droits de la personne à l'Université McGill, il a aussi été professeur à Harvard et à Yale, et il est docteur *honoris causa* de cinq

---

23. Pierre FOGLIA, « Faut arrêter de freaker », *La Presse*, 16 décembre 2000.
24. *Ibid.*

universités. Qui va mettre en doute l'honnêteté intellectuelle d'une telle sommité ?

« Un des buts avoués de la rébellion des patriotes, en 1837-1838, était d'étrangler tous les Juifs du Haut et du Bas-Canada, et de confisquer leurs biens [25]. » L'accusation de Richler est affreuse ; elle calomnie un mouvement authentiquement progressiste et son chef, Louis Joseph Papineau, l'homme qui avait piloté à l'Assemblée législative, en 1832, une loi qui accordait aux Juifs leurs pleins droits civiques et politiques. Une première dans l'Empire britannique. L'Angleterre s'inspirera d'ailleurs de cette loi lorsqu'elle décidera d'accorder les mêmes droits aux Juifs anglais, en 1859. Et sur quoi se fonde Richler pour lancer une accusation aussi grave ? Il ne cite aucun document. Aucun texte. Rien.

Selon Gary Caldwell qui a étudié la question, cette affabulation ne peut avoir d'autre source que la déposition d'un indicateur du nom de Joseph Bourdon, chargé d'infiltrer les Frères chasseurs, une société secrète patriote, pour le compte du chef de la police de Montréal. Dans sa déposition, Bourdon affirme tenir le renseignement d'un certain Glackmeyer, qui avait aussi rapporté aux autorités une information manifestement absurde selon laquelle la majorité des soldats britanniques, des garnisons de Montréal et de Québec, avaient déjà été assermentés dans les Frères chasseurs.

> Ce dont il est question ici, c'est du ouï-dire rapporté par un indicateur de police dûment payé. Et les propos en question, entendus plus de deux semaines plus tôt, sont d'un individu d'ascendance non canadienne-française qui assistait un organisateur des Patriotes. Ce Glackmeyer était pour le moins enclin à des déclarations exagérées qui, à ma connaissance, n'ont été confirmées par aucune documentation ni corroborées par le moindre témoignage. L'intention prêtée aux Patriotes d'exterminer les Juifs est donc basée sur le ouï-dire d'un indicateur qui n'était pas en contact direct

---

25. Mordecai RICHLER, *OH CANADA ! OH QUEBEC ! Requiem for a Divided Country*, New York, Alfred A. Knopf, 1992, p. 88. Sur les 103 ouvrages que Richler cite en référence, seulement trois sont en français.

avec les leaders des Patriotes canadiens-français plutôt que sur une documentation écrite sur le mouvement et sur ses chefs [26].

Qu'à cela ne tienne... L'immonde ragot de Richler se répandra comme du chiendent! Dans un hebdomadaire culturel de Montréal, un certain M. J. Milloy fera de Louis Joseph Papineau le précurseur du Cambodgien Pol Pot dont, comme on le sait, le régime génocidaire a fait deux millions de morts.

> *Most importantly, the Patriotes were hardly liberty-seeking revolutionaries, despite the final cries of the condemned on the gallows. Patriote leader Joseph Papineau saw the decolonization of Quebec as the most necessary means of returning Quebec to its preconquest, feudal, agricultural roots, cleansed of the influence of English merchants, ruled by the common law and the Catholic clergy.*

> *In that sense, Papineau is less Che Guevara – a quote from the icon of rebellious undergrads ends the flick – and more Pol Pot, the nationalist Khmer Rouge leader who, as justification for the killing fields, set the clocks to «year zero» to purge Cambodia of foreign influences and return to the mythical glory of the Angkor empire* [27].

Une technique de salissage parmi d'autres

Parmi les procédés qu'utilisent les journalistes anglocanadiens, il en est un qu'on pourrait nommer *Technique de salissage 101 contre le Québec*, tellement bien rodé qu'il pourrait être enseigné dans leurs écoles de journalisme! Car il a été mis à profit des dizaines de fois au cours des années. Il suffit de dénicher un membre unilingue anglais d'une communauté ethnique montréalaise, chauffeur de taxi, petit commerçant, etc., et de lui faire tenir contre la majorité francophone des propos accusateurs de racisme, d'exclusivisme... Le journaliste prend soin, pour bonne mesure, d'évoquer dans son

---

26. Gary CALDWELL, « La controverse Delisle-Richler. Le discours sur l'antisémitisme au Québec et l'orthodoxie néo-libérale au Canada », *L'Agora*, juin 1994, vol. I, n° 9 ; présenté sur **www.agora.qc.ca/liens/gcaldwell.html**.

27. M. J. MILLOY, « Rebel Without A Cause. A response to the politics of Pierre Falardeau's, *15 Février 1839*», *Hour*, 28 janvier 2001.

article « la Loi 101 » et de s'assurer d'un commentaire d'un porte-parole d'Alliance Québec et du Equality Party. Le texte est ensuite joué en bonne place, si possible avec une photo du malheureux, manifestement pas un Québécois de souche. Bien sûr, il ne viendra jamais à l'esprit du lecteur anglo-canadien moyen qu'il suffirait d'un seul après-midi à un journaliste québécois à Toronto, à Winnipeg ou à Vancouver pour recueillir, de la part de membres des communautés ethniques ou autochtones de ces villes, des accusations autrement plus fondées de racisme et de préjugés haineux. Le Canada anglais n'est pas vraiment une société réputée pour ses capacités d'autocritique.

Les politiciens anglo-canadiens à la curée « antiquébécois »

Il était inévitable que la fièvre « antiquébécois » des journalistes et des intellectuels se propage aux politiciens. Durant un discours en Nouvelle-Écosse, le député libéral de Simcoe-Nord explique que « la stratégie séparatiste était d'empêcher les Québécois de voyager à l'extérieur du Québec ». La députée libérale Anna Terrena, de Vancouver-Est, expose au *Globe and Mail*, en juillet 1996, le rapprochement qu'elle fait entre le premier ministre Lucien Bouchard et Adolf Hitler ; selon elle, tous deux sont assoiffés de pouvoir :

> Il y a un parallèle entre ce qui est arrivé en Europe et ce qui se produit ici. [Les nazis] ont d'abord fondé un parti, puis ils ont infiltré les syndicats et les institutions avant de se trouver un leader charismatique.

> Ce qui se produit aujourd'hui [au Québec] correspond à ce qui s'est produit en Allemagne avant la guerre. Maintenant, on est en train de passer à la purification ethnique. [...] Hitler, lui, était fou ; je ne pense pas que Bouchard le soit [28].

---

28. Interview de Anna TERRANA, députée libérale fédérale de Vancouver, *Vancouver Sun*, juillet 1996 ; cité dans P. FRISKO et J. S. GAGNÉ, *op. cit.*

Rassurez-vous ! Pas de crainte à avoir. On n'est pas expulsé du caucus libéral fédéral pour des peccadilles telles que le fait de tenir des propos incendiaires et racistes à l'endroit du premier ministre du Québec. Jean Chrétien n'a pas exigé qu'Anna Terrena retire ses affirmations, et encore moins qu'elle s'excuse. Il lui a simplement demandé de ne pas récidiver. Comme le souligne le député bloquiste Jean-Paul Marchand : « Imaginez si un député québécois avait osé faire une telle remarque à l'endroit de Ralph Klein ou de Mike Harris, par exemple, quel tollé cela aurait provoqué au Canada anglais [29] ! »

La journaliste Barbara Yaffe, celle qui avait interviewé la députée Terrena, estimait que ses propos n'étaient pas « entièrement déraisonnables », soulignant que le parallèle entre Bouchard et Hitler avait déjà été fait à plusieurs reprises, notamment par des gens « aussi réputés » que le Pr Robert Lecker, de l'Université McGill, qui avait déjà écrit :

> [...] dans sa quête pour la souveraineté, le Parti québécois souscrit à des visées de domination ethnique et linguistique responsables des violations en cours des principes démocratiques et des droits humains.
>
> Les tensions augmentent de jour en jour à mesure que les séparatistes recourent de plus en plus à la confrontation. Si le Québec se sépare illégalement en faisant une déclaration unilatérale d'indépendance – le scénario le plus probable –, il y aura une révolution, et des régions entières du Canada deviendront ingouvernables [30].

À la fin de 1996, le ministre libéral fédéral Doug Young s'en prend au député bloquiste Oswaldo Nuñez, d'origine chilienne. Il l'accuse d'être un immigrant venu au Canada pour détruire le pays, et lui déclare qu'il devrait retourner dans son pays s'il continue à se comporter de la sorte. Il s'agissait d'une attaque de caractère ouvertement raciste de la part d'un membre du gouvernement fédéral contre un immigrant. L'affaire

---

29. J.-P. MARCHAND, *op. cit.*, p. 112-113.
30. Robert LECKER, *Saturday Night*, juillet/août 1996 ; cité dans P. FRISKO et J. S. GAGNÉ, *op. cit.*

est passée inaperçue dans les médias anglophones. Aucune in-dignation théâtrale ! Pas le moindre désaveu ! On se permettait même sans doute, en confiance, d'applaudir Young pour avoir remis à sa place cet immigrant ingrat qui mêlait les car-tes. Car la présence de Nuñez parmi les députés du Bloc était particulièrement offensante pour les commentateurs anglo-canadiens, eux qui s'époumonaient à décrier les souverainistes pour leur racisme prônant l'exclusion des minorités.

Le 28 août 1997, l'ancien ministre conservateur de l'Immi-gration, Gerry Weiner, donne une conférence de presse à Ottawa au cours de laquelle il accuse le gouvernement du Qué-bec d'avoir une politique d'immigration raciste parce qu'elle favorise les francophones.

> *This country had a non-discriminatory immigration policy. It's clear that Quebec is building an ethnocentric French-speaking enclave by a careful method of selecting immigrants. [...] The federal govern-ment is sitting by, silently, watching the separatists ram their agenda down the throats of Canadians by imposing racist and discrimina-tory immigration policies*[31].

Comme le note la politicologue Maryse Potvin, la politique d'immigration du Québec « est le fruit des politiques adoptées par le gouvernement du Parti libéral du Québec, politiques que G. Weiner n'a jamais dénoncées lorsqu'il était ministre fédéral de l'Immigration et qui n'ont pas changé depuis[32] ». Mais la lo-gique et la cohérence ne sont pas de mise lorsqu'il s'agit de dif-famer le Québec.

L'affaire Levine

La psychose de l'unité nationale atteint son paroxysme avec l'affaire David Levine, au printemps de 1998. Nourris pendant des années par les médias et les leaders d'opinion an-

---

31. *The Suburban*, 3 septembre 1997, p. A-1 ; cité dans M. POTVIN, *op. cit.*, p. 117.
32. M. POTVIN, *op. cit.*, p. 117.

glophones, les préjugés haineux envers les Québécois sont maintenant intériorisés et font partie du bagage culturel de la majorité canadienne-anglaise.

Quand David Levine, ancien candidat du PQ et ancien délégué du Québec à New York, est nommé directeur du nouvel hôpital d'Ottawa, on assiste à une véritable révolte des anglophones de la région, mouvement populaire dûment encouragé par les médias locaux.

> C'est une embauche [celle de David Levine] qui pave la voie à celle d'Ernst Zundel [néonazi notoire] comme président de la Commission des droits de l'Homme. [...] Les anglophones de la région d'Ottawa sont sur la ligne de front dans le combat pour la survie de ce pays. Jusqu'ici, ce fut une lutte bien solitaire. Trahis par des politiciens libéraux poules mouillées qui lacent leurs souliers de jogging et qui s'enfuient dès qu'un séparatiste se pointe le bout du nez, ces citoyens n'en peuvent plus de se battre seuls. Ce qu'ils ne sont pas habitués à tolérer et, je suppose, incapables d'accepter, c'est de se voir aussi stupidement provoqués par le système[33].

Au Canada anglais, il est tout aussi infamant d'avoir un jour été indépendantiste que d'avoir été nazi. *Péquiste égale nazi.* Peu importe que Levine ne soit plus actif politiquement, il est marqué à jamais par le fait d'avoir déjà été membre du PQ. « *Not knowing he is one isn't the same thing as knowing he isn't one* [...] *If you ran for the nazis in 1979, never repudiated them, and won't say if you're one now, you are one, right*[34]? » Le premier ministre d'Ontario, Mike Harris, fait chorus : « *Surely, there is an administrative capability within Ontario or at least within Canada, or even a non-canadian, who believes in Canada and keeping Canada together*[35]. » N'importe quel étranger aurait mieux fait l'affaire qu'un Québécois souverainiste !

---

33. Michael HARRIS, *The Toronto Sun*, mai 1998 ; cité dans P. FRISKO et J. S. GAGNÉ, *op. cit.*
34. John ROBSON. « Why Levine must go », *Ottawa Citizen*, éditorial, 22 mai 1998 ; cité dans M. POTVIN, *op. cit.*, p. 125.
35. *Ottawa Citizen*, 21 mai 1998 ; cité dans M. POTVIN, *op. cit.*, p. 127.

Le conseil d'administration de l'hôpital résistera courageusement et avec détermination aux appels racistes de la rue et des médias. David Levine conservera son poste.

> Dans « l'affaire Levine », le racisme est même devenu un principe d'action et de mobilisation chez une partie de la population, pour être ensuite légitimé par quelques politiciens. Or, les dangers qui guettent la décomposition des idéaux universalistes en discours racisants sont, d'abord, la banalisation du racisme dans les discours populaires, ensuite, sa fixation sur des identités « irréductibles » et, enfin, son usage en tant qu'« armes politiques »[36].

Les Canadiens anglais ont une vue complètement faussée de leur histoire nationale. Ils sont fermement convaincus de leur supériorité morale non seulement sur les Québécois, mais également sur les Américains. Leurs historiens leur ont donné le beau rôle en leur dissimulant les crimes qui ont été commis dans l'édification du pays. C'est peut-être ce qui explique la suffisance et le pharisaïsme avec lesquels le Canada anglais étale sa bonne conscience sans limite. Quand on pense que le fameux historien Jack Granatstein, dans un ouvrage publié récemment en collaboration avec Robert Bothwell[37], peut écrire, en toute bonne foi, que l'histoire américaine est marquée par des guerres, des assassinats et des troubles raciaux, et que le Canada est une société plus saine que son grand voisin...

> *In the past, numerous Canadian historians have too frequently presented our history in a self-righteous and selective way. These historians have written about the positive aspects of our past and have ignored the negative. [...].*
>
> *A possible rationale for such an approach to Canadian history was national unity. In a bi-national, multi-cultural society, emphasis was placed on the positive aspects of our history in the belief that this was necessary to achieve a national unity. Unfortunately, the consequence of such historical selectivity has been the development of Canadian historical myths. For example, not only have we been*

---

36. M. POTVIN, *op. cit.*, p. 108.
37. Robert BOTHWELL et J. L. GRANATSTEIN, *Our Century: The Canadian Journey in the Twentieth Century*, Toronto: McArthur & Co., 2001.

taught that Canada was free of racial bigotry, but also that Canada always treated aboriginal people fairly and with justice. We cannot, however, understand the Canadian contemporary situation if these historical myths are not analyzed or our past examined for historical truths [38].

Les *Minutes du patrimoine*, diffusées depuis dix ans à la télévision et au cinéma, sont la version populaire de cette entreprise de négation historique parrainée par le gouvernement fédéral. Avec la complicité de sociétés et de fondations écrans, le ministère du Patrimoine de Sheila Copps a versé 7,2 millions de dollars pour blanchir l'histoire du pays et donner à ce dernier une bonne impression de lui-même, qu'il ne mérite pourtant pas. Ce livre est ma réponse aux *Minutes du patrimoine*. Une enquête journalistique sur le côté noir, le côté sanglant de l'histoire du Canada. Un démenti au mensonge par omission que constitue ce projet de lessivage historique.

Au cours des dernières années, le Québec a été l'objet d'une méprisable campagne de haine de la part des leaders d'opinion anglo-canadiens. On nous a accusés d'être intolérants, d'être d'incorrigibles racistes. On a même laissé entendre que ces tares étaient inhérentes à notre culture. Et on a répandu ces mensonges à l'étranger. Compte tenu de leur propre histoire nationale, ces donneurs de leçons sont plutôt mal placés pour instruire notre procès.

Depuis la Conquête, le Canada anglais s'est rendu coupable de crimes, de violations des droits humains, de manifestations de racisme et d'exclusion envers tous ceux qui n'avaient pas le bonheur d'être Blancs, Anglo-Saxons et protestants. Ceux qui nous attaquent si allègrement oublient leur passé. Vous lirez ici ce que l'Histoire retient de ces gens et de leur société.

---

38. Anthony APPLEBLATT, *Saskatchewan and The Ku Klux Klan*; cité sur **www.usask. ca/education/ideas/tplan/sslp/kkk.htm**.

Pay back time

Les Anglais ont toujours considéré les Français, dont ils jalousent par ailleurs les femmes, la nourriture, la géographie et le climat, comme leurs ennemis... de prédilection. La conquête de la Nouvelle-France n'est qu'un épisode de cette rivalité millénaire. Elle remonte au temps de Guillaume de Normandie qui, en conquérant l'Angleterre avec ses barons en 1066, imposa une caste militaire franco-normande et, il faut bien le dire, la civilisation à la rustre paysannerie anglo-saxonne.

Durant la guerre de Cent Ans, de 1337 à 1453, les Anglais voulurent remettre aux Français la monnaie de leur pièce en tentant de s'emparer du trône de France et en établissant des zones d'influence sur le continent. La moitié de la France leur appartenait quand la Pucelle d'Orléans, ayant rallié son peuple, réussit à les repousser dans leur île brumeuse. En ajoutant une composante religieuse à l'inimitié séculaire, la rupture du lubrique Henri VIII avec le catholicisme romain, pour faciliter ses concupiscences charnelles, ne fit qu'accentuer les antagonismes ataviques avec la fille aînée de l'Église.

Les conflits coloniaux du XVIIᵉ et du XVIIIᵉ siècle, l'appui de la France à l'indépendance américaine, la Révolution française et l'épopée napoléonienne maintinrent à un sain niveau l'animosité réciproque. Des tensions au sujet de l'Afrique, au début du XXᵉ siècle, attisèrent de nouveau l'antipathie partagée, au point que les deux peuples furent quelque peu perplexes à l'idée de se retrouver dans le même camp en 1914.

À l'époque de la guerre de Sept Ans (1756-1763), la France et l'Angleterre se disputent la maîtrise du continent nord-américain depuis près de cent cinquante ans. Soixante-dix mille Canadiens et leurs alliés indiens – assistés de quelques milliers de militaires et d'administrateurs coloniaux français – contrôlent tout le continent, à l'exception d'une mince bande du littoral atlantique où s'entassent près de deux millions d'Anglais. Les Britanniques rêvent d'en finir une fois pour toutes avec la poignée de « Français papistes » qui, malgré un rapport de forces outrageusement défavorable, leur tient tête en menant contre eux de féroces coups de main. C'est pourquoi, quand enfin ils les auront conquis, ils ne leur feront pas de cadeaux. *It was pay back time.* Les Acadiens, pour leur part, sont déjà passés à la caisse…

La tentative de génocide contre les Acadiens

C'est l'émouvant poème « Évangéline », de Longfellow, qui grave à jamais dans la mémoire collective le drame acadien. Grand-Pré, le 5 septembre 1755. Les hommes réunis dans la petite église du village. Le lieutenant-colonel John Winslow leur lit l'édit de déportation :

> J'ai reçu de Son Excellence le gouverneur Lawrence les instructions du Roi. C'est par ses ordres que vous êtes assemblés pour entendre la résolution finale de Sa Majesté concernant les habitants français de cette province de la Nouvelle-Écosse. […] Vos terres, vos maisons, votre bétail et vos troupeaux de toutes sortes sont confisqués au profit de la Couronne, avec tous vos autres effets, excepté votre argent et vos mobiliers, et que vous-mêmes vous devez être transportés hors de cette province. Les ordres péremptoires de Sa Majesté sont que tous les habitants de ces districts soient déportés [1].

Des scènes semblables se répètent dans toute l'Acadie. Le forfait contre le peuple acadien a minutieusement été préparé depuis plus d'un an par le gouverneur de la Nouvelle-Écosse, le

---

1. *Acadie ; Esquisse d'un parcours ; Sketches of a Journey* ; cité sur **www.collections. ic.gc.ca/acadian/francais/fexile/fexile.htm**.

criminel de guerre Charles Lawrence. Il a pensé dans le détail la « résolution finale » de la question acadienne avec toute la perfidie dont on accuse souvent la fière Albion.

> Afin de les empêcher de s'enfuir avec leurs bestiaux, il faudra avoir grand soin que ce projet ne transpire pas, et le moyen le plus sûr pour cela me paraît d'avoir recours à quelque stratagème qui fera tomber les hommes, jeunes et vieux, surtout les chefs de famille, en notre pouvoir.

> Vous les détiendrez ensuite jusqu'à l'arrivée des transports afin qu'ils soient prêts pour l'embarquement. Une fois les hommes détenus, il n'est pas à craindre que les femmes et les enfants ne s'enfuient avec les bestiaux. Toutefois, il serait très prudent, pour prévenir leur fuite, non seulement de vous emparer de leurs chaloupes, de leurs bateaux, de leurs canots et de tous les autres vaisseaux qui vous tomberont sous la main, mais en même temps, de charger des détachements de surveiller les villages et les routes.

> Tous leurs bestiaux et leurs céréales étant confisqués au profit de la Couronne, par suite de leur rébellion, et devant être appliqués au remboursement des dépenses que le gouvernement devra faire pour les déporter de ce pays, il faudra que personne n'en fasse l'acquisition sous aucun prétexte. Tout marché de ce genre serait de nul effet, parce que les habitants français sont dépourvus de leurs titres de propriété, et il ne leur sera pas permis de rien emporter, à l'exception de leurs mobiliers et de l'argent qu'ils possèdent présentement [2].

Lawrence ment lorsqu'il parle de rébellion ; c'est le prétexte trouvé pour justifier la destruction de l'Acadie. Tout ce que les Anglais peuvent reprocher aux Acadiens, c'est de refuser de renouveler leur serment d'allégeance à la couronne britannique ; les Acadiens sont en effet des sujets britanniques depuis 1713, alors que l'Acadie a été cédée à l'Angleterre à la suite du traité d'Utrecht qui mettait fin à la guerre de Succession d'Espagne. À ce moment, Londres leur demande même de rester sur place, et la reine Anne s'engage formellement, par proclamation, à ne pas confisquer leurs terres.

---

2. Cité dans Jacques LACOURSIÈRE, *Histoire populaire du Québec, tome I (Des origines à 1791)*, Sillery, Septentrion, 1995, p. 265-266.

C'est notre vouloir et bon plaisir que tous ceux qui tiennent des terres sous notre gouvernement en Acadie et Terre-Neuve, qui sont devenus nos sujets par le dernier traité de paix, et qui ont voulu rester sous notre autorité, aient le droit de conserver leurs dites terres et tenures et d'en jouir sans aucun trouble, aussi pleinement et aussi librement que nos autres sujets peuvent posséder leurs terres ou héritages [3].

En 1730, les Acadiens s'engagent par serment à observer une stricte neutralité dans les conflits anglo-français et, durant la guerre de 1744-1748, ils respectent leur engagement. Mais ils sont encombrants ; des Français catholiques, majoritaires dans une colonie anglo-protestante ! « Londres demeurait insatisfaite de la situation en Nouvelle-Écosse, colonie anglaise avec toutes les caractéristiques d'un territoire français. La solution s'imposait : "britanniser" la colonie en y amenant un grand nombre de colons d'origine anglaise [4]. »

C'est exactement la politique qu'on voudra appliquer, après la Conquête, à la vallée du Saint-Laurent. Comme les colons anglais n'affluent pas dans les régions peu fertiles de la Nouvelle-Écosse, le gouverneur Lawrence décide que la meilleure façon de faire de la colonie un pays anglais, c'est d'en éliminer les Français. En 1754, alors que la France et la Grande-Bretagne sont toujours en paix (la guerre de Sept Ans ne commence que le 18 mai 1756), il propose à Londres de voler purement et simplement leurs terres aux Acadiens pour les donner aux colons anglais. « Comme les Acadiens possèdent les plus belles et les plus grandes terres de cette province, nous ne pourrons nous y installer pour de bon tant que ce sera le cas. [...] Je ne puis m'empêcher de penser qu'il serait préférable [...] qu'on les chasse [5]. »

3. Cité dans Émery LEBLANC, *Les Acadiens*, Montréal, Éditions de l'Homme, 1963, p. 18-19.

4. Jean DAIGLE, « La déportation des Acadiens », *Horizon Canada*, vol. I, n° 12, Saint-Laurent, Centre d'étude en enseignement du Canada, 1984, p. 267.

5. Lettre de Charles LAWRENCE aux autorités de Londres ; citée sur **www.multimania. com/digagnon/raymonde.htm**.

Dès qu'il a le feu vert des autorités britanniques, Lawrence commence, dans le plus grand secret, à préparer son projet de purification ethnique. Le 28 juillet 1755, le gouverneur fait entériner par son conseil la déportation des Acadiens, sujets britanniques de langue française qui ont le malheur d'avoir les plus belles terres de Nouvelle-Écosse.

> Après mûre délibération, il fut convenu à l'unanimité que, pour prévenir le retour des habitants français dans la province et les empêcher de molester les colons qui pourraient s'être établis sur leurs terres, il était urgent de les disperser dans les diverses colonies sur le Continent et de noliser immédiatement un nombre de vaisseaux pour les y transporter[6].

Un certain colonel Robert Monckton joue un rôle de premier plan dans la purification ethnique de Lawrence. En juin 1755, il s'est emparé des forts français Beauséjour et Gaspareau, en contravention des traités de paix signés avec la France. C'est dans cette région que Monckton commence la destruction de l'Acadie française. Le 8 août 1755, il reçoit de nouvelles directives de Lawrence pour accélérer la solution finale à la question acadienne :

> [...] comme il sera peut-être très difficile de s'emparer des habitants, vous devrez autant que possible détruire tous les villages des côtes nord et nord-ouest de l'isthme situés aux environs du fort Beauséjour, et faire tous les efforts possibles pour réduire à la famine ceux qui tenteraient de se cacher dans les bois. Il faudra prendre grand soin de sauver les animaux et la récolte sur le champ, que vous pourrez faire rentrer sans exposer vos hommes au danger ; vous devrez autant que possible empêcher les Français fugitifs et les Sauvages d'enlever ou de détruire les bestiaux[7].

Tout comme les officiers nazis, Monckton va exécuter les ordres de Lawrence sans état d'âme, avec efficacité et un souci du travail bien fait. De nombreux petits villages sont éparpillés

---

6. François BABY, « Fallait-il sauver le soldat Monckton de l'oubli ? », *L'Action nationale*, août 1999 ; cité sur **www.action-nationale.qc.ca/acadie/baby.html**. Ce texte de François BABY serait à citer intégralement !

7. *Ibid.*

dans le secteur sous sa responsabilité. Les hommes se sont réfugiés dans les forêts avoisinantes, croyant naïvement que les militaires anglais n'oseront pas s'en prendre à leurs femmes et à leurs enfants. Un exemple parmi d'autres : à Boishébert, sur la rivière Petcoudiac, un détachement anglais enlève vingt-trois femmes et enfants après avoir tout incendié sur son passage. Deux cents bâtiments et une grande quantité de blé et de lin sont brûlés. Lawrence est complètement indifférent à leur sort, comme le montre cette autre directive adressée à Monckton : « *I would have you not wait for the wives and children coming in, but ship off the men without them* [8]. »

> Le 9 août 1755, personne ne se présente à la convocation de Monckton de la population de la région de Beaubassin. Les paysans acadiens se méfient des Britanniques. Il utilisa alors un stratagème mensonger. Il les convoqua pour le lendemain en assurant que le but de la réunion « était l'arrangement du gouverneur d'Halifax pour la conservation de leurs terres ». Sous ses ordres, tous ceux qui se présentèrent à la réunion furent faits prisonniers et furent embarqués de force sur les bateaux de la déportation [9].

Pour forcer les hommes réfugiés dans les bois à se constituer prisonniers, les Anglais exécutent en représailles, à la manière nazie, les parents des insoumis. « *If within 2 days the absent ones are not delivered up, military execution would be immediately visited upon the next of kin* [10]. »

> Au cours des opérations de « nettoyage ethnique », dont il assuma la responsabilité, Monckton fit déporter plus de 2 100 Acadiens et Acadiennes de la région Beaubassin, de Beauséjour et de l'isthme de Chignectou. Il confisqua leurs terres et leurs biens, fit brûler leurs demeures, leurs granges et dépendances, et s'empara de leurs bestiaux.
>
> Les actions odieuses faites par Monckton en cette circonstance constituent à n'en pas douter un crime de génocide car elles cor-

---

8. Cité dans Naomi GRIFFITHS, *The Acadian Deportation; Causes and Development*, (thèse de doctorat), p. 176.

9. François BABY, *op. cit.*

10. Cité dans Dudley LEBLANC, *The Acadian Miracle*, Lafayette (Louisiane), Evangeline Pub. Co., 1966, p. 174.

respondent tout à fait à la définition adoptée à cet effet par les Nations unies, qui stipule que constituent un génocide « l'assassinat, l'extermination, la réduction en esclavage, la déportation et tout autre acte inhumain commis contre toute population civile, avant ou pendant la guerre ou les persécutions, pour des motifs politiques, raciaux ou religieux ».

L'efficacité de Monckton lui valut d'être nommé lieutenant-gouverneur de la Nouvelle-Écosse en remplacement de Lawrence, en décembre 1755. À ce titre, il porte aussi la responsabilité, par la chaîne de commandement, de l'opération de capture et de déportation en Angleterre, en 1758, de plus de 3 000 Acadiens et Acadiennes qui s'étaient réfugiés dans l'île Saint-Jean [11].

Sous la graphie de Moncton, la ville du Nouveau-Brunswick et son université francophone glorifient à jamais la mémoire de cet odieux criminel de guerre. À Québec, une avenue porte également son nom. Le 24 septembre 1999, Richard Gervais a proposé au maire Jean-Paul l'Allier de mettre fin à cette situation grotesque :

> Une avenue de la ville de Québec porte le nom de Moncton, en l'honneur d'un colonel de l'armée coloniale britannique, Robert Monckton. Comme cet honneur est immérité et qu'au contraire la ville se déshonore en le maintenant, je demande, par la présente, qu'on rebaptise l'actuelle avenue Moncton « avenue des Acadiens ». L'avenue en question, qui va du chemin Sainte-Foy aux plaines d'Abraham, porte en effet le nom d'un des principaux responsables et exécuteurs du génocide acadien perpétré au milieu du XVIIIe siècle.

> Le colonel Monckton dirigea et organisa les premières déportations, notamment celles des 6 500 habitants de Grand-Pré, d'Annapolis, de Beauséjour et de Piziquid, qu'il fit entasser dans des rafiots insalubres à destination de colonies américaines inhospitalières, les vouant ainsi à la misère, à l'errance et à la mort. C'est ce colonel Monckton qui, à partir de décembre de la même année, à titre cette fois de gouverneur de la Nouvelle-Écosse en remplacement de Lawrence, poursuivit cette véritable « solution finale » du « problème acadien ». Cela, en dehors de tout état de guerre déclaré.

---

11. François BABY, *op. cit.*

Pendant les sept années que dura la déportation, la population acadienne fut décimée aux trois quarts. Des 15 000 Acadiens de 1755, il n'en restera que 2 500 en 1762. Plus du tiers, de 5 000 à 6 000, trouvèrent la mort. Le colonel Robert Monckton est directement responsable d'au moins la moitié de ces déportations, sans parler des exactions, de la terreur, de l'incendie des maisons et des bâtiments de ferme, de la confiscation des terres, des biens, du bétail et des céréales, dont cette déportation s'accompagnait.

Il y a ignominie, pour la ville de Québec, à maintenir dans sa toponymie le nom de ce « nettoyeur ethnique ». L'odonyme Moncton entache l'honneur de notre capitale nationale et blesse l'amitié historique entre Québécois et Acadiens. De plus, l'odonyme Moncton, arboré précisément devant ce lieu dit des Plaines d'Abraham, choque la mémoire, quand on sait qu'au siège de Québec en 1759, un contingent de 150 déportés acadiens vint défendre la capitale de la Nouvelle-France aux côtés des « Canadiens » et que, du général assiégeant James Wolfe, le « nettoyeur » Robert Monckton était devenu commandant en second. Ce serait donc un juste retour des choses que l'avenue Moncton devienne l'« avenue des Acadiens » [12].

Le Pr François Baby, de l'Université Laval, fera lui aussi connaître son indignation dans les colonnes du *Devoir* :

[…] Monckton fit en effet, comme militaire en Acadie et dans la région de Québec, des gestes inacceptables et d'une grande cruauté qui équivalent, à n'en pas douter, à des crimes de génocide, à des crimes contre la paix, à des crimes de guerre et à des crimes contre l'humanité, au sens où nous l'entendons aujourd'hui.

Le Canada est l'un des rares pays du monde, en dehors de l'ancienne Union soviétique, où, sans vergogne et avec autant de cynisme et de satisfaction, on afflige orgueilleusement et de façon permanente ceux qui ont été défaits de représentations symboliques qui tentent de les humilier, de leur faire constater leur condition de vaincus et de glorifier leurs vainqueurs. Avec des villes portant les noms de Moncton, Colborne, etc., ou des rues qui s'appellent Wolfe, Amherst, Murray, Fraser, Moncton, etc.

---

12. Le texte de la lettre peut être consulté sur le site **www.vigile.net/999/ gervaismonckton.html**.

Verrait-on à Paris une rue Adolphe-Hitler [*sic*] ou encore une rue portant le nom de celui qui commandait la division Das Reich, qui a perpétré le massacre d'Oradour-sur-Glane en juin 1944? Verrait-on en France une ville s'appeler Rommel ou Goering[13]?

Est-il approprié d'accuser Monckton et son supérieur Lawrence de crimes qui n'existaient pas à l'époque? François Baby souligne que « même à des époques lointaines, lorsqu'ils en étaient saisis, les tribunaux militaires sanctionnaient les auteurs de la plupart des actes qui sont considérés aujourd'hui comme des crimes de génocide, des crimes de guerre ou des crimes contre l'humanité[14] ». Il cite le juriste Mario Bettati selon lequel ces forfaits sont « de nature coutumière (lois et coutumes de guerre), consacrés par une jurisprudence ancienne des tribunaux militaires[15] ».

N'est-ce pas une honte nationale que, partout au Québec, des noms de rues, d'institutions et de lieux commémorent nos bourreaux et nos ennemis? Aucun autre peuple sur la terre ne tolère ce genre de situation, sauf nous. C'est une simple question d'honneur, de dignité et de respect de soi-même! Dans ce pays, les situations les plus avilissantes sont considérées comme normales. Comment les Acadiens peuvent-ils accepter que l'université qui forme leur jeunesse porte le nom du persécuteur de leurs ancêtres?

Pour les Anglo-Canadiens, Robert Monckton est un héros. Comme le souligne François Baby, le *Canadian Biographical Dictionnary* présente un portrait flatteur du criminel de guerre Monckton. L'auteur de l'article, sans citer de référence, parle de « ses conceptions humanitaires », du fait que, dans le génocide des Acadiens, il exécutait les ordres « sans montrer d'enthousiasme ». L'officier qui ne faisait qu'obéir aux ordres… L'air est connu!

Les Anglais croient alors en avoir fini avec leurs mauvais sujets français! Mais c'est sans compter sur la ténacité des Acadiens, qui

---

13. François BABY, *op. cit.*
14. *Ibid.*
15. Mario BETTATI, *Le droit d'ingérence, mutation de l'ordre international*, Paris, Éditions Odile JACOB, 1996, p. 275, cité dans François BABY, *op. cit.*

reviendront occuper des terres au Nouveau-Brunswick. Seulement, ce ne seront plus les meilleures terres ; celles-ci avaient été
confisquées et ne seront jamais remises. Les Acadiens ne seront
jamais dédommagés pour les pertes énormes subies lors de la Déportation. Et tout au long de l'histoire canadienne, on essaiera de
les assimiler, à défaut de les déporter à nouveau.

La Conquête

Après avoir détruit à jamais l'Acadie française, les Britanniques se tournent vers ce qui reste de la Nouvelle-France,
c'est-à-dire, essentiellement la vallée du Saint-Laurent jusqu'à
l'extrémité des Grands Lacs.

Le grand héros de la bataille des plaines d'Abraham, le général James Wolfe, entreprend l'année 1758 en saccageant la
péninsule gaspésienne, après quoi il reçoit l'ordre de conquérir
Québec pour l'année suivante. Wolfe commande douze mille
hommes. Il prend son temps ; en juin 1759, il remonte le fleuve
en semant la terreur, pour établir son camp à l'île d'Orléans,
forçant les habitants à se réfugier à Québec. Wolfe fait alors,
dans la paroisse de Saint-Laurent, une proclamation dont voici
un extrait :

> Le Roi mon maître, justement irrité contre la France, a résolu d'en ra-
> battre la fierté et de venger les insultes faites aux colonies anglaises.
>
> [...]
>
> C'est à cet effet qu'il lui a plu de m'envoyer dans ce pays à la tête
> d'une armée redoutable actuellement sous mes ordres. Les labou-
> reurs, colons et paysans, les femmes, les enfants, ni les ministres
> sacrés ne sont l'objet du ressentiment du roi de la Grande-
> Bretagne. [...] Il est permis aux habitants de venir dans leurs fa-
> milles, dans leurs habitations. Je leur promets la protection et je les
> assure qu'ils pourront, sans craindre les moindres molestations, y
> jouir de leurs biens, suivre le culte de leur religion, en un mot,
> jouir au milieu de la guerre de toutes les douceurs de la paix [16].

---

16. Cité dans Mario BETTATI, *op. cit.*, p. 298.

Pour leur plus grand malheur, quelques habitants font confiance à la parole de Wolfe. Trois des hommes sont scalpés, et une maison où sont réfugiés des femmes et des enfants est incendiée ; les malheureux sont brûlés vifs. Toute la côte sud du fleuve est également saccagée et brûlée.

Après avoir détruit l'Acadie, le criminel de guerre Robert Monckton, maintenant commandant en second de Wolfe, s'apprête à ravager la région de Québec qui glorifie aujourd'hui sa mémoire.

> Le 6 août, Wolfe donna ordre à Monckton de dévaster la campagne située sur la rive sud. Monckton fit d'abord brûler toutes les maisons, granges et autres bâtiments de même que les récoltes qui se trouvaient entre Beaumont et la rivière Chaudière.
>
> Par la suite, il chargea un de ses officiers, le major George Scott, de dévaster la Côte-du-Sud. Entre le 9 et le 17 septembre – donc même une fois le siège terminé depuis cinq jours – Scott et ses hommes brûlèrent pas moins de 998 maisons, granges et dépendances entre Kamouraska et Cap-Saint-Ignace. Scott était considéré comme le spécialiste de ce genre de dévastation. Ses exactions sur la Côte-du-Sud lui valurent d'accéder au rang de lieutenant-colonel.
>
> [...]
>
> Les véritables motifs qui ont guidé les Britanniques et Monckton dans cette destruction barbare sont donc limpides. Il s'agissait de prendre la population civile en otage en détruisant tout et en ne laissant que « famine et désolation » [17].

Un soldat qui a participé à ces exactions laisse poindre dans son journal une certaine satisfaction du mal causé à la population civile de la région de Québec.

> Nous avons brûlé et détruit jusqu'à quatorze cents belles fermes, car, pendant le siège, nous étions les maîtres de leur pays, le long de la rive, et nous envoyions presque continuellement des groupes pour ravager la campagne, si bien que cela leur prendra un demi-siècle pour réparer les dégâts [18].

---

17. François BABY, *op. cit.*
18. Cité dans François BABY, *op. cit.*

Wolfe ne combat pas seulement l'armée française, il mène une guerre totale contre la population française du Canada, de la même manière que Lawrence avait mené une guerre totale contre les Acadiens. Il ne s'en cache d'ailleurs pas, comme le démontre cette lettre à Amherst :

> Si nous nous apercevons que Québec ne semble pas devoir tomber entre nos mains (tout en persévérant jusqu'au dernier moment), je propose de mettre la ville à feu avec nos obus, de détruire les moissons, les maisons et le bétail tant en haut qu'en bas [de Québec] et d'expédier le plus de Canadiens possible en Europe et de ne laisser derrière moi que famine et désolation ; belle résolution et très chrétienne ; mais nous devons montrer à ces scélérats à faire la guerre comme des gentilshommes [19].

Certains historiens et chroniqueurs, comme Laurier Lapierre [20], prétendent quand même que cette guerre opposait la France et la Grande-Bretagne, et qu'elle ne regardait pas les Canadiens. La défaite de la France en Amérique serait donc sans importance pour eux. C'est ce qu'explique Lapierre, presque au bord de la crise de larmes, dans le film de Jacques Godbout intitulé *Le sort de l'Amérique.* C'est complètement faux ! Cette guerre, comme on vient de le voir, implique la totalité de la population canadienne, qui était, et elle le savait, considérée dans son ensemble comme belligérante par les Anglais. Toute la population d'origine française participe à la guerre aux côtés de l'armée régulière française. De tous les villages de la vallée du Saint-Laurent accourent des unités de milice venant lui prêter main-forte. Le chef militaire suprême est le gouverneur Vaudreuil, un Canadien de naissance [21], et non le Français Montcalm. Les Canadiens défendent leur mode de vie, leur religion,

---

19. Cité dans Jacques LACOURSIÈRE, *op. cit.*, p. 301.
20. C'est ce curieux personnage, un peu bouffon, qui parle anglais avec un accent français, et français avec un accent anglais. Il peut maintenant se reposer de la longue quête de la vérité historique qu'il a menée avec si peu de succès dans le confortable fauteuil sénatorial que lui à offert Jean Chrétien.
21. Il faudra attendre en 1952 pour qu'à nouveau, un Canadien de naissance, Vincent Massey, soit nommé gouverneur général du Canada.

leur pays contre l'envahisseur anglais, l'ennemi héréditaire. Des déportés acadiens constituent même un détachement de volontaires qui se battront contre les Anglais sur les plaines d'Abraham ! Des propos comme ceux de Lapierre ou de l'inénarrable René Daniel Dubois (également vedette de cette pénible *Minute du patrimoine* allongée, de Godbout) ne visent qu'à faire croire que la Conquête n'a été qu'un changement d'administration après une campagne électorale un peu mouvementée. Nier que les Canadiens défendaient leur existence nationale durant la guerre de la Conquête relève de la contre-vérité et de la malhonnêteté intellectuelle. D'ailleurs, dans l'Acte de capitulation de Montréal, les Canadiens sont l'objet de diverses considérations distinctes par rapport aux Français ; ils sont, notamment, autorisés à demeurer sur le territoire, contrairement aux Acadiens, toujours sous le coup de la vindicte des Anglais. L'Acte de déportation est toujours en vigueur. Toutes ces tentatives récentes de minimiser l'impact qu'a eu la Conquête sur la société québécoise s'insèrent dans la grande opération de réinvention de l'histoire à des fins politiques, avec le soutien financier de divers organes et officines de propagande de l'État fédéral, de grands trusts et de fondations privées qui vivent de ses prébendes.

Mais revenons à notre récit. Wolfe fait le siège de Québec jusqu'en septembre, alors qu'il se décide à attaquer dans la nuit du 13 de ce mois. À l'aube de cette funeste journée, ses troupes sont sur les plaines d'Abraham et, vers neuf heures, le combat s'engage. À dix heures, l'armée franco-canadienne est en déroute. Québec capitule. La Nouvelle-France est perdue. Il y aura bien, l'année suivante, une expédition de Canadiens, commandés par Lévis, qui battront les Anglais sur ces mêmes plaines, mais, en ce printemps 1760, la Grande-Bretagne est la première à envoyer des renforts et des vivres à Québec... Elle a la maîtrise des mers ! Le pays n'est plus défendable ; la population est épuisée ; la famine guette. Vaudreuil doit rendre les armes. Le 8 septembre 1760, il signe à Montréal, devant le successeur de Wolfe, le général Amherst, la capitulation de la Nouvelle-France.

Amherst et la tentative de génocide des Indiens alliés à la France

La nouvelle administration coloniale, connue sous le nom de « régime militaire », gouverne par décret ; elle est dirigée, au début, par le commandant en chef des troupes anglaises en Amérique du Nord, le général Jeffrey Amherst.

Après la capitulation de Montréal, William Johnson, le célèbre commissaire britannique aux Affaires indiennes, marié à une Mohawk, propose à Amherst de maintenir avec les tribus alliées des Français le système de relations commerciales alors en vigueur. Amherst, qui leur voue une haine maladive, refuse absolument. Il force les Indiens à payer leur poudre et autres biens et services de première nécessité, qu'ils recevaient gratuitement des Français.

> […] *Lord Jeffrey Amherst, the British commander-in-chief for America, believed […] that the best way to control Indians was through a system of strict regulations and punishment when necessary, not « bribery », as he called the granting of provisions*[22].

Pire, il augmente le prix des marchandises et restreint la fourniture de poudre. Ces nouvelles règles ont des effets dévastateurs. Les nations de l'ancienne alliance française dépendent des produits européens, dont la poudre, pour assurer leur subsistance. En effet, les Indiens ne maîtrisent plus les anciennes techniques de chasse, telle la fabrication des pointes de flèches. Plusieurs tribus sont au bord de la famine.

Amherst ose encore plus. Toujours guidé par une répugnance et un mépris absolu de l'Indien, il fait cadeau à ses officiers, pour services rendus durant la guerre, des terres appartenant aux Sénécas (décision qui sera plus tard renversée par Londres). Les Indiens sont furieux. L'attitude arrogante et dédaigneuse du chef des armées britanniques en Amérique du

---

22. Carl WALDMAN, *Atlas of the North American Indian*, New York, Facts on File, 1985, p. 106 ; cité dans Peter d'ERRICO, **www.nativeweb.org/pages/legal/amherst/ lord_jeff.html**.

Nord finit par provoquer un terrible soulèvement, qui va durer jusqu'en 1764. Le grand chef Pontiac, un allié de longue date de la France, en prend la tête avec ses guerriers outaouais. La Conspiration de Pontiac[23], nom sous lequel la rébellion est connue dans l'histoire, mise sur la reprise des hostilités entre la France et l'Angleterre. Les deux puissances sont, en effet, toujours en état de guerre. La France a des forces militaires en Louisiane et contrôle encore le pays des Illinois, où se trouve le fort de Chartres qui dépend de cette colonie.

Trois cents jeunes Canadiens français sous les ordres de Zachary Chicot participent à ce soulèvement ; ils seront les derniers Canadiens à combattre les Anglais en Amérique du Nord durant la guerre de Sept Ans. Pas moins de dix tribus sont sur le sentier de la guerre, dans tout le Midwest américain. Selon le biographe d'Amherst, J. C. Long, l'attaque de Pontiac contre les forts anglais de Detroit et de Presqu'Isle « *aroused Amherst to a frenzy, a frenzy almost hysterical in its impotence* ». Long cite ensuite une lettre d'Amherst à William Johnson :

> [...] *it would be happy for the provinces there was not an Indian settlement within a thousand Miles of them, and when they are properly punished, I care not how soon they move their Habitations, for the Inhabitants of the Woods are the fittest Companions for them, they being more nearly allied to the Brute than to the Human Creation*[24].

Lorsque la rébellion éclate, le gros des troupes britanniques en Amérique est engagé dans des opérations aux Antilles. Il faudra un certain temps pour les déployer contre les guerriers de Pontiac, qui assiègent plusieurs établissements anglais. Si la situation est dramatique à Detroit, elle est désespérée à Fort Pitts, l'ancien Fort Duquesne et futur Pittsburg, où la variole sévit parmi les soldats anglais.

---

23. Un enseignant québécois, Patrick Couture, fait un excellent portrait de Pontiac sur **www.geocities.com/Athens/Ithaca/7318/PONTIAC.HTM**.
24. J. C. LONG, *Lord Jeffrey Amherst: A Soldier of the King*, New York, Macmillan, 1933, p. 186-187 ; cité dans Peter d'ERRICO, *op. cit.*

Amherst confie la mission de dégager Forts Pitts au colonel Henry Bouquet, qui y conduit une colonne de secours de quatre cent soixante hommes. Un avocat américain spécialisé en droit autochtone, Peter d'Errico, professeur et chercheur à l'Université de Pennsylvanie, note que les lettres échangées entre Amherst et ses subalternes « *are filled with comments that indicate a genocidal intent* ».

Le 25 juin 1763, Bouquet écrit à Amherst au sujet des Indiens : « *That Vermine… has forfeited all claim to the rights of humanity.* » Toujours Bouquet à Amherst, le même jour : « *I would rather choose the liberty to kill any Savage…* » Le 9 juillet, Amherst s'adresse au responsable des Affaires indiennes, William Johnson, pour réclamer « *measures to be taken as would Bring about the Total Extirpation of those Indian Nations* ». Le 7 août, Amherst parle ainsi des Indiens à l'adjoint de Johnson, George Croghan : « *[…] their Total Extirpation is scarce sufficient Attonement […].* » Et encore une fois, le 27 août, dans une lettre à Johnson, Amherst demande qu'on « *… put a most Effectual Stop to their very Being* [25] ».

Amherst est-il passé à l'acte ? A-t-il ordonné une tentative de génocide contre les tribus révoltées en les infectant avec le virus de la variole ? C'était jusqu'à tout récemment une question non résolue. Le célèbre historien américain Francis Parkman avait été le premier, dans son ouvrage de 1886 sur la Conspiration de Pontiac, à publier une lettre d'Amherst à Bouquet où il se demandait si la variole pouvait être répandue parmi les Indiens :

> *Could it not be contrived to send the Small Pox among those disaffected tribes of Indians? We must on this occasion use every stratagem in our power to reduce them* [26].

---

25. Toutes ces lettres sont reproduites sur le site de Peter d'Errico : **www.nativeweb. org/pages/legal/amherst/lord_jeff.html**.

26. Francis PARKMAN, *The Conspiracy of Pontiac and the Indian War after the Conquest of Canada*, Boston, Little, Brown, 1886, vol. II, p. 39 (6th edition) ; cité dans Peter d'ERRICO, *op. cit.*

Parkman rapportait, sans en tirer de conclusion, qu'au printemps suivant (1764), un Anglais qui revenait à Fort Pitts avait signalé qu'une épidémie de variole faisait rage depuis un certain temps chez les Indiens.

Certains historiens affirmaient que le stratagème diabolique n'avait jamais été mis en œuvre, d'autres qu'il avait effectivement été appliqué mais qu'Amherst n'était pas au courant ou n'avait jamais donné son autorisation. Aujourd'hui, il n'est plus possible d'en douter. Les preuves indéniables qu'Amherst a autorisé l'opération de guerre biologique contre les Indiens ont été découvertes récemment, par Peter d'Errico [27], dans son importante correspondance, dont les microfilms sont conservés à la bibliothèque du Congrès, à Washington.

Dans une lettre datée du 13 juillet 1763 et adressée à son commandant en chef, Jeffrey Amherst, le colonel Henry Bouquet propose la distribution de couvertures contaminées par la variole :

> *I will try to inoculate the Indians by means of Blankets that may fall in their hands taking care however not to get the disease myself.*

> *As it is a pity to oppose good men against them, I wish we could make use of the Spaniard's method, and hunt them down with English dogs, supported by Rangers and from Light Horse [28], who would, I think, effectively extirpate or remove that vermine.*

Dès le 16 juillet, Amherst répond à Bouquet qu'il approuve son plan :

> *You will Do well to try to inoculate the Indians by means of Blankets, as well as to try Every other method that can serve to extirpate this execrable Race. I should be very glad your Scheme for hunting them Down by Dogs could take effect...*

« [...] *all your Directions will be observed*», répond, le 26 juillet, le colonel Bouquet, chargé de la sournoise exécution

---

27. Ces lettres qui concernent les méthodes à utiliser contre les guerriers de Pontiac sont, elles aussi, reproduites sur le site de Peter d'Errico.
28. Bouquet appelle ainsi des formations de cavalerie légère.

de cette criminelle inoculation. Amherst et Bouquet discutent aussi de la possibilité d'utiliser des chiens pour chasser les Indiens, « la méthode espagnole ». Amherst applaudit à cette méthode, mais constate qu'elle ne peut être utilisée parce qu'il n'y a pas assez de chiens…

Un officier anglais de la garnison de Fort Pitts, le capitaine Écuyer, va manœuvrer pour que des couvertures utilisées par des malades infectés tombent entre les mains des Indiens Delaware, Shawnee et Mingo qui assiègent le fort. Au mois d'août 1763, le siège est levé ; c'est par les Shawnee, semble-t-il, que l'épidémie de variole se propagera parmi des tribus du sud-est qui n'ont pas participé au soulèvement.

La rébellion de Pontiac s'effritera d'elle-même au cours de l'automne 1763. Au début de la saison de chasse annuelle, les tribus alliées aux Outaouais commencent à déserter. Pontiac reçoit à la fin d'octobre des lettres du commandant du fort de Chartres, en pays illinois, lui confirmant la signature d'un traité de paix. Il s'obstine. En avril 1764, il se rend lui-même au fort français pour demander des renforts. Peine perdue. Pendant son absence, un rival nommé Manitou pacifie les derniers guerriers de l'ancienne alliance française et met fin aux hostilités.

L'utilisation par les Anglais de couvertures infectées par le virus de la variole pour combattre les Indiens en Amérique du Nord constitue une première dans les annales de la guerre biologique, selon le spécialiste Robert O'Connell [29]. Depuis des siècles, il était coutume de catapulter des cadavres contaminés dans les villes assiégées ; mais, dans le cas des Amérindiens, il y a plus. Les Britanniques connaissaient la faiblesse immunitaire de ces derniers, de même que les effets immédiats et dévastateurs qu'avait sur eux la variole. Ce fut, selon O'Connell, la première fois que l'utilisateur d'une arme biologique exploitait

---

29. Robert L. O'CONNELL, *Of Arms and Men: A History of War, Weapons, and Aggression*, New York and Oxford, Oxford University Press, 1989 ; cité dans Peter d'ERRICO, *op. cit.*

délibérément sa connaissance de la faiblesse immunitaire de l'ennemi.

Jeffrey Amherst qui, à sa mort en 1778, portait le titre de *Field-Marshall Baron Amherst of Montreal* en souvenir de la reddition de cette ville, jouit d'une excellente réputation. Les historiens québécois louent la modération des termes de la capitulation et sa sympathie pour les Canadiens…

Pourtant, il est maintenant établi hors de tout doute qu'Amherst a autorisé le recours à une attaque à l'arme biologique contre des populations autochtones particulièrement vulnérables, dans le but avoué de les exterminer. Un acte de génocide ! Est-il normal qu'une rue de Montréal glorifie sa mémoire ? La Ville a célébré avec faste, en 2001, le trois centième anniversaire de la Grande Paix de Montréal, conclue entre les Français, leurs alliés et les Iroquois. L'occasion était belle de faire un geste à l'endroit des autochtones en faisant de la rue Amherst la rue de la Grande-Paix.

Les origines de l'oligarchie anglaise de Montréal

Le Québec sera soumis à la loi martiale du 8 septembre 1760 au 10 août 1764. Arrivés dans les fourgons de l'armée britannique, des profiteurs et des trafiquants exigent de pouvoir exploiter à leur guise les Canadiens et les ressources du pays en raison de leur sang anglais. Dans une lettre à son agent de Londres, le gouverneur James Murray, qui a succédé à Amherst à la signature de la paix, se plaint de leur attitude :

> […] il n'a pas été facile de satisfaire une armée conquérante, un peuple conquis et une coterie de marchands qui sont accourus dans un pays où il n'y a pas d'argent, qui se croient supérieurs en rang et en fortune au soldat et au Canadien, se plaisant à considérer le premier comme un mercenaire et le second comme esclave de naissance [30].

---

30. Cité dans M. WADE, *Les Canadiens français, de 1760 à nos jours, tome I*, Montréal, Le Cercle du livre de France, 1963, p. 68.

Ces messieurs arrivent dans le but de faire fortune, et ils vont y parvenir. Ce sont eux et leurs descendants qui, pour les deux siècles à venir – jusqu'aux années 1970 – vont constituer la caste économique dominante au Québec.

Avec le traité de Paris en 1763, les Canadiens deviennent des sujets britanniques, et on reconnaît leur droit à la religion catholique «pour autant que le permettent les lois de la Grande-Bretagne». L'agressivité et le fanatisme des accapareurs anglais qui sont arrivés avec l'armée sont tels qu'ils nuisent aux objectifs de Murray : convertir les Canadiens au protestantisme après avoir gagné leur sympathie.

> De grands progrès ont déjà été réalisés ; l'antipathie nationale a presque entièrement disparu du côté des Canadiens. Je voudrais pouvoir en dire autant des sujets anglais. Plusieurs d'entre eux, originaires de Nouvelle-Angleterre, qui se sont établis ici sont d'incorrigibles fanatiques. Un peu d'habileté me permettra pourtant de tirer parti d'eux car, en me mettant en contradiction absolue avec leurs insultes, je ne pourrai qu'augmenter et renforcer la confiance des Canadiens envers le gouvernement. Cette confiance est mon arme principale. Je la renforce par des soins constants afin qu'elle me permette de mener à bien la tâche que je me suis fixée et qui consiste à faire accepter la religion réformée par la majorité des habitants de cette colonie [31].

Tout en travaillant à convertir les Canadiens, Murray s'emploie parallèlement à assurer à l'administration coloniale britannique le contrôle de la hiérarchie catholique. Québec n'a plus d'évêque depuis la mort de Mgr de Pontbriand, décédé le 8 juin 1760 sans avoir désigné de successeur. Murray s'oppose catégoriquement au choix de M. de Mongolfier, supérieur des Sulpiciens, désigné par le Chapitre de Québec pour succéder à de Pontbriand. Il n'est pas assez docile, malléable. Il sera écarté pour diverses raisons dont, probablement, l'opposition anglaise à sa personne. C'est plutôt un ami personnel de Murray, Jean-Olivier Briand, grand-vicaire de Québec qui deviendra «surintendant de l'Église romaine», après être allé lui-même,

---

31. *Ibid.*, p. 69.

sur recommandation du gouverneur, quémander son poste à Londres.

> Le rôle joué par Murray ne reste pas sans lendemain. Pendant 75 ans, les gouverneurs interviendront à la fois dans les nominations épiscopales et curiales. En plus de passer sous la tutelle d'un prince protestant, l'Église canadienne passe sous l'autorité directe d'un gouverneur protestant, bien déterminé à en contrôler les destinées[32].

Ainsi naît au Québec l'alliance du sabre anglais et du goupillon français, alliance qui durera jusqu'au XXe siècle. Comme il n'y a pas de protestants parmi les Canadiens, James Murray aurait dû se résoudre à former son administration en puisant uniquement parmi les quelque trois cents profiteurs britanniques, bien décidés à exploiter les Canadiens ; une situation aberrante. Comme l'écrit Marcel Trudel :

> [...] les instructions du Roi à Murray en 1763 et à Carleton en 1768 allaient être très dures pour les Canadiens, si elles étaient observées à la lettre : partout, par exemple, où le serment du Test était rigoureusement appliqué, on ne pouvait, si on était catholique, devenir greffier, procureur, avocat, apothicaire, fonctionnaire, capitaine, lieutenant, sergent, caporal. Or Murray et Carleton, constatant qu'il était impossible d'appliquer généralement les lois civiles anglaises et que, si on exigeait le serment du Test, on ne pourrait trouver de fonctionnaires, firent preuve de tolérance : ils laissèrent la hiérarchie catholique exercer ses devoirs, ils dispensèrent du serment les Canadiens dont ils avaient besoin pour les charges publiques, ils tolérèrent qu'on plaidât en français en recourant aux lois civiles d'avant la Conquête. Lorsqu'en 1771, on prépare le plan d'un nouveau gouvernement du Québec, on propose d'accorder officiellement ce que, jusque-là, on leur avait accordé de fait : la liberté de religion et l'usage des lois civiles françaises[33].

C'est une autre contre-vérité que de dire que Londres a été magnanime avec les Canadiens. Les premiers gouverneurs

---

32. Denis Vaugeois et Jacques Lacoursière, *Canada-Québec. Synthèse historique*, Montréal, Éditions du Renouveau pédagogique, 1973, p. 210.

33. Marcel Trudel, *La révolution américaine, 1775-1783*, Sillery, Les Éditions du Boréal Express inc., 1976, p. 55.

britanniques ont été contraints, on pourrait dire malgré eux, de ne pas appliquer les instructions royales à la lettre, sans quoi ils n'auraient pu administrer la colonie.

Les affairistes anglais réussiront à faire rappeler Murray à cause de sa politique d'ouverture envers les Canadiens, mais Carleton, qui le remplace, n'aura d'autre choix que de continuer dans la même voie.

Problèmes à l'horizon

Dans les colonies américaines, au moment où s'opère la transition du pouvoir en Nouvelle-France, le mécontentement grandit. D'abord, on estime ne pas avoir eu les dividendes de la Conquête (sous forme de territoires et de réparations) ; de plus, de nouvelles taxes sont imposées par la Grande-Bretagne à ses treize colonies afin de payer les frais de la guerre de Sept Ans ! Les Américains sont outrés et commencent à se révolter ; Londres est en alerte. Consciente de sa position de faiblesse en Amérique où ses colonies menacent maintenant de faire l'indépendance, la Grande-Bretagne consolide son emprise sur le Canada en faisant des concessions aux Canadiens. Le roi George III – le roi fou – approuve l'Acte de Québec en juin 1774.

Cet acte doit entrer en vigueur en mai 1775. On pourrait le qualifier de *petite constitution* pour la province du Québec. Il apporte un grand soulagement à Carleton, gouverneur de la colonie depuis 1766, convaincu à cette époque qu'il y aura, tôt ou tard, une guerre civile en Amérique du Nord. Il veut éviter que la France, qui manifeste de l'intérêt pour la cause révolutionnaire américaine, ne profite des contrecoups d'une politique d'assimilation durement dirigée contre les Canadiens pour les avoir de son côté si elle tente de reprendre le contrôle de l'Amérique. C'est pourquoi il préfère, au grand dam de la petite minorité britannique installée chez nous, se rallier les Canadiens en étant conciliant avec la noblesse et le clergé catholique.

Les marchands anglo-protestants de Montréal et de Québec ont pourtant essayé de monopoliser le pouvoir politique dans la colonie en grenouillant perfidement à Londres. « Lorsqu'il avait été question d'établir un nouveau gouvernement, écrit Marcel Trudel, ils avaient présenté des pétitions pour obtenir une chambre d'assemblée, comptant, par cette chambre d'où les catholiques seraient exclus, contrôler toutes les affaires du pays[34]. »

L'Acte de Québec redonne à la province de Québec les frontières de la Nouvelle-France, sauf pour la vallée du lac Champlain. Il reconnaît le droit civil français, le droit pour l'Église catholique de préserver son culte et surtout le droit de percevoir la dîme, et le remplacement du serment du Test par un serment anodin. De plus, l'Acte reconnaît comme légitime le vieux régime seigneurial. Les Anglais viennent d'acheter les seigneurs et les curés, qui sont désormais acquis à la couronne britannique. Quand Carleton arrive d'Angleterre, le 18 septembre 1774, il est accueilli par cinquante seigneurs canadiens et tout le haut clergé. L'ère de la collaboration des élites canadiennes commence. Les affairistes anglais sont ulcérés ; comment l'Angleterre peut-elle reconnaître de tels droits à une race de dégénérés ? Et des papistes de surcroît !

Carleton est convaincu qu'il a sécurisé la colonie. Mais il se trompe à plusieurs égards. Le maintien du régime seigneurial ainsi que la perception de la dîme n'enthousiasment pas la population. Carleton a mal mesuré l'influence de la noblesse et du clergé. Aussi, dès février 1775, devant la montée des troubles dans ce qui deviendra les États-Unis, il fait preuve de pessimisme. Les Canadiens restent cependant indifférents vis-à-vis de ce qui se passe dans les autres colonies américaines. Cette neutralité est compréhensible : ils n'ont que faire des querelles entre Anglo-Saxons. De plus, on leur a retiré les armes à feu qu'ils possédaient au temps de la Nouvelle-France. Carleton n'ose pas imposer la conscription.

---

34. Marcel TRUDEL, *op. cit.*, p. 66.

Le 1er mai 1775, lors de l'inauguration à Montréal de l'Acte de Québec, la foule constate avec stupeur que le buste de George III a été vandalisé. On peut y lire l'inscription suivante : *Voilà le Pape du Canada et le sot Anglois*. On soupçonne les marchands anglo-protestants d'être les auteurs du graffiti lèse-majesté. Des bagarres éclatent entre Canadiens et Anglais.

Rififi dans les treize colonies

Il n'y a pas que les marchands anglais de Montréal qui fulminent. Dans les treize colonies, on crie au meurtre ! Car la récompense des Américains pour avoir aidé à défaire la Nouvelle-France est une hausse de taxes pour payer la guerre, la reconnaissance de la religion catholique et le retour aux frontières d'avant-guerre ! Ils ne s'attendaient pas à ça ! Et ils sont profondément frustrés de voir que le gouvernement de Londres concède des droits à un peuple qu'ils combattent depuis cent cinquante ans. Les colonies américaines perçoivent, à juste titre, l'Acte de Québec comme une manœuvre de Londres dirigée contre eux. Ce sera le *casus belli*.

« L'affaire du Canada est encore plus grave, si cela est possible, que celle de Boston », tonne Alexander Hamilton, un des futurs rédacteurs de la Constitution américaine. La guerre d'Indépendance américaine éclate en mai 1775.

Bientôt, la province de Québec devient un enjeu militaire. Les Américains planifient une expédition en vue d'occuper Montréal et Québec. Une armée de quinze cents hommes avance sur Montréal. C'est la panique ! Carleton doit s'enfuir vers Québec. Le 13 novembre 1775, les assaillants entrent dans la ville, qu'ils occuperont tout l'hiver. Pendant ce temps, une autre armée, forte de douze cents hommes, avance sur Québec. Mais cette expédition devient vite un enfer. Les révolutionnaires en sont bientôt réduits à manger le cuir de leurs chaussures, tellement tout est mal organisé. Les troupes américaines, commandées par le général Benedict Arnold (qui plus tard trahira son pays pour de l'argent), arrivent en lambeaux devant Québec; il ne reste que huit cents hommes, les autres ayant déserté. Malgré tout, avec des troupes venues de Montréal, Arnold va tenter de prendre la ville, mais c'est un échec lamentable. Le 31 décembre 1775, on attaque la forteresse en pleine tempête de neige, et la nuit de surcroît. Les Américains sont taillés en pièces. Au printemps, le dégel du Saint-Laurent sonnera le glas de l'expédition américaine. Tout comme en 1760, l'arrivée de renforts britanniques force les envahisseurs à déguerpir.

Curieusement, les Américains, qui dénonçaient de façon virulente l'Acte de Québec et qui n'avaient pas de mots assez méprisants pour qualifier les papistes canadiens, espèrent maintenant les recruter comme alliés. Toutefois, ne sachant pas de quel côté le vent allait tourner, la majeure partie de la population reste neutre devant cette guerre fratricide entre Anglais protestants. D'autant plus que ces Américains sont de mauvais occupants. À Montréal, le commandant militaire, David Wooster, interdit la célébration de la messe de minuit de Noël! Pire encore, après avoir payé en argent sonnant leurs divers achats, ils commencent à émettre de la monnaie de papier sans aucune valeur.

Pour tenter de redresser la situation, le Congrès américain envoie Benjamin Franklin à Montréal. Ce dernier constate rapidement qu'il n'y a pas grand-chose à faire pour gagner les Canadiens à leur cause. Un prêtre catholique qui l'accompagne, venu pour persuader le clergé canadien de se joindre aux révolutionnaires, reconnaît que, sous le régime de l'Acte de Québec, la situation des catholiques canadiens est enviable.

À la suite de la débandade américaine, Carleton nomme une commission chargée de vérifier quelle a été l'ampleur de la collaboration de certains Canadiens avec les rebelles. Il se montre clément envers ceux qu'on soupçonne de s'être compromis avec les Américains. Cependant, dans les faits, les plus grands traîtres envers l'Angleterre, ce sont des marchands anglo-montréalais, comme Thomas Walker, qui entretiennent des intelligences avec les Américains. Sur un ton pitoyable d'opprimés, qu'ils affectionnent encore de nos jours, lorsqu'ils se lamentent de leur situation aux Américains, ils se plaignent du fait que les Canadiens veulent avoir un pays entièrement français et exclure les Anglais du gouvernement ; ils soulignent à leurs correspondants qu'ils ne veulent pas rompre entièrement avec la Grande-Bretagne, de crainte de voir le commerce leur échapper pour être repris par les Français [35].

Les Américains obtiendront leur indépendance en 1783 et ne libéreront pas les Anglais de Montréal de l'engeance française. Mais la révolution américaine aura pour effet d'apporter à ces derniers des renforts dans leur lutte à finir contre la majorité francophone. Les loyalistes, que les Américains considèrent comme la lie de leur population, les plus soumis à la couronne, les plus conservateurs, les moins démocrates, les plus bornés, les plus violemment anticatholiques, vont venir se réfugier chez nous. Ils feront cause commune contre la majorité française et catholique avec les profiteurs de guerre déjà installés ici depuis la Conquête.

---

35. *Ibid.*, p. 76.

Les « libertés britanniques », 1791-1811

Tout au long de notre histoire, on nous a gavés de l'expression « libertés britanniques ». À toutes les époques, les politiciens *canadians* et leurs affidés francophones, de Wilfrid Laurier à Stéphane Dion en passant par Trudeau, ont répété *ad nauseam* combien nous devrions être reconnaissants aux Anglais non seulement de nous avoir enseigné la démocratie, mais aussi de nous avoir permis de nous épanouir culturellement, sous la protection de l'*Union Jack*.

Même en Grande-Bretagne, les « libertés britanniques » ont été l'apanage d'une petite minorité, les nobles surtout. Chez nous, l'objectif de Londres et de la clique dominante anglo-saxonne a été, dès la Conquête, de faire du Canada un pays aussi britannique que l'Angleterre en assimilant le plus rapidement possible les Canadiens. Jusqu'à ce jour, cette politique générale à l'endroit de ceux qu'on dénommera bientôt les Canadiens français n'a jamais été abandonnée.

Seul un combat politique de tous les instants, des luttes acharnées, sans fin, et une détermination inexorable expliquent notre survivance en tant que peuple. Londres, Ottawa et les Anglais ne nous ont jamais fait de cadeaux, quoi qu'en disent les thuriféraires appointés du gouvernement fédéral ! Laurier, ce héros national qui croyait dans sa jeunesse que la Confédération serait le tombeau des Canadiens français, a lui-même présidé à l'abolition des droits des francophones hors Québec. Nous y reviendrons.

Vers un parlement au Bas-Canada

L'afflux de milliers de réfugiés loyalistes provoqué par la guerre d'Indépendance américaine offre des possibilités à l'administration coloniale britannique, mais lui pose aussi un problème. Ces gens, restés fidèles au roi, ont lutté pour lui et ont tout perdu. Les autorités coloniales comprennent que c'est l'occasion d'altérer la prépondérance démographique des francophones dans ce qui a été la Nouvelle-France. Cinq mille réfugiés, soit 9 % de la population totale de la *province of Quebec*, s'établissent donc sur le territoire de l'ancienne colonie française, grossissant ainsi les rangs des citoyens anglais immigrés depuis la Conquête. C'est énorme ! Comme si, de nos jours, le Canada avait décidé d'accueillir trois millions de Blancs des anciennes colonies britanniques d'Afrique australe. On loge ces loyalistes sur la rive sud du fleuve, où on institue spécialement pour eux les *Townships*, les « Cantons de l'Est ». L'intention de l'administration coloniale est de former une zone tampon entre les colonies rebelles américaines et les « Français » de la vallée du Saint-Laurent qui suivent ce qui se passe outre 45e et qui sont courtisés, les administrateurs britanniques le savent, par des agents français et américains.

De 1783 à 1789, de nombreuses pétitions sont envoyées par des sujets canadiens (francophones) et anglais à la couronne britannique en vue de l'obtention d'une chambre d'assemblée pour la province. Pour les émigrés anglais et américains, il s'agit d'un mode de gouvernement qu'ils connaissent bien et auquel ils estiment avoir droit en raison de leurs états de service ; pour les Canadiens, il s'agit d'être représentés adéquatement par une assemblée afin de faire contrepoids au pouvoir économique et politique de la minorité anglophone. Car la situation politique est alors dans une impasse. La seule représentation des deux groupes linguistiques est le Conseil législatif, divisé en deux factions : le Parti français, qui défend les intérêts des quelque cent treize mille habitants canadiens, et le British Party, au service des six mille Anglais qui se sont emparés de l'économie de l'ancienne colonie française. Les marchands écossais et anglais forment déjà la caste d'affairistes arrogants qui dominera l'économie de Montréal jusqu'à la fin du XXᵉ siècle. Le British Party revendique une assemblée, car il « possède la conviction de pouvoir manipuler les nouvelles institutions politiques à son profit [1] ». Ses membres sont convaincus que ce ne sont pas les paysans français ignares et leurs représentants qui risquent de leur contester le contrôle politique de l'État !

Échaudé par la récente Révolution américaine, de même que par l'agitation qui secoue alors la France (à son tour en révolution depuis 1789), le gouvernement britannique n'est pas enthousiaste à l'idée d'aller plus loin que ce que stipule l'Acte de Québec. Il étudie tout de même diverses options afin d'octroyer à la colonie une forme de représentation qui satisfasse la minorité dominante anglaise. L'affaire aboutit à Londres sur le bureau du premier ministre Pitt, dit le Second. Le secrétaire au Colonial Office, Lord Grenville, partitioniste avant l'heure, propose de diviser le Québec selon un clivage ethnique. Comme tout au long de notre histoire, le pouvoir anglais n'utilise la démocratie représentative que dans la mesure où elle correspond à ses intérêts. C'est ainsi que l'on crée le Haut-Canada, une enclave réservée aux Britanniques de souche et aux loyalistes – la race des seigneurs – afin qu'ils n'aient pas à souffrir des revendications de la majorité francophone et catholique. Une politique ethniciste, basée sur la profonde conviction de la supériorité naturelle de la race anglaise, donne alors naissance à l'Ontario, où les Anglais protestants pourront être « maîtres chez eux », à l'abri du *French Power* du Bas-Canada. Londres veut à tout prix confiner les Canadiens français à la vallée du Saint-Laurent, dans l'espoir de les faire disparaître en assurant un peuplement de la province par des Britanniques de souche.

---

1. Fernand OUELLET, *Le-Bas Canada, 1791-1840, changements structuraux et crises*, Ottawa, Éd. Université d'Ottawa, 1980, p. 31-32. et Denis VAUGEOIS, *Québec 1792 : Les acteurs, les institutions et les frontières*, Montréal, Éd. Fides, 1992, p. 66.

Les Canadiens sont satisfaits, mais pas les Anglais...

Cette mesure contente les Anglais du Haut-Canada et les Canadiens, qui obtiennent pour la première fois de leur histoire – il faut le dire – une représentation effective et populaire. Mais les marchands anglais du Bas-Canada fulminent. Ils sont outrés de voir qu'ils sont abandonnés à une majorité de paysans et à une petite bourgeoisie de notaires, d'avocats et de curés. Pourquoi ? C'est que la nouvelle Constitution est calquée sur celle de la Grande-Bretagne, où les propriétaires terriens, tous nobles (la *Gentry*), sont les principaux acteurs du système parlementaire, qu'ils manipulent en fonction de leurs intérêts de classe. Papineau écrira plus tard, durant ses années d'exil, que « la monarchie, en Angleterre, n'est qu'un instrument entre les mains des nobles, un brillant colifichet qu'à certains jours, la main des charlatans fait scintiller aux yeux de la foule[2] ».

Les marchands anglais s'opposent à cette définition du droit de vote dans la nouvelle colonie. Dans la province de Québec, en effet, la propriété foncière est beaucoup plus démocratique qu'en Angleterre, où les électeurs constituent une infime minorité. Ici, c'est le huitième de la population qui pourra voter ! Pour l'époque, c'est un taux phénoménal, qui découle du fait que la proportion de propriétaires terriens est plus élevée dans le Bas-Canada qu'en Grande-Bretagne en raison du mode de distribution des terres sous le régime seigneurial. Le droit de vote est ainsi étendu à certains censitaires auxquels on reconnaît les qualités requises pour participer aux scrutins. Dans les villes, il suffit d'être propriétaire, ou même locataire, pour avoir droit de vote. La minorité anglaise appréhende le danger d'un tel système électoral : la perte de contrôle d'institutions politiques censées lui servir pour maintenir sa domination sur la majorité.

---

2. Louis-Joseph PAPINEAU, *Histoire de la Résistance du Canada au gouvernement anglais*, Montréal, Comeau & Nadeau, 2001, p. 44.

Un marchand anglais de Montréal, Adam Lymburner, est envoyé à Londres pour tenter de convaincre le Parlement britannique que la division de la province de Québec en Bas et Haut-Canada va à l'encontre des intérêts de la couronne. À la richesse terrienne des seigneurs canadiens, il oppose la richesse en capital des marchands anglais. Voici ce qu'il raconte au Parlement :

> They are now, among the Mercantile Gentlemen in the province, those whose moveable fortunes are perhaps equal, if not superior to any of the Seigneurial estates; and who, from the Employment and Support they give to thousands of people, have infinitely more influence in the country than the Seigneur [...] This Honourable House must perceive, from the very small value of the landed fortune, that the only means of accumulation in that country must be by the operation of Trade and Commerce [...] That it is more probable in twenty years, perhaps in ten years, a new set of men may come forward, who may have acquired and realized fortunes much superior to any now in that country; and it is natural to suppose, will possess a proportional degree of Political Power and Influence[3].

Voilà le fond de l'histoire ! Ces profiteurs rapaces se sont enrichis sur le dos des Canadiens depuis la Conquête, en s'appropriant les routes du commerce de la fourrure et en pillant nos forêts pour la construction navale britannique ; tous ces McGill, Molson, Frobisher et MacTavish veulent aussi le contrôle politique sur la majorité. Ils servent, au XVIIIe siècle déjà, leurs arguments économiques : puisqu'ils donnent du travail à la masse francophone, ignorante et inculte, il leur revient aussi de les diriger ! Ce n'est donc pas d'hier que les subtiles allusions au vrai pouvoir sont évoquées par les Anglais...

Les nobles de Grande-Bretagne restent sourds aux admonestations de la classe marchande de la colonie, la considérant avec l'habituelle condescendance qu'ils réservent aux Écossais, nombreux en son sein. La *Gentry* ne peut imaginer un parlement contrôlé par des bourgeois marchands. Pourtant, le résultat de leur inflexibilité à l'égard de la bourgeoisie

---

3. Cité dans Fernand OUELLET, *op. cit.*, p. 21.

canadienne-anglaise sera précisément l'émergence d'une bourgeoisie canadienne-française, issue des professions libérales, qui s'emparera peu à peu de l'Assemblée ; car le pouvoir des seigneurs s'estompe depuis un moment déjà, au profit de cette nouvelle élite.

Le 10 juin 1791, le projet de Grenville est ratifié par George III, dans un moment de lucidité. Les élections sont prévues pour juin et juillet de l'année suivante. Mais attention, l'Assemblée élue reste sous la domination du Conseil législatif, composé d'hommes nommés par le gouverneur en place !

Les premières élections

En cette année 1792, grâce à une croissance démographique fulgurante, la colonie du Bas-Canada compte maintenant cent soixante mille habitants ; pour représenter cette population, le pays est divisé en cinquante circonscriptions électorales. Le scrutin se fait à la mode britannique, ce qui signifie, en gros, que les électeurs votent à haute voix devant un officier rapporteur, et que les *polls* sont ouverts de huit heures à dix-huit heures, aussi longtemps que nécessaire. L'élection dans un comté est terminée lorsque, personne ne s'étant présenté pour voter depuis une heure, un électeur demande qu'on fasse le compte des voix : le vainqueur est aussitôt proclamé. Il n'est pas rare de voir des élections se prolonger durant plusieurs jours. Parfois même, des fiers-à-bras à la solde d'un candidat empêchent les gens d'aller voter, ceci afin d'entraîner la fermeture du bureau de vote ! Mais lors des premières élections du Bas-Canada, il n'y a pas d'incident de ce genre. Et les résultats sont révélateurs.

Sur les cinquante sièges, quinze sont occupés par des Anglais, soit près du tiers. Ils ne constituent pourtant que 18 % pour cent de la population totale ! Voici comment l'historien John Hare explique cette surprenante réussite :

> Il semble que le succès de l'élément britannique tienne en bonne partie à une solidarité de groupe. En fait, les électeurs de langue

anglaise appuient massivement les candidats de leur groupe, tandis que les Canadiens sont plus enclins à appuyer les meilleurs candidats à leurs yeux, indépendamment de l'origine[4].

Lors de ces premières élections de notre histoire, les Anglais manifestent déjà les tendances ethnocentriques qu'ils conserveront jusqu'à nos jours. Ils voteront toujours d'abord en fonction de considérations linguistiques. C'est une réalité statistique et historique. Rien ne change au pays du Québec. Et pour eux, rien ne doit changer.

Qu'à cela ne tienne, il reste dans ce Parlement trente-cinq sièges pour les Canadiens. Parmi eux, le notaire Joseph Papineau, père de Louis Joseph. Pour l'anecdote, Adam Lymburner, qui s'est présenté dans Québec-Basse-Ville malgré ses réserves sur la nouvelle Constitution, mordra la poussière devant Robert Lester, un candidat du Parti anglais… que je ne compte pas parmi mes ancêtres !

Les premiers accrochages

Nous l'avons vu, la première élection s'est déroulée, somme toute, assez bien, si ce n'est le vote ethnique des Anglais. La lutte selon le clivage ethnolinguistique commence dès la première session du nouveau Parlement. Et sur une question fondamentale.

L'élection de l'orateur (le président) de l'Assemblée donne aux nouveaux élus l'occasion d'un premier débat. La minorité anglaise s'oppose fermement à l'élection de Jean-Antoine Panet, député de Québec-Haute-Ville. Les députés anglophones prétendent que l'orateur doit être de langue anglaise, car il doit s'adresser au gouverneur général dans la « langue de l'Empire ». Ce à quoi s'objectent les députés canadiens qui réussissent, malgré les mesures dilatoires de la partie adverse, à faire

---

4. John HARE, *Aux origines du parlementarisme québécois, 1791-1793*, Québec, Éd. Septentrion, 1993, p. 54.

élire Panet. Cette défaite, les Anglais ne la digèrent pas. Pleins de morgue, ils s'étaient convaincus qu'ils allaient pouvoir manipuler à leur guise les députés canadiens, représentants d'un peuple d'habitants ignares. Pour la première fois dans notre histoire, ils prennent conscience de leur statut de « minoritaires » dans les institutions politiques.

À la fin de la première session du Parlement, en 1793, les Anglais trouvent une nouvelle stratégie pour tenter de contenir les ambitions des Canadiens : la nomination de certains des chefs de file de ces derniers au Conseil exécutif, un organisme qui conserve un droit de veto sur tous les projets de loi de l'Assemblée. C'est ainsi que Pierre-Amable De Bonne, un seigneur qui s'était fait le champion de la cause canadienne lors du premier Parlement, devient membre de ce conseil. Son attitude justifiera pleinement les espoirs de ses amis anglais : il ne sera pas long à voir où se trouve son intérêt, et se rangera alors de leur côté... Ce vire-capot sera pendant vingt ans un adversaire redoutable des Canadiens, le premier vendu notoire de notre histoire. Il inaugure une longue succession de renégats et de salauds qui se mettront au service du pouvoir anglais.

Le clivage politique et ethnique apparaît immédiatement entre la minorité anglophone non élue et ses collabos, qui détiennent le pouvoir au sein du Conseil législatif, et la majorité populaire canadienne représentée à l'Assemblée.

L'exécution de Louis XVI, le 21 janvier 1793, et l'instauration de la Terreur révolutionnaire en France refroidissent pour quelque temps les ardeurs des radicaux des deux côtés. L'entrée en guerre de la Grande-Bretagne contre la France et, surtout, l'arrivée au Bas-Canada de prêtres réfractaires [5] fuyant la Révolution et ses excès éloignent les Canadiens de leurs sources d'inspiration politique traditionnelles. Ce n'est pas par simple grandeur d'âme que Londres accueille ces prêtres français dans

---

5. Prêtres qui avaient refusé de prêter serment à la Constitution civile du clergé français.

sa colonie ; le calcul politique est évident, et il sera payant. Reconnaissants à l'Angleterre de son hospitalité, ces derniers vont exercer une grande influence sur les membres du clergé canadien, les incitant à la soumission envers la couronne britannique. La fin de l'Ancien régime force les Canadiens à ne compter que sur leurs propres moyens, à bâtir eux-mêmes un pouvoir politique au sein des institutions parlementaires britanniques, conçues à l'origine pour les assujettir.

La manifestation de la paranoïa anglaise

Une des constantes de l'histoire canadienne, c'est la méfiance paranoïaque des Anglais envers ces Canadiens francophones, aujourd'hui majoritairement Québécois. La mentalité d'assiégés, caractéristique des minorités coloniales, les amène à toujours craindre des machinations et des conspirations dirigées contre eux. C'est particulièrement vrai dans la période que nous abordons maintenant. Après le début de la Révolution française, un petit nombre d'émissaires français parviennent au Bas-Canada, via les États-Unis ; ils distribuent des tracts qui incitent les Canadiens à la révolte. L'activité, réelle ou supposée, de ces agitateurs préoccupe les autorités coloniales, dont les craintes sont amplifiées par les deux contestations qui, de 1794 à 1797, secouent la vallée du Saint-Laurent. Dans les deux cas, il s'agit de protestations contre des lois votées par l'Assemblée, l'une sur la formation des milices et l'autre sur l'entretien des chemins, des mouvements circonstanciels donc qui ne menacent en rien le pouvoir britannique. On s'oppose simplement à des taxes et à une mobilisation éventuelle, des mesures prises par l'Assemblée élue. Il n'y a pas là matière à révolution et à invasion française ! Mais chez les Anglais, c'est l'angoisse.

En octobre 1797, des rumeurs, propagées par on ne sait qui, font état de l'arrivée d'une flotte française dans le Saint-Laurent, semant la terreur chez les Anglais... et certains espoirs dans la majorité française. Voici ce que William Osgoode, juge en chef de la colonie, écrit à ce sujet :

> The exultation on the late appearance of a French fleet in the Gulf was manifested but too evidently. The ignorance of the people is beyond conception, and they firmly believe that, either on French or American government, they should be exempted from the payments of both tythes and rent[6].

L'ignorance est ici invoquée pour analyser les sentiments des Canadiens. Faut-il être fou pour vouloir cesser de payer la dîme aux curés et le cens aux seigneurs ? Voilà une analyse qui revient souvent dans les discours des Anglais tout au long de l'histoire : les Canadiens (Québécois) sont trop stupides pour comprendre les enjeux politiques qui les touchent.

En 1797, les autorités décident de faire un exemple. On arrête un Américain du nom de David McLane, qui avoue à qui veut l'entendre être un agent secret à la solde des Français. D'aucuns le disent simple d'esprit. On lui fait un semblant de procès à Québec ; reconnu coupable, il est pendu et démembré en public. Le bourreau lui extirpe les entrailles et le cœur pour les brûler ; il lui coupe ensuite la tête pour la montrer à la foule, médusée. Un spectacle barbare, même pour l'époque, un traitement cruel et inusité, qui n'a jamais fait l'objet d'une *Minute du patrimoine*... Un avertissement pour cette population soupçonnée de sentiment séditieux : on ne badine pas avec les libertés britanniques.

L'étincelle

Au cours de la décennie 1800-1810, on aura l'occasion d'assister à des luttes épiques. Les Anglais d'ici vont imaginer toutes sortes de complots ourdis par l'empire napoléonien pour s'emparer du Canada. Les relations interethniques ne ces-

---

6. Cité dans Jean-Pierre WALLOT, *Un Québec qui bougeait : trame socio-politique au tournant du XIXᵉ siècle*, Sillery, Éd. Boréal Express inc., 1973, p. 271.

seront de se détériorer. Comme c'est souvent le cas, c'est une querelle plutôt insignifiante qui va mettre en lumière l'abîme qui sépare les Français des Anglais, au Bas-Canada.

Tout commence quand les autorités s'avisent qu'il faut remplacer la prison de Montréal par un bâtiment plus approprié, car non seulement les murs sont plus ou moins en ruine et les évasions, fréquentes, mais de plus les conditions de vie des prisonniers y sont telles qu'on compare leur traitement à celui qu'on réserve aux animaux. La situation est d'ailleurs à peu près la même à Québec. De 1796 à 1804, les autorités judiciaires de Montréal et de Québec ne cesseront leurs démarches afin d'obtenir de nouvelles prisons pour leurs villes.

Même si l'Assemblée a admis d'emblée qu'il faut ériger de nouveaux édifices, ce n'est qu'en 1805 qu'elle ordonne qu'on en entreprenne la construction. La querelle portera sur la façon de financer ces travaux… La majorité canadienne propose, pour ce faire, que l'on taxe les produits importés. La minorité anglaise, constituée en grande partie de marchands, s'oppose farouchement à une telle mesure. À la place, elle suggère d'établir un impôt foncier, ce que refuse la majorité canadienne. Chacune des factions en Chambre défend ses intérêts. Le 22 février 1805, après de nombreux débats, une proposition de taxe sur les importations est mise aux voix par la majorité canadienne. Tous les Canadiens votent en faveur de cette mesure, tandis que tous les Anglais votent contre, sauf un, qui est propriétaire foncier… Il s'agit là d'une victoire importante de la paysannerie canadienne sur les marchands. Un impôt foncier aurait fait augmenter les cens et rentes des cultivateurs locataires.

La minorité ne s'avoue pas vaincue pour autant. Ses représentants tentent de convaincre le Conseil législatif de bloquer le projet. Ils pétitionnent ses membres, mais sans succès : la loi est adoptée à l'unanimité le 16 mars 1805. Et elle sera sanctionnée par le lieutenant-gouverneur Sir Robert Shores Milnes le 25 mars suivant.

La minorité économiquement dominante de marchands anglais constate une fois de plus le poids politique de la majorité dans le Bas-Canada. Les Anglais ne se demandent même pas si cela est normal, démocratique. Non, ils trouvent absurde que, eux, les conquérants, ceux par qui sont arrivées les libertés britanniques, soient privés du pouvoir de gérer l'État en fonction de leurs intérêts de classe.

L'escalade

En riposte, la *Gazette de Montréal*, déjà l'organe de cette arrogante minorité affairiste, publie le 1er avril suivant un article qui relate un banquet donné en l'honneur du Parti anglais. On y reproduit les vœux prononcés à cette occasion :

> *The British Empire, may the people of this province be impressed with a grateful sense of happiness and advantages they derive from being part of it;*

> *The Honourable Members of the Legislative Council, who were friendly to the constitutional taxation, as proposed by our worthy members in this House of Assembly;*

> *May our representatives be actuated by a patriotic spirit, for the good of the province as dependent of the British Empire, and be disvested of local prejudices;*

> *May the commercial interest of this province have its due influence on the administration of its government*[7].

Évidemment, tout ce qui s'oppose aux intérêts mesquins de cette minorité de profiteurs ne peut que prendre origine dans des préjugés locaux.

Les Anglais du Bas-Canada poursuivront leur combat jusque devant les tribunaux de la mère patrie, faisant valoir que la nouvelle taxe aura pour effet d'entraver le commerce entre la métropole et la colonie, en plus d'encourager le marché noir. Ils échouent de nouveau et, sur recommandation de la Chambre des Lords, George III, entre deux hallucinations, approuve la nouvelle taxe.

---

7. Cité dans Jean-Pierre Wallot, *op. cit.*, p. 64.

Cette défaite annonce une nouvelle escalade antifrançaise dans les journaux anglais. Le *Quebec Mercury* mène campagne pour que seuls les Anglais puissent participer au pouvoir politique :

> Que reste-t-il à faire ? Retirer ces privilèges qui sont représentés comme trop rares, mais qui sont en réalité trop nombreux et dont les conquis se réjouissent trop librement ; et prendre des mesures pour que l'administration des affaires publiques se fasse en anglais par des Anglais ou par des hommes ayant des principes anglais. Ce serait le premier pas, et le plus efficace, vers l'anglicisation de la province [8].

Pour les Anglais, la langue, la religion et les coutumes des Canadiens sont des tares que seule l'adoption de la langue et des coutumes anglaises peut guérir. Les libertés britanniques doivent être restreintes aux Anglais et à leurs amis. Le *Canadien* répond bien modérément à ce type d'attaque raciste :

> La loyauté consiste-t-elle dans la similitude du langage ? Si cela n'est pas, et si elle ne peut se retrouver que dans les similitudes des principes, pourquoi défranciser le Canada ? Dans quel point essentiel les sujets canadiens diffèrent-ils des sujets anglais ? Si une telle différence existe, pourquoi donc les Américains, dont le langage, la religion et les manières étaient celles des Anglais, se sont-ils soustraits à leur obéissance et ont-ils appelé les Français à leur secours [9] ?

C'est en réaction à l'escalade des attaques des journaux suprémacistes anglais comme *The Quebec Mercury* et *The Montreal Gazette*, qu'ont été fondés *Le Canadien*, à Montréal, et *Le Courrier*, à Québec. Tous deux sont sous le contrôle des membres du Parti canadien, dont le plus illustre est Pierre Bédard, un avocat réputé pour sa connaissance de l'Acte constitutionnel de 1791.

C'est dans ce contexte de tension et de méfiance qu'un nouveau gouverneur est nommé. James Craig entre en

---

8. J. LACOURSIÈRE et C. BOUCHARD, *Notre histoire*, Québec-Canada, Montréal, Éditions Format, 1972, p. 399.

9. *Le Canadien*, 29 novembre 1806, texte attribué à Pierre BÉDARD, dans J.-P. WALLOT, *op. cit.*

fonction en 1808. Autoritaire et intransigeant, il s'entoure d'une coterie de racistes qui lui dépeignent les Canadiens selon les pires stéréotypes, ceux qui sont utilisés quotidiennement par la *Montreal Gazette* et le *Quebec Mercury*.

> *Totally void of both information and judgement, fore the purpose of being nose led by designing and interested demagogues, who are the great abettors and supporters of such a voice*[10].

Pierre Bédard, alors leader du Parti canadien, fait partie de ces démagogues craints par les Anglais et l'Église. Craig écrit à son sujet : « *By far the most dangerous.* [...] *Those who know him best* [...] *give it as their opinion that there are no lenghts to which he is not capable of going*[11]. »

L'épiscopat décide de se porter au secours de ses maîtres anglais. Il est alors de la nature de l'Église de s'opposer à tout changement démocratique. Son intérêt est de maintenir la population dans l'ignorance et la soumission. Comme les Anglais, elle considère avec méfiance la nouvelle élite d'avocats et de notaires entichés d'idées libérales laïques et démocratiques. En 1810, Mgr Plessis dénonce les membres du Parti canadien en ces termes :

> [Il faut prendre] les mesures nécessaires pour extirper cette race maudite d'hommes qui par des stratagèmes subtils et mensongers avilissent et déshonorent la nation canadienne. [...] Il est grand temps de purger la province et de veiller à ce que ces méchantes créatures ne plongent pas plus profondément dans un affreux labyrinthe les habitants du pays[12].

Ce que l'Église reproche au Parti canadien, c'est, au fond, de vouloir représenter la majorité. Elle voit d'un mauvais œil se constituer des élites laïques qui pourraient un jour contester son leadership social en se fondant sur une légitimité démocratique. L'instrument de cette nouvelle classe française est

---

10. *Quebec Mercury*, 18 juillet 1808.
11. F. MURRAY GREENWOOD, *Legacies of Fear. Law and Politics in Quebec in the Era of the French Revolution*, Toronto, University of Toronto Press, 1993, p. 222.
12. Lettre de Mgr Plessis, 11 octobre 1810.

l'Assemblée. Grâce à des hommes comme Pierre Bédard et Joseph Papineau, les Canadiens se sont montrés plus habiles que prévu pour en comprendre le mécanisme. C'est cela que les Anglais abhorrent et que le clergé redoute.

Les libertés britanniques en action

Entre 1808 et 1810, le gouverneur Craig suspend trois fois l'Assemblée et fait déclencher de nouvelles élections dans le but de mater les élus francophones. Chaque fois, le Parti canadien reprend le pouvoir et poursuit le combat. Ceux qui disent que les Canadiens ont été soumis de tout temps à l'autorité et à l'Église travestissent la vérité. Comme dernier recours en 1810, Craig fait emprisonner, sans procès, Bédard et d'autres leaders du Parti canadien, au même moment où il dissout pour la troisième fois l'Assemblée. Il saisit aussi les presses du journal *Le Canadien*.

Lorsque, en 1806, le Parti canadien a voulu faire comparaître devant l'Assemblée l'éditeur de la *Gazette* pour lui demander des explications au sujet d'un article, *The Quebec Mercury* a hurlé son indignation et s'est lancé dans une violente dénonciation des Français et de leur aversion congénitale pour la liberté :

> In the « Secret History of Europe », an old and scarce book, we have read some remarks by which it would seem that the French nation supported the same character formerly has the present. « T'is observable », says the writer, « that wherever the French are concerned, they are very uneasy at the liberty of free states. » […] This needs no comment. […]
>
> It is certain that nothing could be more gratifying to our arch-enemy and the French nation, than a prohibition of our press[13].

Pourtant l'emprisonnement arbitraire de Bédard et la saisie illégale de ses presses par le gouverneur Craig ne susciteront

---

13. Cité dans J.-P. WALLOT, *op. cit.*, p. 66.

aucune indignation chez ce défenseur acharné des libertés britanniques. Les vaincus ne méritent pas la liberté de presse, privilège qui doit être réservé aux Anglais de la *Montreal Gazette* et du *Quebec Mercury*.

Le gouverneur Craig fait parvenir au gouvernement britannique, le 1ᵉʳ mai 1810, une longue dépêche sur la situation au Bas-Canada dans laquelle il propose une série de mesures pour en finir avec le pouvoir démocratique de la majorité francophone. Il insiste « sur la nécessité d'angliciser la province si on [veut] qu'elle reste anglaise ; un recours à l'immigration américaine massive pour submerger les Canadiens français ; l'obligation d'avoir des propriétés foncières importantes pour être éligibles ; l'union du Haut et du Bas-Canada pour une anglicisation plus certaine et plus prompte [14] ». Les idées de Craig lui sont inspirées par Jonathan Sewell, un raciste impérialiste, maladivement antifrançais, qui sera juge en chef du Bas-Canada de 1808 à 1838 ! Pour assurer la *liberté aux Britanniques*, Craig préconise un retour aux mesures draconiennes de 1763, pourtant jugées inapplicables à l'époque. C'était, selon lui, une erreur impardonnable d'avoir donné aux Canadiens français les libertés britanniques, surtout :

> […] pour un peuple placé dans les circonstances que j'ai décrites, ignorant et crédule à l'extrême, n'ayant avec nous aucun lien d'affection ou d'union, nous regardant avec jalousie, méfiance et haine, ayant des intérêts séparés et distincts, et à qui l'on a trouvé bon de confier une part du gouvernement du pays, par le truchement d'une chambre de représentants où ils doivent toujours être en majorité [15].

Pour Craig, le plus choquant probablement, c'est que les Canadiens ne veulent absolument pas devenir Anglais, qu'ils se considèrent comme un peuple : « Il semble, écrit le gouverneur, que ce soit leur désir d'être considérés comme une nation sé-

---

14. M. WADE, *Les Canadiens français, de 1760 à nos jours, tome I*, Montréal, Le Cercle du livre de France, 1963, p. 127.
15. *Ibid.*, p. 129.

parée ; *La nation canadienne* est chez eux une expression habituelle[16]. »

Soulignons que, durant toute cette période et jusqu'à la fin du XIXe siècle, les Anglais ne se considèrent aucunement comme Canadiens. Ils se disent fièrement *Britons*, n'ayant d'autre appartenance qu'à la nation britannique. Il ne leur viendrait jamais à l'idée de se dire *Canadians*, un terme qu'ils détestent et qu'ils réservent avec dédain aux francophones. Ils se gaussent de leur rêve de « nation canadienne », expression qu'ils utilisent toujours avec un mépris hautain. Ce n'est qu'après la Confédération, à court d'identité, qu'ils s'empareront du mot « Canadien ». S'étant fait voler leur nom par les Anglais, les francophones deviendront des Canadiens français, et ensuite des Québécois.

Craig a emprisonné les chefs du Parti canadien sans aucune preuve de manque de loyauté. Il craignait en quelque sorte une « insurrection appréhendée », comme celle d'octobre 1970 ! La manœuvre de Trudeau ne réussira pas à atteindre son objectif : détruire le Parti québécois. Craig ne réussira pas, non plus, à détruire le Parti canadien. Mais son chef Bédard restera emprisonné treize mois. Il exige d'être inculpé ; Craig refuse. On le libérera sans explication en 1811. C'est un homme brisé ; sa santé est chancelante, il n'a plus un sou, et il accepte d'aller vivre à Trois-Rivières avec sa famille et d'y devenir magistrat. L'ironie est qu'un juge ne peut siéger à l'Assemblée (une sage mesure qu'il avait fait lui-même adopter) et doit obtenir une permission pour sortir de son district. Bédard est en exil intérieur. Craig est bientôt rappelé en Angleterre, où il meurt des suites d'une longue maladie. Le *Quebec Mercury* pleure son départ :

> [l'administration Craig a été] *marked throughout by pure intentions and successful results. This noble, generous human being, whose reigning passion was to perform his duty completely and conscientiously*[17].

---

16. *Ibid.*, p. 130.
17. F. M. GREENWOOD, *op. cit.*, p. 245.

Les rigoureuses recommandations de Craig en vue de régler définitivement le sort des Canadiens n'ont pas été retenues par les autorités coloniales de Londres, qui ont maintenu la Constitution de 1791. Comme l'explique l'historien américain Mason Wade :

> La menace grandissante d'une guerre avec les États-Unis les détourna de toutes mesures qui pourraient être la cause d'agitation du Canada et, une fois encore, les Canadiens français obtinrent des concessions du gouvernement anglais en faveur de leur survivance, par crainte que le Canada se joignît aux colonies américaines perdues [18].

Le Parti canadien est sans leader. La guerre de 1812 éclate bientôt. On enverra les Canadiens se battre sur la rivière Châteauguay, au sud de Montréal, contre une armée américaine dix fois plus grosse, pendant que les Anglais de Montréal se prépareront à fuir vers Québec. Par miracle, sous la conduite de Salaberry, ils vaincront l'ennemi.

Les Anglais du Bas-Canada n'acceptent pas que leur mère patrie ait consenti les libertés britanniques au peuple vaincu de la vallée du Saint-Laurent. En dépit de leur situation minoritaire, ils veulent tout contrôler parce que, enferrés qu'ils sont dans leurs préjugés racistes, ils ne peuvent concevoir que les Canadiens soient assez intelligents pour comprendre la démocratie ; certains sont même convaincus que les Canadiens sont congénitalement incapables de la pratiquer. Et pourtant, ce sont eux qui usent des pires stratagèmes et des méthodes les plus viles pour réduire à néant cette démocratie. C'est une constante de notre histoire.

---

18. M. WADE, *op. cit.*, p. 132.

1820-1838 : les Anglais assassinent la liberté au Bas-Canada

En pénétrant dans le village, on ne fit pas de quartier ; presque tous les hommes furent mis à mort ; en fait, ils se battirent trop longtemps avant de songer à fuir. Plusieurs furent brûlés vifs dans les granges et les maisons, qui furent incendiées car ils refusaient de se rendre. Les canons, les fusils et les poires à poudre explosèrent tout au long de la nuit dans les maisons en flammes, et le tableau qui se présenta à mes yeux le lendemain suivant était horrible. Des porcs qui s'étaient échappés dévoraient les corps calcinés de l'ennemi, brûlés dans les granges ou tués dans les rues ; ces bêtes furent abattues par la suite.

Les pertes du côté des rebelles furent très lourdes ; leur position était forte, et ils la défendirent désespérément ; mais ils furent mis en totale déroute et reçurent une leçon qu'ils n'étaient pas près d'oublier. Nous fîmes vingt-huit prisonniers, détruisîmes une grande quantité d'armes et de munitions, transperçâmes leurs deux canons et les coulâmes dans la rivière ; nous brûlâmes chacune des maisons d'où une balle avait été tirée, et transformâmes le presbytère en hôpital et l'église en caserne[1].

Nous ne sommes pas dans le Vercors en 1944, là où les unités nazies attaquèrent les forces de la Résistance française sans aucune pitié. Nous sommes à Saint-Charles, à quelques kilomètres au sud de Montréal, le 25 novembre 1837. L'armée

---

1. George BELL, *Rough Notes by an Old Soldier*, Londres, Day & Son, 1867, p. 50-51 ; cité dans Allan GREER, *Habitants et Patriotes*, Montréal, Éd. du Boréal, 1997, p. 279.

britannique, alors la plus puissante du monde, vient de défaire une poignée de paysans insurgés de la vallée du Richelieu. George Bell est un des officiers du régiment responsable de ces atrocités, et c'est son témoignage que nous avons reproduit.

Au cours de cette bataille, les Britanniques perdent trois hommes, et les Canadiens, de cinquante-six à cent cinquante-deux selon les estimations. Mais on ne sait trop ; certains se sont noyés dans le Richelieu, qu'ils ont essayé de traverser à la nage, d'autres ont été calcinés et rendus méconnaissables, d'autres encore ont été dévorés par des porcs. Il est impossible d'établir exactement les pertes du côté des patriotes, parce qu'aucun n'a eu droit à une sépulture religieuse. En effet, pour avoir pris les armes contre leur souverain, ils ont été excommuniés par l'évêque de Montréal, Mgr Jean-Jacques Lartigue, le goupillon français au service du sabre britannique. Encore une fois, l'épiscopat s'est fait complice des Anglais.

Les revendications des patriotes de 1837 participent déjà des grands mouvements libéraux qui vont agiter l'Europe en 1848 et en 1849. Avec la bénédiction des évêques et les encouragements de prébendiers francophones, essentiellement des juges et des seigneurs, l'armée britannique étouffera sans merci ce cri de liberté.

La lutte pour le gouvernement responsable

Comment des paysans en sont-ils venus à tout risquer, y compris le salut de leur âme, pour faire valoir les droits que leur garantit, en principe, un régime démocratique ? On a vu dans le chapitre précédent que la minorité dominante britannique et la majorité francophone du Bas-Canada ne perçoivent pas les « libertés britanniques » de la même manière. Les Anglais veulent prendre le contrôle de l'Assemblée, du Conseil législatif, du Conseil exécutif et de l'économie, de façon à laisser les Canadiens français croupir dans l'ancien régime seigneurial, puisqu'ils ne se résignent pas à se civiliser, à devenir Anglais.

Pour l'élite francophone libérale naissante qui inspire le Parti patriote, il s'agit de prendre le contrôle de l'Assemblée et d'en faire véritablement la voix du peuple, au grand dam de la minorité anglophone, des seigneurs et du haut clergé. Ne représentant pas même 10 % de la population, la minorité britannique a depuis longtemps une mentalité coloniale d'assiégé, une *Garrison Mentality*, pour reprendre l'expression de l'historien Murray Greenwood. Partout dans le monde où ils auront à affronter une situation semblable (une petite minorité de WASP qui domine une majorité culturellement différente), les *colonials* anglais développeront les mêmes types de préjugés au sujet des indigènes.

Les tensions nationales entre Anglais et Canadiens vont reprendre dès la fin de la guerre de 1812-1814 contre les États-Unis, et elles mèneront directement aux affrontements de 1837-1838. Les Anglais et leurs amis, qui occupent la plupart des postes nominatifs de la colonie, s'opposent à la majorité francophone, dont les représentants sont élus. Comme on l'a vu, ils ont un mépris absolu pour tout ce qui est canadien et français. L'idée que cette population paysanne francophone puisse démocratiquement contrôler le pouvoir anglais les choque au plus haut point. Cela va à l'encontre d'une de leurs convictions les plus profondes, à savoir leur sentiment de la supériorité naturelle des Anglais sur tous les autres peuples de la planète.

Pour empêcher une telle infamie, comme l'a recommandé Craig, il n'y a qu'une solution : submerger les Français en unissant le Haut et le Bas-Canada. C'est la seule façon pour la race des seigneurs de devenir rapidement majoritaire. Les Anglais du Bas-Canada envoient une pétition au roi pour faire valoir le scandale que constitue leur situation. De bons et loyaux sujets de Sa Majesté soumis à une majorité française et catholique !

Depuis nombre d'années, la proportion des représentants [anglais] n'a guère atteint un quart du nombre total de l'Assemblée et, à l'heure qu'il est, sur cinquante membres qui représentent le Bas-Canada, dix seulement sont Anglais. On peut dire que cette branche du gouvernement est exclusivement entre les mains de paysans illettrés sous la direction de quelques-uns de leurs compatriotes, dont l'importance personnelle, en opposition aux intérêts du pays en général, dépend de la continuation du présent système vicieux. [...]

Les pétitionnaires de Votre Majesté ne peuvent omettre de noter l'étendue excessive des droits politiques qui ont été conférés à cette population, au détriment de ses co-sujets d'origine britannique ; et ces droits politiques, en même temps que le sentiment de sa croissance en force, ont déjà eu pour effet de faire naître dans l'imagination de plusieurs le rêve de l'existence d'une nation distincte, sous le nom de « nation canadienne ». [...]

Les habitants français du Bas-Canada aujourd'hui divisés de leurs co-sujets par leurs particularités et leurs préjugés nationaux, et évidemment animés de l'intention de devenir, grâce au présent état de choses, un peuple distinct, seraient graduellement assimilés à la population britannique et avec elle fondus en un peuple de caractère et de sentiment britanniques [2].

Déjà au début du XIXe siècle, les Anglais frémissent lorsqu'ils entendent parler de société distincte ! Parmi les inspirateurs de ce texte, figurent John Molson et Peter McGill (qui deviendra président de la Banque de Montréal). On voit la belle opinion que ceux qu'on présente comme de « grands Montréalais » partagent avec plus de mille pétitionnaires à l'égard du peuple canadien-français : des illettrés qui privent la minorité anglaise éclairée de gérer l'État pour le bien commun ! Pire ! ces habitants incultes sont de pauvres victimes manipulées par une classe politique, dont on dit qu'elle n'existe que pour ses propres intérêts. Molson et McGill, secondés par la clique d'affairistes anglais et écossais sont beaucoup plus aptes, c'est évident, à comprendre les aspirations de la majorité francophone et à défendre ses intérêts !

Cent soixante-quinze ans plus tard, le discours n'a pas changé : des textes semblables apparaissent régulièrement dans

---

2. Jacques LACOURSIÈRE, *Histoire populaire du Québec, volume 2*, Québec, Septentrion, 1997, p. 208-209.

la *Montreal Gazette* et le *National Post*. La même attitude hautaine et méprisante caractérise toujours la perception que se font les *Canadians* des Québécois. L'infâme Diane Francis soutient dans son brulôt, *Fighting for Canada*, que les séparatistes ne sont qu'une poignée de démagogues qui manipulent six millions d'idiots et de ruraux mal dégrossis. Rien ne change au pays du Canada. Rien ne peut changer tant que perdurera en son sein une petite société distincte.

Sous la pression des Anglais de la colonie, Londres propose en 1822 d'unir le Québec et l'Ontario en une seule province à majorité anglophone. Mais le secrétaire aux Colonies se ravise assez rapidement, et le projet est abandonné au début de 1823, grâce, entre autres, aux pressions d'un homme politique du Bas-Canada qui s'est rendu à Londres défendre les intérêts de la majorité : Louis Joseph Papineau.

Louis Joseph Papineau et le Parti patriote

Papineau est alors président de l'Assemblée tant décriée par les Anglais. C'est un avocat, fils d'un notaire prospère qui s'est fait léguer par les sulpiciens la seigneurie de la Petite Nation, en Outaouais, à l'époque où il travaillait pour eux. Papineau père est également un des premiers hommes politiques du Bas-Canada : il a, en effet, été élu aux premières élections en 1792. Son fils Louis Joseph hérite de sa seigneurie et de son goût pour la politique. Il incarnera avec fougue l'opposition de la population francophone à l'oligarchie anglaise de Montréal et à la « clique du Château » qui entoure le gouverneur, à Québec.

Au début de sa carrière, Louis Joseph Papineau, comme bon nombre d'hommes de sa génération, est plein d'admiration pour le système parlementaire britannique. Il se fait une gloire d'avoir défendu le Canada contre l'invasion américaine de 1812-1814. Il devient le chef du Parti patriote, autrefois Parti canadien. Le nom a changé en 1826, car la lutte s'est radicalisée.

Voici comment l'historien Allan Greer décrit les membres du Parti patriote, au début des années 1830 :

> Ils sont farouchement laïcistes et ils ont progressivement tendance à adopter des positions anticléricales. Leur vision du gouvernement est essentiellement négative, et ils se proposent de protéger les citoyens contre l'autorité administrative de l'État et autres détenteurs d'une autorité « irresponsable ». L'un des moyens de garantir les libertés individuelles consiste à soumettre les autorités publiques à la sanction du peuple, directement ou par la voix de ses représentants élus… La religion, croient les patriotes, ne devrait rien avoir à faire avec le suffrage, si bien qu'ils accordent le droit de vote à la population juive du Bas-Canada en 1831 [3].

Les patriotes sont des démocrates laïques. Ils sont de leur temps : on n'a qu'à penser aux mouvements de libération qui prennent forme en Amérique latine et en Europe à la même époque. Ils privilégient la liberté individuelle et le libre-échange, et s'opposent à l'intervention de l'État dans le commerce de même qu'aux banques à charte. Ce sont également des nationalistes civiques. Contrairement à ce que disent nos ennemis, les patriotes, loin d'être passéistes, sont les dignes représentants des mouvements démocratiques libéraux qui émergent alors partout dans le monde. Ils croient aux libertés britanniques, au *fair-play* des Anglais, au respect des règles… Ils vont le payer cher. Tout au long de l'histoire du Canada, les Anglais et leurs francophones de service n'ont respecté les règles du jeu que lorsque cela les avantageait. Quand les rapports de forces semblent vouloir se modifier, ils les changent, les suspendent ou, tout simplement, les ignorent complètement. C'était vrai dans les années 1830, ce l'était encore dans les années 1970, ce l'est toujours aujourd'hui.

---

3. Allan GREER, *op. cit.*, p. 121.

Les *92 Résolutions*

Tout au long de la décennie 1820-1830, l'Assemblée est le théâtre d'une lutte permanente entre le clan anglo-saxon et les représentants de la majorité française qui paralyse régulièrement les travaux. Au Haut-Canada et en Nouvelle-Écosse, des libéraux réclament également plus de pouvoir. Mais au Bas-Canada, le conflit prend un caractère particulier : à la situation d'injustice vécue par les démocrates, qui croient au principe d'une assemblée dotée de réels pouvoirs, s'ajoute la dichotomie ethnique. À peu près tous ceux qui appuient les démocrates libéraux sont d'origine française, tandis que ceux qui luttent pour la préservation et le renforcement de l'ordre colonial établi sont pour la plupart des Anglais et leurs collabos francophones qui combattent âprement la volonté d'affirmation nationale des Canadiens.

Au début de 1834, l'Assemblée du Bas-Canada, dont la majorité des membres sont du Parti patriote, passe à l'offensive. Les députés réunis adoptent les *92 Résolutions*. Celles-ci, qu'il serait fastidieux d'énumérer ici, sont le fruit du travail de Papineau et de certains de ses collègues qui veulent trouver une façon de faire fonctionner le gouvernement, et même la société, sans cette atmosphère de confrontation qui prévaut depuis près de quarante ans.

Les auteurs des *92 Résolutions* commencent par déclarer que les Canadiens français sont loyaux à l'Angleterre, pour ensuite réclamer, notamment, le contrôle des revenus et l'élection du Conseil législatif. Le Conseil est le refuge de marchands, de fonctionnaires britanniques et de francophones vendus à leur cause. Cette clique bloque toutes les initiatives de l'Assemblée qu'elle juge néfastes à ses intérêts. Enfin, ils proclament que le caractère français du Bas-Canada est inéluctable et permanent, et demandent à Londres de le reconnaître afin de dissiper les injustices subies par la majorité, bafouée par l'arrogante minorité anglaise.

Les *Résolutions* se terminent en mentionnant que la loyauté des Canadiens a été suffisamment mise à l'épreuve depuis la

Conquête, et qu'il serait malencontreux de ne pas donner suite à de justes réclamations, formulées de bonne foi. Le texte contient des allusions à la démocratie américaine, allusions considérées par les sujets anglais de Sa Majesté comme une menace voilée. Mais son aspect le plus révolutionnaire reste malgré tout de demander le pouvoir de contrôler le budget. S'il en était ainsi, cela signifierait la fin de l'hégémonie anglaise dans la fonction publique… La pétition est envoyée à Londres.

La tension monte

Aussitôt les *92 Résolutions* connues, on assiste à un appel aux armes de la part des Anglais de Montréal, qui créent le *British Rifle Corps*, regroupement d'une bande d'excités racistes qui rêvent d'éliminer, littéralement, la majorité francophone de la surface de la terre. Bientôt, les opposants aux patriotes prennent le nom de *Constitutionnels*, comme quoi, dans notre pays, ce mot porteur d'ennuis cache toutes les infamies! L'un des fondateurs du parti est Adam Thom, un suprémaciste ultra, convaincu de la supériorité de la race anglo-saxonne, qui dans son journal, le *Montreal Herald*, incite les Anglais à prendre les armes pour écraser les aspirations démocratiques de l'audacieuse majorité canadienne:

> Une basse soumission à la faction française et au gouvernement francisé flétrirait les habitants anglais de la province non seulement comme de vils lâches, mais encore comme des traîtres au premier des souverains, au premier empire, et à la meilleure des constitutions[4].

Seule une haine ou un mépris obsessionnel de tout ce qui est français explique de telles outrances. Tout ce que les patriotes demandent, c'est une plus grande démocratisation de la société à l'intérieur du cadre constitutionnel de l'empire britannique! Un adversaire d'Adam Thom, le journaliste Ludger

---

4. Cité dans Jacques Lacoursière, *op. cit.*, p. 299.

Duvernay, éditeur du journal patriote *La Minerve*, participera à l'occasion d'un banquet, le 24 juin 1834, à la fondation d'une société d'entraide dont il sera le premier président : la Société Saint-Jean Baptiste est née.

Les patriotes multiplient les assemblées publiques pour faire valoir leur point de vue. Ils réussissent à obtenir plus de quatre-vingt mille signatures en appui à leurs *Résolutions*. Les Anglais, qui voient le soutien massif que la population française accorde aux patriotes, savent dorénavant que la situation leur échappe.

L'année 1834 marque le triomphe des patriotes. Aux élections de décembre, ils obtiennent 77 des 88 sièges à l'Assemblée, 483 739 voix, contre 28 278 pour les oligarques anglais, les Constitutionnels ! Dès le début de la nouvelle session parlementaire, en février 1835, l'Assemblée se braque contre le gouverneur Aylmer, et vice versa. Aylmer a de bonnes raisons d'être de mauvaise humeur : dédaigneux et méprisant envers la population francophone, il a répété à qui voulait l'entendre que les *92 Résolutions* ne trouveraient aucun écho dans cette masse d'habitants ignorants. Le résultat de l'élection est pour lui un désaveu accablant. C'est l'escalade. Le Conseil législatif bloque toutes les initiatives des députés démocratiquement élus. L'Assemblée refuse de voter le budget de l'État. Le gouvernement est paralysé. Les Anglais ont besoin de temps pour préparer leur coup de force…

Une commission d'enquête

Tout comme aujourd'hui, une commission d'enquête s'avère alors un excellent expédient pour retarder la prise de décision. Londres décide donc, en 1835, de confier à Lord Gosford une telle mission en même temps que la fonction de gouverneur, en remplacement d'Aylmer. Au cours de sa commission d'enquête, Gosford reçoit une lettre du raciste exalté qu'est Adam Thom, qui rappelle régulièrement dans les pages du *Montreal Herald* : « *we are the conquerors, not the conque-red.* »

> Votre Seigneurie peut avoir été portée à croire que la détermina-tion avouée des constitutionnalistes de résister à l'extension de la domination française n'était qu'une vaine menace ; mais ils n'ont pas oublié que les champs de bataille glorieux de Crécy, Poitiers, Azincourt et Minden furent gagnés par de « misérables » minori-tés d'Anglais contre de vastes majorités de Français[5].

En 1836, l'Assemblée, qui s'impatiente, décide de cesser ses travaux tant que Londres ne lui aura pas donné un Conseil lé-gislatif élu. La riposte de Londres prend la forme du rapport Gosford, qui rejette le principe d'un gouvernement responsa-ble. On n'est tout de même pas pour laisser un peuple vaincu, de surcroît d'origine française, prendre le contrôle démocra-tique de ses institutions dans une colonie de Sa Majesté britan-nique. *For Christ's sake !*

Au début de 1837, cela fait trois ans que les patriotes, qui ont adopté les *Résolutions*, attendent une réponse de Londres. Ils ont été plus que patients. Trois années au cours desquelles, tout en discutant politique, les Anglais se préparent à la lutte armée.

Lord Russell, du Colonial Office, s'inspire du rapport de Gosford et recommande à Londres des mesures connues sous le nom de *Résolutions Russell* qui, en pratique, visent à soumet-tre une fois pour toutes les Canadiens français. Russell recom-mande, notamment, que le gouverneur de la colonie contrôle les finances sans en référer à l'Assemblée, ce qui est un recul par rapport à la situation dénoncée par les patriotes depuis trois ans. En adoptant ces mesures, Londres sait que la con-frontation est inévitable. Pour soutenir l'oligarchie anglaise contre la volonté démocratique des patriotes, deux régiments de l'armée britannique, cantonnés au Nouveau-Brunswick, sont dépêchés au Bas-Canada.

---

5. Cité dans Jean-Paul de LAGRAVE, *Les journalistes-démocrates au Bas-Canada (1791-1840)*, Montréal, Éd. de Lagrave, 1975, p. 166-167.

The Montreal Gazette, hier comme aujourd'hui « *the voice of english mercantile interests*», voit dans les revendications des patriotes une manœuvre pour atteindre leur objectif, l'indépendance politique :

> *What is and what has always been the leading object of the leading demagogues of the unwary people of this province ? A complete severance from the Mother Country. It is true that they have not yet dared to give utterance to the ungrateful and disloyal sentiments ; but it is in their hearts and on their lips ; and nothing but their wretched impotency of moral and physical courage, prevents them from proclaiming their independence*[6].

Depuis des années, la *Gazette* avertit ses lecteurs que l'ambition des patriotes est de fonder « *a French Canadian dominion and a French Canadian nationality in America, [...] a French republic in the hearth of British american provinces*[7] ». Ils n'ont qu'un objectif, s'indigne le journal, assurer la prédominance politique de la majorité des habitants de la province, un gouvernement de majorité. La démocratie, quelle idée répugnante pour cette feuille suprémaciste et impérialiste ! À l'époque cependant, on était moins hypocrite qu'aujourd'hui ; on regrettait ouvertement que la Proclamation royale de 1763 n'ait pas été appliquée avec rigueur pour assimiler les Canadiens. La *Gazette* n'a pas, non plus, de mots assez violents pour flétrir l'Acte de Québec, de 1774, qui permit « *the uncontrolled exercise of all those usages and habits, manners and language which tended to conserve them as a distinct and separate people*[8] ».

À mesure que la situation se détériore, les épithètes racistes contre les Canadiens se multiplient dans les articles de la *Gazette*. On croirait lire Diane Francis ! Ces « stupides et ingrats » Canadiens français « sont toujours dans la même condition

---

6. *The Montreal Gazette*, 13 juin 1837 ; cité dans André LEFEBVRE, *La* Montreal Gazette *et le nationalisme canadien (1835-1842)*, Montréal, Guérin éditeur, 1970, p. 4.
7. *Ibid.*, p. 1.
8. *Ibid.*, p. 10.

barbare dans laquelle nous les avons trouvés en 1759 ; et aucun pouvoir sur terre ne pourra jamais les convaincre de sortir de leur ignorance et de leurs préjugés profondément enracinés [9] ».

Comme toutes les feuilles racistes anglophones d'hier et d'aujourd'hui, la *Gazette* entonne la rengaine qui veut que les Canadiens français soient « sourds et aveugles à leurs propres véritables intérêts ». Ah ! si seulement ils suivaient les directives de la minorité de fourbes et de profiteurs racistes qui contrôlent le « business », ils seraient tellement mieux !

Hier comme aujourd'hui, on retrouve, dans la colonne des lecteurs de la *Gazette*, les mêmes commentaires méprisants au sujet des francophones : « *A French Republican government* [...] *would rule with despotic oppression and keep their constituents the slaves of their tyranny, and bring them with a yoke, from which they could never free themselves* [10]. » Et le journal de présenter la caste mercantile britannique du Bas-Canada comme une classe opprimée ! Leur situation « *is more like that of the serfs of Poland beaten down by Russian despotism, than the free and honoured victors, enjoying the reward of their gallantry and bravery* [11] ». Vraiment ingrats, ces Canadiens, ce peuple de vaincus. Oser exiger des droits démocratiques et empêcher ainsi leurs maîtres de profiter des fruits de leur victoire !

The Gazette est, à cette époque, un journal aveuglément impérialiste qui prône le maintien pour l'éternité de liens entre la Grande-Bretagne et ses colonies. Elle encourage une immigration raciale anglo-saxonne pour assurer une fusion avec la mère patrie. Elle rêve d'un empire-nation britannique qui s'étendrait sur la terre entière. Ses fantasmes impérialistes amènent même le journal à citer en exemple aux Canadiens le cas de l'Irlande, qui participe depuis 1800 « *to the glory, unity or prosperity of this great empire.* [...] *She is equally free and independant as Great Britain, of which she forms not a federation,*

---

9. *Ibid.*, p. 35.
10. *Ibid.*, p. 78.
11. *The Montreal Gazette*, 5 décembre 1935 ; *ibid.*, p. 75.

but an incorporated portion, a tie which cannot be now legally dissolved by either party [12] ».

Un des bienfaits que son annexion à la Grande-Bretagne apportera à l'Irlande, c'est la grande famine des années 1840, provoquée par la *Gentry* anglaise… Il faudra aux Irlandais cent vingt et un ans de lutte pour se soustraire à *l'affection* encombrante des Anglais et obtenir leur indépendance. Encore aujourd'hui, en Ulster, ils se refusent aux étreintes des bons Anglais orangistes qui ne veulent que leur bonheur ! Quels ingrats, ces Irlandais !

Comme les éditorialistes actuels du Canada anglais qui réclament constamment qu'Ottawa adopte la ligne dure vis-à-vis du Québec et refuse toute concession, la minorité britannique des années 1830 incite Londres à la fermeté car « *further concession would become a virtual admission of French Canadian independence* [13] » La *Gazette* somme le gouvernement d'intervenir contre les patriotes, sinon les Anglo-Montréalais vont prendre les choses en main et se faire justice eux-mêmes ; elle prône le recours à la violence contre les idéaux démocratiques des patriotes : « […] *we promise them that it will be neither with impunity nor without a mortal struggle that will be as memorable as any portion of history* [14]. »

En fait, les Anglais de Montréal vomissent les Canadiens à un point tel qu'ils préféreraient être soumis aux Yankees. La *Gazette* rapporte l'opinion entretenue « *by true and loyal subjects of the Crown, who would prefer even the Democracy of the United States to the complete degradation of all forms of Government which would exist in Canada if Papineau held the reins of Government* [15] ». Un lecteur lui écrit qu'il aimerait mieux vivre sous l'ange protecteur américain « *instead of the hideous wrinkled hag of "nationalité" which has fastened with*

---

12. *The Montreal Gazettre*, 25 octobre 1941, *ibid.*, p. 97.
13. Prise de position de *The Montreal Constitutionnal Association*, animée par Adam THOM dans *The Gazette*, 9 septembre 1937.
14. *The Montreal Gazette*, 16 novembre 1837.
15. *The Montreal Gazette*, 16 août 1836.

vampire ferocity on the vitals of the land[16] » … Des textes semblables sont encore publiés quotidiennement dans la *Gazette*,
plus de cent soixante ans plus tard. Même journal, mêmes lecteurs, même fanatisme borné. Fascinant, n'est-ce pas ?

La hargne contre les Canadiens français aveugle tellement
la minorité anglo-saxonne qu'un impérialiste forcené comme
Adam Thom va jusqu'à écrire : « *Lower Canada must be English
at the expense, if necessary, of not being British.* » Cette attitude
n'est pas le fait des seuls Canadiens anglais. À travers toute
l'histoire de l'Empire, les minorités coloniales britanniques ont
eu les mêmes réactions. Les Rhodésiens blancs ont agi exactement de la même manière lorsqu'ils ont dû faire face à la décision de Londres d'accorder l'indépendance à la majorité noire
du pays. Ils ont alors créé, au cœur de l'Afrique, leur petite
White English Rhodesia qui fut, heureusement, éphémère. Ce
n'est pas sans raison que René Lévesque a déjà qualifié les
Anglo-Montréalais de « *White Rhodesians* ».

En 1836, les Anglais envisagent une autre possibilité pour
se libérer de la vermine française. Un mouvement se dessine en
faveur de la partition de l'île de Montréal et du comté de Vaudreuil, et de leur rattachement au Haut-Canada. Quand les
Townshippers entendent parler du projet, ils ont peur d'être
abandonnés et ils crient : « Et nous, et nous ! »

> *Our interests, however, are interwoven with those of the Constitu-
> tionalists of Montreal, and should they become emancipated from
> their state of political thraldom, by the easy-course of connecting them-
> selves with Upper Canada, the Eastern Townships must be included in
> the compact. We must not be cast off a prey to the tyrants of a foreign
> race. The dismemberment of our forces would entail ruin upon us. We
> are ready at any moment to fight the battle of independence with the
> loyalists of Montreal. They must not therefore forsake us*[17].

Le Doric Club, sorte d'Alliance Québec avant l'heure, fer
de lance et milice armée des Anglo-Montréalais, n'est pas prêt

---

16. *The Montreal Gazette*, 1ᵉʳ août 1835.
17. *The Sherbrooke Farmer's Advocate*, cité dans A. LEFEBVRE, *op. cit.*, p. 157.

à abandonner les Anglais de Québec, non plus que les Town-shippers « *who have strenuously co-operated with the inhabitants of Montreal in their efforts to obtain deliverance from the withering domination of an illiterate, anti-commercial and anti-British faction*[18] ».

Des assemblées publiques et des charivaris

Dès le mois de mai 1837, les patriotes tiennent des assemblées dans les villages, tant sur la rive nord, aux alentours de Montréal que dans la vallée du Richelieu. Au cours de ces rencontres, les élus locaux et nationaux expliquent la teneur de la réponse de Londres et proposent des mesures pour manifester le mécontentement populaire, comme le boycottage des produits importés d'Angleterre. De plus, on demande aux magistrats et notables locaux de renoncer à leurs charges officielles pour signifier leur désapprobation. Les capitaines de milice sont invités à renvoyer leur commission au gouverneur en signe de protestation. On assiste à une immense lame de fond patriotique. Une majorité d'entre eux démissionnent ; pour les remplacer, les communautés n'ont souvent d'autre choix que de les réélire, car les nouveaux fonctionnaires nommés par le gouverneur n'ont aucune autorité morale sur la population.

Dans le comté des Deux-Montagnes, au nord de Montréal, on pratique le *charivari* : chaque fois que quelqu'un résiste à la volonté populaire, des hommes masqués font irruption pendant la nuit chez le réfractaire, pour l'effrayer et l'inciter à rendre sa commission ou bien à démissionner de la magistrature. Cette atmosphère est propice à la propagation des plus folles rumeurs. Les traîtres, les vendus, les collabos ont la frousse.

Quelques bureaucrates timides se mirent à trembler et commencèrent à déguerpir pour se réfugier à Montréal. Le gouverneur fut

18. *The Montreal Gazette*, 24 mars 1836 ; cité dans A. LEFEBVRE, *op. cit.*, p. 157.

importuné de pétitions contre « des assassins incendiaires », ces
« bandes de voyous », ces « pillards ». On laissait entrevoir au gouverneur que, s'il ne mettait pas ces mécréants à la raison en lançant
les troupes contre eux, éclateraient des « représailles et des ven-
geances horribles » [19].

Pendant tout l'été, les Anglais procèdent à une épuration des
magistrats soupçonnés d'entretenir des sympathies ou des intelligences avec les patriotes. Notons qu'à l'extérieur de ces
deux régions, il y a peu de foyers de dissidence. Les gens attendent plutôt de voir comment les choses vont se dérouler. À
Québec, la situation demeure calme.

C'est dans ce contexte que se tient à Saint-Charles, dans la
vallée du Richelieu, la plus grande assemblée politique de
l'époque. On dit que, le 23 octobre, près de cinq mille personnes s'y sont rendues pour écouter Louis Joseph Papineau et
une personnalité locale, le Dr Wolfred Nelson, du village voisin
de Saint-Denis. Une multitude d'orateurs se succèdent,
certains prônant la violence, d'autres l'action dans la légalité.
Papineau est de ceux-là. Mais bientôt, ce ne seront plus les patriotes qui détermineront le programme, et ils seront acculés à
la résistance armée.

La même journée, une assemblée est tenue par les Constitutionnels sur la place d'Armes à Montréal, à l'époque une ville
anglaise. Les orateurs anglais prédisent de funestes conséquences aux Canadiens trop désireux d'affirmer leur liberté.

Le lendemain, 24 octobre 1837, le clergé se range carrément
du côté des Anglais. Les oligarques et l'Église ont un commun
intérêt à empêcher la constitution d'un pouvoir démocratique.
Mieux vaut les protestants que ces diables de patriotes laïques !
L'évêque de Montréal, Mgr Jean-Jacques Lartigue, veut protéger
l'Église d'une révolution républicaine qui mettrait en cause son
statut et ses privilèges. Dans une lettre pastorale, il sert aux Canadiens un avertissement qui se double d'une profession de
loyauté :

---

19. Gérard FILTEAU, *Histoire des Patriotes*, Québec, Éd. l'Aurore/Univers, 1980, p. 260.

Que tout le monde, dit saint Paul aux Romains, soit soumis aux puissances qui viennent de Dieu. Et c'est lui qui a établi toutes celles qui existent. Celui donc qui s'oppose aux puissances résiste à l'ordre de Dieu. Et ceux qui résistent acquièrent pour eux-mêmes la damnation. Le prince est le ministre de Dieu pour procurer le bien. Et comme ce n'est pas en vain qu'il porte le glaive, il est aussi son ministre pour punir le mal. Il vous est donc nécessaire de lui être soumis non seulement par crainte du châtiment, mais aussi par un devoir de conscience. [...] Et vous devez voir à présent que nous ne pouvions, sans blesser nos devoirs et sans mettre en danger notre propre salut, omettre d'éclairer votre conscience d'un pas si glissant[20].

Ce texte d'une déshonorante servilité, qui légitime les destructions, les pertes de vie et les excommunications, comble d'aise les Anglais. Ils savent que, dans les moments difficiles, ils peuvent toujours compter sur la complicité de l'Église pour s'assurer de la soumission du peuple. Dans toute l'histoire du Québec, le haut clergé a toujours exhorté ses fidèles à la loyauté envers la Grande-Bretagne. Les questions théologiques y sont pour quelque chose. Mais c'est certainement aussi parce que les Britanniques ont eu, au lendemain de la Conquête, l'habilité politique de lui laisser ses anciens privilèges, y compris le droit de percevoir la dîme. On ne mord pas la main qui nous nourrit...

Les admonestations de Lartigue n'ont pas l'effet escompté. De toute façon, au début de novembre, il est clair que les patriotes n'ont plus l'initiative. Il aurait fallu des avertissements de la même teneur chez les protestants, mais leur clergé ne tente en aucune façon de calmer les esprits de ces Anglais frénétiques pressés d'en découdre avec les patriotes. On se demande pourquoi !

---

20. Cité dans J. P. de Lagrave, *op. cit.*, p. 172-177.

Vers la guerre

Au début de novembre, à Montréal, la maison de Papineau est attaquée devant des agents de la paix impassibles… Souvenez-vous : les mauvais sujets ont été épurés de la police de Sa Majesté. Papineau doit se réfugier à Saint-Denis.

Une assemblée de Fils de la liberté, un groupe de jeunes patriotes, est interrompue par des fiers-à-bras du Doric Club, la milice des Anglo-Montréalais. Une bagarre éclate. Les bureaux du journal patriote anglophone, *The Vindicator*, sont saccagés. La caste dominante britannique trouve particulièrement intolérable que certains démocrates anglophones – une infime minorité, surtout catholique – appuient les patriotes. Devant une situation qui semble de plus en plus incontrôlable, le gouverneur Gosford démissionne. Il n'y a plus de moyen légal, constitutionnel, politique de bloquer le mouvement d'affirmation nationale des Canadiens. Il cède donc le pouvoir au général John Colborne, commandant de l'armée britannique au Bas-Canada. Colborne, qui est convaincu qu'une insurrection se prépare – déjà le syndrome de l'insurrection appréhendée –, craint que de larges sections du territoire n'échappent au contrôle des autorités. Il décide de provoquer les hostilités, d'obliger les patriotes à prendre les armes, alors qu'ils n'ont jamais envisagé le recours à la lutte armée. Il fait émettre une série de mandats d'arrestation contre vingt-six personnalités politiques, dont Papineau et Nelson. Ces mandats sont rendus publics le 16 novembre, après une nouvelle épuration chez les juges de paix.

Les patriotes sont condamnés soit à la résistance, soit à la soumission ignoble devant des ennemis qu'ils combattent démocratiquement depuis plus de quarante ans. Les Anglais de Montréal ont obtenu ce qu'ils voulaient depuis des années : le combat politique se transforme enfin en confrontation armée ! Car tout « constitutionnels » qu'ils prétendent être, ils sont les seuls auxquels peut profiter la violence. Ils vont pouvoir enfin « se faire justice », comme le réclament *The Montreal Gazette* et

The Montreal Herald. Manu militari, ils s'apprêtent à écraser ces démocrates canadiens-français qui s'obstinent à vouloir vivre libres.

Il y a d'ailleurs plusieurs indications qui laissent croire à un complot à cet effet, ourdi par le général Colborne, Adam Thom et d'autres éléments antidémocratiques. L'historien Gérard Filteau évoque la provocation dans le cas des échauffourées du 6 novembre entre le Doric Club et les Fils de la liberté, prétexte utilisé par Colborne pour justifier l'émission de mandats contre les chefs patriotes[21] ; on envoie aussitôt des troupes à leur recherche... C'est le début de ce qu'on appelle aujourd'hui la Rébellion de 1837, qui n'était en réalité qu'une résistance improvisée à un coup de force que les Anglais préparaient depuis longtemps !

La résistance armée

Les troubles commencent par une opération policière... menée par des régiments d'infanterie dont certains ont fait les guerres napoléoniennes. Ces « agents de la paix » sont chargés de ramener à Montréal tous ceux qui sont sous le coup d'un mandat, dont Papineau et Nelson. Pour sauver les apparences, ils sont accompagnés de magistrats. (Le même procédé sera utilisé par Trudeau durant la crise d'octobre 1970 ; des juges accompagneront l'armée dans les rues de Montréal.)

Les patriotes ne se laissent pas faire. Le 17 novembre, deux des leurs étant prisonniers des Britanniques, ils réussissent à les libérer au cours d'une escarmouche à Longueuil. Pour protéger les hommes recherchés, on organise des camps retranchés à Saint-Denis et à Saint-Charles ; dans le comté des Deux-Montagnes, on se prépare également au pire. Une veillée d'armes commence pour quelques centaines de paysans. Toutefois, dans le reste de la province, c'est le calme plat...

---

21. Cité dans J. Lacoursière, *op. cit.*, t. II, p. 299.

La bataille de Saint-Denis

Dans la nuit du 22 au 23 novembre 1837, le colonel Charles Gore, à la tête de cinq cents hommes, part de Sorel avec pour objectif de démanteler le camp des patriotes de Saint-Charles et d'arrêter les hommes visés par les mandats. Il doit y faire sa jonction avec le colonel Wetherall, qui arrive de Chambly. À trois heures, cette nuit-là, un officier britannique déguisé en civil est arrêté par une patrouille patriote à Saint-Denis. C'est le lieutenant George Weir, estafette du général Colborne, qui tente de rejoindre le détachement du colonel Gore. Après avoir vérifié son identité, on le fait prisonnier. Il donne sa parole qu'il ne tentera pas de s'échapper.

Pendant ce temps, une neige mouillée tombe en rafales sur les soldats de Gore, qui, sous l'œil moqueur des éclaireurs patriotes, se perdent dans les dédales des chemins de rang plongés dans l'obscurité la plus complète. Grâce à la capture de Weir, les patriotes, commandés par Wolfred Nelson, ont compris que la troupe britannique se dirige vers Saint-Denis. Comme il est clair qu'une bataille y aura alors lieu, on décide d'envoyer le prisonnier à Saint-Charles. C'est lors de ce transfert que Weir, rompant avec la parole donnée, décide de tenter de s'enfuir. Il est rattrapé et exécuté. Son corps est enterré sous quelques pierres, au bord du Richelieu.

À Saint-Denis, les Britanniques sont surpris de trouver une aussi forte résistance, dans ce village qu'ils croyaient sans défense. Ils ont passé la nuit dehors, ils ont faim, ils sont transis de froid. Dans une maison fortifiée que l'on appelle la maison Saint-Germain, les patriotes, armés de vieux fusils, résistent durant six heures, tant et si bien que Gore, presque à bout de munitions, décide de se retirer en abandonnant un canon, un déshonneur pour un chef militaire ! C'est la victoire de Saint-Denis. Le bilan n'est pas très lourd : les Britanniques dénombrent six morts et dix blessés, et les patriotes, douze morts et sept blessés. Papineau, quant à lui, s'est réfugié à Saint-Hyacinthe.

Les leaders patriotes décident de ne pas harceler la colonne de Gore, qui rentre à Sorel dans un état lamentable. S'il y avait eu une vraie rébellion, une vraie guerre civile, les patriotes n'auraient-ils pas essayé d'en anéantir les survivants ? Qu'à cela ne tienne, l'important est de justifier les mesures à venir. Le général Colborne écrit au gouverneur du Haut-Canada :

> La guerre civile a maintenant débuté dans cette province. Je vous conjure donc de mobiliser la milice du Haut-Canada et de vous efforcer d'envoyer à Montréal tous les hommes qui peuvent être prêts à se porter volontaires en ce moment critique[22].

La bataille de Saint-Charles

Au moment où Gore quittait Sorel, Wetherall est parti de Chambly à la tête de quatre cent six soldats et de vingt cavaliers ; il a fait un arrêt à Saint-Hilaire, au manoir Rouville-Campbell, pour leur permettre de se reposer et de se ravitailler. En apprenant la défaite de Gore, Wetherall ne sait trop comment réagir. Il décide d'envoyer un courrier à Montréal pour obtenir des instructions. Colborne lui répond de ne pas aller jusqu'à Saint-Charles. Mais une patrouille de patriotes ayant intercepté son courrier, Wetherall reste sans nouvelles ; il continue donc sa route vers le camp de Saint-Charles. Celui-ci est situé près du manoir seigneurial Debartzch, autour duquel les patriotes ont construit des barricades. Il est commandé par Thomas Storrow-Brown, un Irlandais catholique de Montréal qui, au matin du 25 novembre 1837, quand arrive l'armée, peut compter sur environ deux cents hommes.

Saint-Charles n'est pas Saint-Denis. La position rebelle est un retranchement où les insurgés sont bientôt pris au piège. Après deux heures de combat, Wetherall commande à ses

---

22. Cité dans Kyte Senior Elinor, *Les Habits rouges et les Patriotes*, Montréal, VLB éditeur, 1997, p. 128.

hommes d'ajuster leurs baïonnettes et de charger. La résistance est rapidement écrasée.

Le 30 novembre, les troupes de Wetherall rentrent en triomphe à Montréal. Les patriotes prisonniers sont exhibés à la foule anglaise, haineuse, qui leur lance des œufs pourris. La vallée du Richelieu est désormais sous contrôle britannique. Les chefs patriotes sont en fuite. Papineau s'exile aux États-Unis. En quelques jours, il n'y a plus un chef démocrate au sud du fleuve Saint-Laurent.

Le 5 décembre, la loi martiale est proclamée à Montréal. De loyaux sujets anglais se ruent pour participer à la prochaine bagarre. Colborne prépare la destruction des démocrates du nord avant que ceux-ci ne puissent s'organiser.

Saint-Benoît et Saint-Eustache

Le 23 novembre 1837, le jour de la victoire de Saint-Denis, les patriotes du Nord élisent un nouveau chef en la personne d'Amury Girod, un Suisse d'origine. Son second est aussi élu : il s'agit du Dr Jean-Olivier Chénier, de Saint-Eustache.

Les patriotes de la rive nord, eux aussi pris de vitesse par les événements, ne sont pas prêts à se battre. À ce moment, il n'y a pas de troupes britanniques dans les environs, ni même à Montréal, puisqu'elles ont toutes été envoyées sur la rive sud… Mais Girod ne peut pas encore agir ; il est occupé à essayer de trouver des armes et à maintenir la discipline dans sa garnison improvisée de soldats-paysans. En effet, tous ces hommes convergent vers Saint-Eustache et il faut les nourrir, leur trouver un endroit où se loger et des armes. Ironiquement, Girod essaie d'acheter des armes et un canon aux Indiens d'Oka, qui refusent la transaction car, disent-ils, ils veulent préserver leur neutralité. Dès le lendemain, ils donneront leur canon aux loyalistes !

À Saint-Eustache, la situation est difficile. Certains habitants doutent du succès de la rébellion. Des nouvelles parvenues de Saint-Charles montrent ce qu'il en coûte de résister aux Anglais. Beaucoup pensent qu'il vaudrait mieux laisser tomber et retourner à la maison. Il n'y a donc pas de plan concerté entre les factions patriotes, surprises par le déclenchement des hostilités par Colborne, si bien qu'après sa victoire dans la vallée du Richelieu, ce dernier peut prendre son temps pour préparer son expédition dans le nord. Le 13 décembre, à la tête d'une troupe composée de près de mille trois cents soldats réguliers et de deux cent vingt volontaires venus de Montréal, il marche sur Saint-Eustache. Parmi les volontaires se trouvent soixante collabos canadiens-français du *Saint-Eustache Loyal Volonteers*, commandés par le seigneur Maximilien Globensky.

La bataille commence le 14 décembre, quand les hommes de Globensky attirent ceux de Chénier sur la rivière du Chêne. Des Canadiens français contre d'autres Canadiens français... Spectacle affligeant de la milice de Globensky qui attaque les résistants, pendant que l'armée britannique contourne le village et isole Saint-Eustache. Bientôt, les rebelles, au nombre d'environ deux cents, se retrouvent isolés dans l'église de Saint-Eustache, qui résiste cependant aux coups de canon. Après quatre heures de siège, les Britanniques y mettent le feu. Chénier et ses hommes tentent bien de s'enfuir en sautant par les fenêtres. Des soldats britanniques et des miliciens collabos les attendent et les tuent. Chénier blessé, gisant par terre, est achevé au cri de « *Remember Weir*». On a en effet retrouvé le cadavre de l'officier exécuté près du Richelieu.

L'incendie de l'église se propage rapidement, le village est pillé :

> Ce soir-là, le village est soumis à un pillage si effréné que le capitaine Joseph Swinburne, un officier du 83e Régiment qui a fait la guerre d'Espagne, dira qu'il « égalait, s'il ne surpassait pas, ce dont il avait été témoin lors du sac de Badajos »... On dépouille de leurs vêtements les corps des Patriotes morts, qui se retrouvent complètements nus, et quelqu'un vole même les pièces de l'horloge qui orne le beffroi de l'église.

N'ayant plus rien à piller dans les maisons, les soldats s'acharnèrent sur les morts et les blessés, les fouillant, les dépouillant, allant même jusqu'à les laisser nus dans la neige. [...]

Le corps de Chénier fut trouvé vers six heures. On le transporta à l'auberge Addison où l'on s'acharna sur lui sous prétexte d'en faire l'autopsie. Durant trois jours le cadavre demeura exposé [...] un témoin oculaire a affirmé sous serment avoir vu le corps de Chénier sur le comptoir de la taverne : « La poitrine était découverte, et le cœur, dit-il, pendait au dehors. Quand un Patriote passait, on lui criait : "Viens-donc voir ton Chénier, comme il avait le cœur pourri ! " [...] Je remarquai que la tête était couverte de caillots de sang à cause des coups de crosse de fusil. » Un autre témoin oculaire, correspondant du *Canadien*, écrivait à son journal : « Nous avons été dimanche dernier à Saint-Eustache. Nous avons trouvé les morts encore sur place ; Chénier au comptoir, horriblement mutilé, fendu en quatre, le cœur sorti ; c'était un spectacle horrible et répugnant à voir [23]. »

Du côté des rebelles, les pertes sont élevées : soixante morts, quinze blessés et cent dix-huit prisonniers. Du côté britannique, on compte un mort et huit blessés, dont deux mourront par la suite. Le bilan, comme ceux des autres batailles, montre bien qu'il n'y a pas de « guerre civile », mais plutôt une résistance pathétique et improvisée de pauvres paysans malheureux. Les seuls qui se préparaient à la guerre au Québec, en 1837, c'étaient les Anglais, qui considéraient la violence comme la seule façon d'étouffer les revendications démocratiques de la majorité francophone.

Le 15 décembre, Colborne décide de se rendre à Saint-Benoît où il croit trouver d'autres patriotes armés. Sur son chemin, il rencontre une délégation de quatorze citoyens du village qui viennent lui dire que les chefs patriotes sont en fuite et que Saint-Benoît n'entend pas résister. Colborne leur demande de rassembler toutes leurs armes pour les lui remettre et les avertit que, si un seul coup de feu est tiré, il fera mettre le village à sac. Ces conditions respectées, les habitants de Saint-

---

23. G. Filteau, *op. cit.*, p. 370.

Benoît se croient épargnés des scènes violentes vécues à Saint-Eustache. Saint-Benoît sera quand même pillé... Gérard Filteau signale des viols et des meurtres. Des scènes semblables ont lieu à Sainte-Scholastique et à Saint-Hermas, en fait, partout où passent l'armée et les volontaires.

La première rébellion est matée. Les Canadiens rentrent dans le rang. Ils ont perdu leurs principaux chefs et sont terrorisés. De plus, le clergé s'empresse de recueillir les dividendes de l'échec de la résistance. On refuse aux rebelles la sépulture religieuse. Lartigue avait bien raison : il ne faut pas s'opposer au pouvoir britannique. Dieu est de son côté. *Dieu et mon droit.*

Au sujet des excès des volontaires loyalistes, qui représentent les éléments les plus racistes de la minorité anglophone de Montréal, Denis Benjamin Viger déclarera à l'enquêteur confidentiel de Durham, Stewart Derbishire qu'ils « avaient laissé des blessures dans l'esprit des Canadiens, qui ne pourraient jamais être guéries [24] ». En effet, plus que l'armée régulière, ce sont les milices constituées d'anglo-protestants qui sont responsables de la plupart des exactions. Selon diverses estimations :

> [...] les dommages causés aux six paroisses dévastées s'élevaient à 85 000 livres sterling. Ils avaient brûlé deux cent quatre-vingt-dix-sept édifices, dont deux églises, deux presbytères et un couvent, insultant ainsi aux sentiments religieux du peuple, douze granges qui n'étaient guère des objectifs militaires et pas moins de quatre-vingt-neuf maisons à Saint-Benoît, où aucune résistance n'avait été offerte [25].

Pay back time...

Les manœuvres « extrajudiciaires » de Durham

Les prisonniers sont transférés à Montréal. Le raciste Adam Thom vomit ses infamies dans le *Montreal Herald* :

---

24. M. WADE, *op. cit.*, p. 206.
25. *Ibid.*, p. 208.

> La punition des chefs, quelque agréable qu'elle puisse être aux habitants anglais, ne ferait pas une impression aussi profonde et aussi utile sur l'esprit du peuple que la vue de cultivateurs étrangers placés sur chaque habitation de chaque agitateur dans chaque paroisse. Le spectacle de la veuve et des enfants étalant leur misère autour des riches demeures dont ils auraient été dépossédés, serait d'un bon effet [26].

On ne peut pas reprocher à Thom son manque de sincérité !

Les patriotes ne seront pas jugés pour « leurs crimes ». En effet, Lord Durham, qui a été nommé gouverneur au début de 1838, veut à tout prix éviter des procès, d'abord parce que ceux-ci permettraient aux patriotes d'expliquer devant un jury les circonstances de leurs actions, ce qui risque d'être délicat pour les dirigeants britanniques puisque seraient ainsi rendus publics les détails de la provocation ; ensuite parce que, Montréal étant constituée à l'époque de plus de 50 % d'anglophones, un retour sur les événements passés ne pourrait qu'attiser la haine ethnique. Comme c'est toujours le cas dans notre histoire en situation de crise, le pouvoir anglais ne s'embarrasse pas de respecter les règles de droit. Durham décide de passer outre à la légalité. Huit patriotes, dont Wolfred Nelson, acceptent de plaider coupable à des accusations de haute trahison. En échange, en vertu d'une simple ordonnance signée par Durham, ils sont déportés aux Bermudes. Les chefs patriotes exilés, dont Papineau, sont interdits de séjour au Bas-Canada sous peine de mort. Finalement, cent quarante prisonniers sont relâchés. Quand, au printemps de 1838, Nelson et ses compagnons s'embarquent à destination des Bermudes, l'étudiant Antoine Gérin-Lajoie compose le fameux poème, « Un Canadien errant ».

Durham s'est substitué aux tribunaux. Ces déportations sans véritable procès et les sentences de mort contre les exilés sont accueillies avec horreur à Londres, et le gouvernement britannique est forcé de désavouer le gouverneur. En août 1838, il est rappelé à Londres à la grande joie de ceux, parmi les

---

26. Cité dans G. Filteau, *op. cit.*, p. 388.

Anglais de Montréal, qui réclamaient une hécatombe de ces chiens canadiens-français. Durham profitera de son retour à Londres pour rédiger son fameux rapport.

Mais avant de partir, il met le feu aux poudres avec sa proclamation d'adieu, le 9 octobre 1838. Durham y révèle que son but était « d'élever la province du Bas-Canada à un caractère profondément anglais, [...] d'élever les institutions défectueuses du Bas-Canada au niveau de la civilisation et de la liberté anglaises, de faire disparaître tous les obstacles au progrès de l'entreprise anglaise dans cette province, et de toucher aux anciennes lois et coutumes, tout comme aux abus profondément enracinés [27] ».

> Ces remarques ressemblaient beaucoup trop aux propositions d'Adam Thom et des marchands de Montréal, exprimées cette fois avec élégance. Devant la perspective d'extinction nationale, un grand nombre de Canadiens français modérés se joignirent aux extrémistes et, cette fois, le clergé ne fit aucun effort pour combattre l'agitation [28].

La collaboration de l'Église avec les Anglais a fini par provoquer l'indignation générale chez les Canadiens français. L'épiscopat a compris qu'il doit prendre ses distances, du moins en apparence, avec le pouvoir colonial s'il veut conserver quelque influence. Les journaux patriotes ont déclaré Mgr Lartigue coupable de haute trahison envers la nation canadienne ; il s'est enfui à Québec de crainte d'être assassiné. En décembre 1838, il offrira sa démission à Rome, incapable de continuer à exercer sa charge parce qu'il a soulevé contre lui la haine d'une grande partie du diocèse de Montréal.

1838 : l'appel au génocide des Canadiens français

La seconde rébellion éclate le 3 novembre 1838, après que les moissons furent engrangées. Des groupes de Frères

---

27. M. WADE, *op. cit.*, p. 214.
28. *Ibid.*, p. 208.

chasseurs, une société secrète patriote, essaient de s'emparer du Bas-Canada à partir des États-Unis. Soupçonnant avec raison que le groupe est noyauté par des espions à la solde des Britanniques, Papineau s'en dissocie complètement.

Il y aura une série d'escarmouches qui opposeront aux troupes britanniques et aux miliciens anglais de petits groupes de patriotes locaux, appuyés par des éléments venus des États-Unis, avec à leur tête Robert Nelson, le frère de Wolfred.

À Napierville, devant une assemblée de plusieurs milliers de Canadiens, Robert Nelson est proclamé président de la nouvelle république. Il n'a amené avec lui qu'un tout petit nombre de partisans, dont deux officiers français aux vues révolutionnaires. Et en raison de la neutralité américaine, il n'a pu obtenir aux États-Unis que deux cent cinquante mousquets et un seul canon. Quelques centaines de patriotes portent des fusils disparates, les autres affronteront l'armée britannique avec des piques, des fourches ou de simples bâtons pointus.

Une colonne de réguliers britanniques, accompagnée des *Glengarry Volunteers*, disperse les insurgés à Beauharnois et incendie le village. Dans tout le sud-ouest du Québec, mais surtout dans le comté de Laprairie, les milices supplétives anglo-protestantes de Montréal, constituées d'orangistes fanatiques, se livrent à de terribles exactions contre les paysans, dont la plupart n'ont pas participé au soulèvement. Peu importe, ils font partie de la race honnie ! On pille et on met le feu à leurs maisons et à leurs granges, on vole le bétail. C'est à cette occasion que le *Montreal Herald*, toujours par la bouche d'Adam Thom, appelle au génocide des Canadiens français :

> Dimanche soir, tout le pays derrière Laprairie présentait l'affreux spectacle d'une vaste nappe de flammes livides, et l'on rapporte que pas une seule maison rebelle n'a été laissée debout. Dieu sait ce que vont devenir les Canadiens qui n'ont pas péri, leurs femmes et leurs familles, pendant l'hiver qui approche, puisqu'ils n'ont devant les yeux que les horreurs de la faim et du froid. Il est triste de réfléchir sur les terribles conséquences de la rébellion, de la ruine irréparable d'un si grand nombre d'êtres humains, qu'ils soient innocents ou coupables. Néanmoins, il faut que la suprématie des

lois soit maintenue inviolable, que l'intégrité de l'Empire soit respectée, et que la paix et la prospérité soient assurées aux Anglais, même aux dépens de la nation canadienne entière. [...] Pour avoir la tranquillité, il faut que nous fassions la solitude; balayons les Canadiens de la face de la terre[29].

Comme l'année précédente, les *volontaires civils anglais* profitent des troubles «pour satisfaire leur haine souvent mêlée d'infâme cupidité», selon l'expression de Lionel Groulx. Du côté des patriotes, l'affrontement principal de la campagne, à Odeltown, fait cinquante morts et autant de blessés. Le 9 novembre, Nelson se retire au sud de la frontière. Dans les jours qui suivent, au cours d'une opération de vol d'armes à Caughnawaga (maintenant Kanawaké), Chevalier de Lorimier est capturé par les Mohawks et remis aux autorités britanniques. Il sera pendu le 15 février suivant, de même que onze de ses compagnons. La deuxième rébellion aura duré une semaine, du 3 au 11 novembre 1838. Douze insurgés sont pendus et cinquante-huit sont exilés en Australie.

Le Rapport Durham

Lord Durham est nommé gouverneur en janvier 1838, et chargé par Londres de trouver une solution aux troubles qui agitent ses colonies nord-américaines. Il n'arrive à Québec qu'en mai. Quand la seconde rébellion éclate, il s'apprête déjà à rentrer à Londres où il écrira son fameux rapport qui sera publié l'année suivante. Quelques mois après son arrivée à Québec, dans une lettre adressée, le 9 août 1838, au secrétaire aux Colonies, il fait une description détaillée des antagonismes irréconciliables entre Canadiens et Anglais :

Cette haine entre deux peuples n'est pas publiquement avouée ni d'un côté, ni de l'autre ; au contraire, chaque groupe affirme que les motifs de son attitude n'ont rien à voir avec les différences

---

29. *The Montreal Herald*, 14 novembre 1838.

d'origine. Mais les faits sont là, probants et fondés sur un grand nombre de preuves plus concluantes encore que de simples témoignages, et ils sont bien assez éloquents pour réfuter d'avance toutes les explications divergentes. Si l'opposition entre ces deux races se situait au niveau des principes et pouvait se comparer à des luttes partisanes, on devrait rencontrer dans chaque camp des personnes des deux races ; or, justement, sauf quelques exceptions qui confirment la règle, tous les Anglais sont du même côté et tous les Canadiens, de l'autre côté. Les causes immédiates qui ont déclenché cette dispute paraissent, au premier abord, sans importance, mais comme il y a des disputes à propos de tout et de rien, la majorité des Canadiens et la majorité des Anglais semblent rangés en bataille, prêts à s'affronter. De plus, la tension qui oppose les deux groupes se manifeste non seulement en politique, mais aussi dans la vie sociale où, sauf quelques exceptions insignifiantes, il n'y a de rapports qu'entre les membres d'un même groupe. Les adultes d'origines différentes se fréquentent très peu, pour ne pas dire jamais, dans la vie privée ; même les enfants qui se chicanent ont tôt fait de se diviser, tout comme leurs parents, en deux groupes opposés : les Anglais et les Canadiens. Dans les écoles et dans les rues de Montréal, la vraie capitale de cette province, ces regroupements et ces conflits sont chose courante ! Et les classes sociales ne menacent pas tellement ces divisions et ces hostilités collectives ; dirigeants et citoyens ordinaires, riches et pauvres, marchands et portefaix, seigneurs et paysans ont beau parler des langages différents dans le monde, ils se regroupent indifféremment et s'entendent fort bien quand il s'agit de rejeter ou de combattre l'autre race [30].

Hautain et prétentieux, Durham s'entoure, comme le souligne Louis Joseph Papineau, de douteux personnages pour l'aider dans sa mission :

> L'histoire détaillée de la mission de Lord Durham révélerait un excès à peine croyable de vanité personnelle. Son entourage se composait exclusivement d'hommes pleins de vices et de perversité, mais qui ne lui épargnaient pas la flatterie. [...] Même avant son départ de Londres, les vomitoires des prisons étaient l'égout où le noble Lord était allé prendre par la main, pour les élever à son niveau, les faire asseoir à sa table, les installer auprès de sa femme et

---

30. Cité dans L. J. PAPINEAU, *op. cit.*, p. 38.

de ses filles, les initier à ses conseils intimes, deux hommes flétris tous deux par la justice : le premier, pour avoir séduit une enfant et ravi sa fortune, le second, pour avoir suborné la sœur de sa femme, et avoir troqué l'une contre l'autre[31].

Le premier individu est Edward Gibbon Wakefield, emprisonné de 1827 à 1830 pour détournement de mineure, et le second, Thomas Turton, un avocat de Calcutta dont les complications conjugales avaient indigné la capitale britannique. Mais sa décision la plus odieuse est de s'adjoindre Adam Thom, l'excité ultra-raciste, celui qui est probablement l'instigateur, avec Colborne, de la provocation à l'origine de la répression militaire, celui qui a ouvertement réclamé dans son journal l'extermination des Canadiens français. Voici comment Papineau décrit Adam Thom, le commensal et le proche conseiller du vaniteux aristocrate :

> Cet homme, qui n'était qu'un partisan passionné, de talents médiocres, journellement excité par l'abus des liqueurs fortes quand il traitait de la politique anglaise, devenait un fou furieux quand il parlait des Canadiens français. Exalté par la soif du sang, sa haine alors ne connaissait pas de bornes. Depuis plusieurs années, des outrages contre la nation tout entière et des provocations réitérées à l'assassinat contre les représentants les plus populaires souillaient chaque jour les pages de son journal : on l'avait vu figurer, comme chef de bande, dans plusieurs émeutes qui, depuis quatre années, avaient éclaté dans Montréal : émeutes dirigées par des magistrats anglais contre les citoyens qui, dans les élections ou dans la chambre des députés, s'étaient mis en opposition avec le pouvoir exécutif. Ces violences furent-elles jamais réprimées ? En recherche-t-on une seule fois les auteurs ? Non. Les troupes à la disposition des magistrats ensanglantèrent nos villes ; on violenta le cours de la justice pour interdire aux parents des victimes l'exercice du droit sacré de poursuivre le châtiment du crime devant les tribunaux, et l'on s'empara des procédures pour soustraire, par des procès simulés, les coupables à toute condamnation. Adam Thom avait organisé le Doric Club, société armée dans le but avoué de faire main basse sur les Canadiens français si le gouvernement leur accordait

---

31. L. J. PAPINEAU, *op. cit.*, p. 55-56. (Note de bas de page, dans l'édition préparée par Hubert AQUIN, Leméac, 1968.)

l'objet incessant de leurs demandes: un Conseil législatif électif. Cinq mois avant sa promotion au conseil de Lord Durham, et alors que les prisons s'emplissaient de Canadiens, il écrivait: [...] « Des commissaires spéciaux doivent être instantanément nommés et chargés de mener à fin le procès de cette fournée de traîtres qui est en prison. Il serait ridicule d'engraisser cela tout l'hiver pour le conduire plus tard à la potence. » [...] En faisant ce choix aussi insensé que dépravé, Lord Durham, envoyé ostensiblement pour une mission de paix et de conciliation, était-il traître à ses engagements, ou bien n'était-ce qu'un fourbe chargé de continuer le plan commencé l'année précédente, par le gouvernement métropolitain peut-être, par le gouvernement provincial assurément, plan qui consistait à pousser le peuple à quelques écarts pour légitimer les violences commises et faire naître un prétexte aux violences à commettre [32]?

Les Canadiens n'en reviennent pas lorsqu'ils apprennent que Thom conseille Durham. Selon l'historien américain Mason Wade, la confiance des Canadiens en Durham « aurait pu être ébranlée davantage s'ils avaient su que Thom agissait aussi comme officier de liaison entre le gouverneur et les marchands tories [33] ». Avant de quitter l'Angleterre pour le Canada, Durham avait déjà été approché par des représentants de la clique mercantile anglo-saxonne du Bas-Canada.

[...] à peine arrivé, il s'aboucha tout de suite avec leurs agents, ceux des marchands anglais de Québec et de Montréal qui, de tout temps, ont affiché une haine indestructible contre le peuple canadien et ses représentants [34].

Mason Wade écrit que Durham, à travers Thom, travaille en étroite liaison avec les plus hauts représentants de l'oligarchie marchande de Montréal. Durham ira même présenter en secret ses projets politiques pour les colonies à un comité de sept marchands choisis par Peter McGill, président de la *Bank of Montreal*, avant même de consulter les lieutenants-gouverneurs des provinces maritimes [35].

32. *Ibid.*, p. 41-42.
33. M. Wade. *op. cit.*, p. 206.
34. L. J. Papineau, *op. cit.*, p. 43.
35. M. Wade, *op. cit.*, p. 206.

Lord Durham rend son rapport public le 4 février 1839. C'est une étude sur l'Amérique du Nord britannique qui touche tous les aspects de la société. C'est le produit d'un homme qui se présente comme un aristocrate libéral, mais qui fait montre d'un impérialisme nourri par le sens du droit divin de l'Anglais. Pour Mason Wade, c'est le rapport « d'un despote bien intentionné, mais marqué d'un point de vue raciste insultant pour les Canadiens français » :

> Je m'attendais à trouver un conflit entre un gouvernement et un peuple. Ce que j'ai trouvé, ce sont deux nations qui se font la guerre au sein d'un même État. [...] [Les Anglais] sont hantés par une appréhension croissante de conspirations secrètes. Ils se croient l'objet de desseins sanguinaires. Ils ne voient d'espoir et de sûreté qu'en terrifiant les Français de manière systématique, en les mettant dans l'état de nuire et en empêchant qu'une majorité de cette race ait jamais prédominance dans une branche quelconque de la législation. [...] Accoutumés à avoir une haute opinion de leur supériorité, [les Anglais] ne se donnent aucun mal pour dissimuler le mépris où ils tiennent leurs coutumes, et la peine qu'ils ont à les tolérer[36].

Durham poursuit en indiquant que le peuple canadien est sans culture et sans littérature, et que la seule façon de le libérer de son ignorance, c'est de l'assimiler. On ne se surprend pas du ton méprisant de son rapport à l'endroit des Canadiens français quand on sait qu'il a été rédigé en étroite collaboration avec leurs ennemis les plus implacables – dont Adam Thom – auxquels il accorde ce qu'ils réclament depuis quarante ans, l'union des deux Canada.

Pour régler un problème créé par des racistes anglais fanatiques, il propose l'assimilation de la majorité française. Il ne serait jamais venu à l'esprit de quelqu'un comme Durham que des Anglais soient obligés de vivre dans un État démocratique où des Français seraient en majorité. Noblesse de la race anglaise oblige. Encore aujourd'hui, cette même mentalité se retrouve chez une grande majorité d'Anglo-Québécois. Leur opposition aux fusions municipales sur l'île de Montréal n'en est

---

36. Cité dans J.-P. de LAGRAVE, *op. cit.*, p. 191-192.

que la manifestation la plus récente. D'ailleurs, le portrait que brosse Durham des Anglais et des Français, au lendemain de l'insurrection, est étrangement actuel, le contentieux s'étant cependant considérablement alourdi du côté des francophones. La vision paranoïaque qu'entretenaient les Anglais de l'époque correspond à celle que les *Canadians* d'aujourd'hui entretiennent des Québécois francophones.

> [Les Français] gardent dans un silence morne le souvenir de leurs compatriotes tombés, de leurs villages incendiés, de leur propriété ruinée, de leur ascendance disparue et de leur nationalité humiliée. Au gouvernement et aux Anglais, ils attribuent ces maux et nourrissent contre les deux une animosité éternelle et sans discrimination. Les habitants anglais n'ont pas, non plus, oublié dans leur triomphe la terreur éprouvée quand ils se virent soudainement entourés par une majorité insurgée et les incidents qui seuls parurent les sauver de la domination incontrôlée de leurs antagonistes. Ils se voient encore une minorité au milieu d'un peuple organisé et hostile ; des appréhensions de conspirations secrètes et de desseins sanguinaires les hantent sans cesse, et leur unique espoir de sécurité est censé reposer sur la volonté systématique de terrifier et de réduire les Français à l'impuissance, et d'empêcher que jamais plus une majorité de cette race ne devienne prédominante dans une partie quelconque de la législature de la province [37].

Durham se défendait de tout préjugé raciste dans les recommandations de son rapport : « Notre heureuse immunité de tout sentiment d'hostilité nationale rend difficile pour nous de comprendre l'intensité de la haine que fait naître la différence du langage, des lois, et des manières entre ceux qui habitent un même village et sont les citoyens d'un même État. » Son secrétaire particulier, Charles Buller, le juge autrement :

> J'étais vraiment venu à penser que Lord Durham entretenait un trop fort ressentiment contre les Canadiens français à cause de leur récente insurrection. [...] Il avait dès lors décidé qu'on ne devait rien céder aux absurdes prétentions de cette race, et qu'il de-

---

37. Cité dans M. WADE, *op. cit.*, p. 227.

vait se porter lui-même tout entier à l'appui des sentiments anglais et viser à rendre le Canada totalement britannique[38].

Pendant les quatre années suivantes, il n'y a plus d'Assemblée
au Bas-Canada. Les principaux hommes politiques du pays
sont en exil. Le clergé occupe ce vide politique, au grand plaisir des Anglais qui voient le bon peuple retourner à des occu-
pations plus proches de ses qualités.

Il faudra attendre les années 1960 pour que les idéaux des
patriotes embrasent à nouveau l'espace politique au Québec,
menaçant cette fois encore la minorité dominante anglaise qui
réagira avec la même opposition intransigeante à la nouvelle
tentative d'affirmation nationale du peuple québécois. La défaite de l'élite laïque et républicaine québécoise par les troupes
du général Colborne et leurs milices supplétives avait mis pour
cent vingt ans les curés en selle. La « *priest-ridden province* » est
un cadeau de plus que nous devons aux Anglais qui ne cesseront de nous le reprocher.

---

38. *Ibid.*, p. 221.

Montréal 1849 : quand la *Gazette* appelle au « soulèvement racial »

Les Anglais de Montréal sont de grands démocrates : ils ont un attachement sans faille aux institutions démocratiques, pourvu qu'elles soient sous leur contrôle et qu'elles protègent leurs intérêts. C'est pourquoi, respectant une logique qui ne s'est jamais démentie au long de leur histoire, dans la soirée du 25 avril 1849, ils vont mettre le feu au siège du Parlement du Canada-Uni, alors situé dans l'édifice de l'ancien marché Sainte-Anne, sur le site actuel de l'édifice des Douanes, place d'Youville dans le Vieux-Montréal.

L'union du Haut-Canada et du Bas-Canada date de moins de dix ans. Comme on l'a vu plus haut, elle a été réalisée, selon les recommandations de Lord Durham, dans le but d'assimiler la majorité d'origine française. Dès l'entrée en vigueur de l'Acte d'Union, *The Montreal Gazette* jubile : l'anglicisation des Canadiens français va enfin pouvoir commencer, car l'anglais est maintenant imposé comme seule langue au Parlement.

In order to Anglify the French Canadians, the process must be begun in the Legislature ; and should that take effect under the authority of the Imperial Parliament, we may be assured that, notwithstanding the national and deep rooted prejudices of the French Canadians, they will discover it to be their interest gradually to submit to the fate that awaits them – of becoming English in every thing that can tend to their moral and political improvement[1].

---

1. *The Montreal Gazette*, 7 mars 1840, cité dans A. LEFEBVRE, *op. cit.*, p. 171.

C'est tout le Québec anglophone qui exulte avec Adam Thom, convaincu que les Français ne pourront plus, dans l'Union, maintenir leur supériorité numérique : « *The lapse of thirty years will render the French Canadians a numerical minority. Every year* [...] *will·physically weaken them through the immigration of men of English blood from the old country and the United States.* » Et plus loin : « *Any future history of Lower Canada will be written only in English language, only with an English pen, only with English feelings* [2]. » Les *Townshippers* sont également enthousiastes. Enfin, grâce à l'Union, les Anglais vont pouvoir étouffer cette race maudite :

> *Since the conquest, the Anglo-Saxon race has increased from nothing to 140,000 souls. Like a huge boa constrictor, it is twining itself around the French population, and in the end must totally destroy it.* [...] *It seems to us as if Providence had appointed this continent to be English, and had pronounced the fate of all opposing tongues.* [...] *It is folly in the French Canadians to struggle against their destiny* [3].

À Québec aussi, l'Anglais plante des clous dans le cercueil du Canadien :

> [...] *you have been long fondly imagining that you could build up a new France on this continent under the wing of England. Now, my dear fellow, you must disabuse yourself of this gross delusion without delay – totally and irrevocably. The thing is physically and absolutely impossible; and you might as rationally expect that the dark tribute poured from the St-Maurice into your mighty river would be able to retain its hue, or change the broad current to its own tint, as that you can continue French amidst the great Anglo-Saxon family to which you now belong* [4].

Hier comme aujourd'hui, *The Montreal Gazette* ne comprend pas les Canadiens français de ne pas vouloir devenir des Anglais, se joindre à la race des seigneurs.

---

2. Cité dans A. Lefebvre, *op. cit.*, p. 187.
3. *Missisquoi Standard*, reproduit dans *The Montreal Gazette*, 16 juin 1838 ; cité dans A. Lefebvre, *op. cit.*, p. 187.
4. « A Staff Surgeon » (pseudonyme de W. Henry), *Trifle from my Portfolio* ; cité dans A. Lefebvre, *op. cit.*, p. 187.

Why should the miserable and selfish French Canadians so recklessly spurn away from them, what every other nation on earth is envious of, and so ardently desires to possess? Who can tell, except on the principle, that being once slaves to the despotic sway and tyrannical laws of France, French Canadians of the present day, unregenerated from the ignorance and passive obedience of their ancestors, are desirous of perpetuating their moral degradation as a people. This is the only principle on which we can account for the aversion, which the French Canadians have always betrayed to the introduction amongst them of British institutions, and their blind and wilful determination to resist every measure having a tendency to such an end[5].

La première version du projet de loi créant l'Union des Canada envisageait de rattacher le district de Gaspé et les îles de la Madeleine au Nouveau-Brunswick... *The Montreal Gazette* se dépasse :

We cannot help congratulating that portion of the French population of Lower Canada upon their good fortune, for, how ever disagreeable and irksome they may consider the transition at first, we can assure them that the sooner and more completely they are assimilated in language, laws, institutions and manners to their fellow-subjects of British origin, the sooner will they become a prosperous, contented and happy people[6].

Les Anglais ont enterré les Canadiens un peu vite ; ils vont s'en rendre compte et, d'amertume en frustration, on en viendra à l'explosion de haine des semaines d'émeute à Montréal, en 1849.

L'objectif de l'Union est de faire en sorte que les Canadiens français soient toujours minoritaires dans un parlement dominé par les Anglo-Saxons et cela bien qu'ils constituent encore la majorité de la population, une fois les deux provinces réunies. Ne font-ils pas partie d'une race inférieure, exécrée et maintenant, après 1837-1838, doublement vaincue ? On ne va tout de même pas leur donner une représentation équitable, conforme à leur poids démographique ! Si les deux provinces

---

5. *The Montreal Gazette*, 27 octobre 1838 ; cité dans A. LEFEBVRE, *op. cit.*, p. 185.
6. *The Montreal Gazette*, 28 novembre 1839 ; cité dans A. LEFEBVRE, *op. cit.*, p. 185.

ont le même nombre de sièges, on est presque assuré d'une forte domination des Anglais sur les Canadiens; de surcroît, afin d'accentuer le préjudice contre ces derniers, les circonscriptions électorales du Québec, le Canada-Est, seront découpées en faveur des Anglo-Québécois. Encore un bel exemple des «libertés britanniques»... de ces libertés qu'ils prennent même avec l'équité, quand il y va de leur intérêt.

Une convergence temporaire d'objectifs va retarder la mise en œuvre des projets assimilateurs de Durham. Les réformistes du Haut-Canada, qui n'ont pas une meilleure opinion des Canadiens que leurs congénères du Bas-Canada, ont dû s'avouer qu'ils ne pourraient jamais prendre le pouvoir sans leur appui. Le parti qui contrôle le Parlement du Canada-Uni à Montréal, en 1849, est donc une coalition de libéraux et de réformistes des deux Canada, l'Ontario et le Québec d'aujourd'hui. Deux hommes ont uni leurs forces pour évincer les tories du pouvoir: Louis Hippolyte Lafontaine, qui a survécu politiquement aux rébellions de 1837-1838, et Robert Baldwin, un réformiste de Toronto. Tous deux luttent contre les gouverneurs nommés par Londres et soutenus par la clique mercantile anglo-saxonne de Montréal. Mais à compter de 1846, cette clique commence à lorgner du côté des États-Unis, car elle se sent défavorisée par la nouvelle politique tarifaire impériale; en effet, en raison de la réduction des tarifs imposés aux importations européennes, ses marges de profit s'amenuisent dangereusement.

L'oligarchie économique et le parti tory, qui se présentent comme des ardents défenseurs des valeurs britanniques, sont avant tout des «loyalistes du portefeuille», pour reprendre le mot de Lord Elgin. Leur haine des Canadiens français servira d'exutoire à leurs frustrations financières et commerciales. En 1849, les tories, dont les plus fanatiques proviennent de la communauté anglophone de Montréal, forment désormais la loyale opposition de Sa Majesté dans le Parlement du Canada-Uni. Les réformistes sont au pouvoir depuis un an. Le fait que Baldwin ait reconnu Lafontaine comme son chef exaspère l'opinion anglophone, qui y voit une manifestation d'une « hégémonie française » renaissante.

Indemniser les victimes innocentes des rébellions : *Never!*

La première loi qui sera votée par le gouvernement responsable dirigé par le ministère Lafontaine-Baldwin, est le *Bill des indemnités, The Lower Canada Rebellion Losses Act.* Il s'agit de dédommager les habitants du Bas-Canada (Québec) qui ont été victimes des représailles brutales de la soldatesque britannique et des milices anglophones lors des événements de 1837-1838. Une pareille mesure a déjà été adoptée, alors que les tories étaient au pouvoir, pour indemniser les victimes de saccages au Haut-Canada sans que cela provoque la moindre controverse.

Dans le cas de la loi proposée par Lafontaine et Baldwin, seules les personnes n'ayant pas été reconnues coupables de crimes séditieux auront le droit à une indemnité, d'ailleurs partielle, pour leurs pertes. Il s'agit donc là d'une mesure correcte et juste qui, si l'on considère bien la chose, n'avait rien pour provoquer l'ire des Anglo-Montréalais. Pourtant, le *Bill des indemnités* soulèvera les plus violents débats de l'histoire parlementaire du Canada et la plus grave atteinte jamais portée à la démocratie en ce pays. Ces mêmes tories qui, trois ans auparavant, avaient dédommagé les Anglais du Haut-Canada ne décolèrent pas. Car cette fois, les victimes ne sont pas Anglaises mais Canadiennes ! Et tous les Canadiens, on le sait, sont des rebelles. Pas question de récompenser les traîtres du Bas-Canada. Allan McNab, ce vil spéculateur immobilier de Hamilton qui dirige le parti tory, proclame son racisme antifrançais dans une belle furie :

> L'Union a complètement manqué son but. Elle fut créée pour l'unique motif d'assujettir les Canadiens français à la domination anglaise. Le contraire en est résulté ! Ceux qui devaient être écrasés dominent ! Ceux en faveur de qui l'Union a été faite sont les

serfs des autres ! [...] J'avertis le ministère du péril. [...] Je l'avertis que la voie qu'il suit peut jeter le peuple du Haut-Canada dans le désespoir et lui faire sentir que, s'il doit être gouverné par des étrangers, il serait plus avantageux de l'être par un peuple de même race, plutôt que par ceux avec lesquels il n'a rien de commun, ni le sang, ni la langue, ni les intérêts[7].

Peut-on être plus clair ? C'est renversant de racisme et de sincérité. Pour McNab, les Américains sont des frères de sang et les Québécois, des étrangers. Plutôt les Américains que les Canadiens français ! Malgré toutes ces imprécations, la loi est adoptée facilement par le Parlement contrôlé par Lafontaine et Baldwin. Elle doit maintenant obtenir la sanction du gouverneur, Lord Elgin, venu de Londres avec instruction de se montrer plus ouvert envers le gouvernement responsable. À l'ouverture de la session parlementaire en janvier, il avait donc prononcé une partie de son discours du trône en français, qui retrouvait ainsi son statut de langue officielle, après de longues années d'unilinguisme anglais. Ce geste n'eut pas l'heur de plaire aux anglophones...

> Le 13 février, le débat s'ouvre pour se clore quatorze jours plus tard. L'on en connaît de plus mémorables en Parlement canadien, l'on n'en sait point de plus violents. Selon un plan visiblement concerté, les orateurs de l'opposition manient les plus dangereuses passions : fanatisme ethnique, antipathies religieuses, attaques personnelles contre le gouverneur. Tout ce qui peut soulever jusqu'au paroxysme les colères d'une assemblée d'hommes, faire trépigner les galeries pleines à déborder, est repris, ressassé à satiété. En cette besogne, deux orateurs se distinguent particulièrement, M. Gugy, député de Sherbrooke, Allan McNab, député de Hamilton ; le premier, en des discours décousus et furibonds, fulmine contre le geste « indécent et immoral » de puiser à pleines mains en un fonds alimenté par des protestants pour le paiement d'indemnités à des catholiques ; le second se dépasse en véhémence fougueuse et vise plus haut, s'en prend à Lord Elgin, à Lord Grey, à tous les membres de cette famille politique qu'il malmène généreusement. Plus encore, comme bien l'on pense, McNab s'en

---

7. Cité dans M. WADE, *op. cit.*, p. 297.

prend, lui aussi, à l'immoralité du projet de loi où il lui plaît de voir une prime à l'insurrection ; le tout s'agrémente de charges à fond de train contre l'influence française, contre tout le peuple canadien-français à qui l'on décerne les épithètes de rebelle, de traître et même d'étranger [8].

Toujours dominés par leur haine maladive envers les francophones, les Anglais de Montréal entreprennent une campagne d'intimidation en règle pour empêcher l'adoption de la loi sur les indemnités. Le 15 février 1849, dix ans jour pour jour après la pendaison de Chevalier de Lorimier, le *Morning Courier* écrit :

> Le gouvernement responsable entre les mains de nos adversaires est un instrument de mort pour nous ; il change complètement le but pour lequel l'Union a été faite ; il empêche la dégradation d'une race étrangère ; la voix du peuple est trop prononcée contre nous pour qu'un gouvernement qui repose sur cette base soit bon [9].

Au Haut-Canada, la presse tory approuve. Mieux vaut l'annexion aux États-Unis que le règne de la « crapule française » ! À Toronto, les orangistes organisent des meetings de protestation. En Angleterre, les milieux politiques et journalistiques se renseignent sur les événements du Canada en lisant *The Montreal Gazette* ! Il ne faut donc pas se surprendre si une partie de la presse londonienne sympathise avec les agitateurs tories…

Encouragé par McNab, les Anglais tiennent de nombreux rassemblements de protestation. À la fin des années 1840, Montréal est une ville à majorité anglaise. Des quelque quarante-trois mille habitants, moins de vingt mille sont de langue française. Les Anglais, sous la direction de George Moffat, créent la *British American League* qui, le 19 avril, publie ce manifeste :

> Habitants d'une province cédée à l'Angleterre après un long et glorieux combat, aspirant à une carrière d'émulation vertueuse avec les autres dépendances de la Couronne et déterminés à ne pas être contrariés ou contrecarrés par la jalousie étroite d'une

8. Lionel GROULX, cité dans A. LEFEBVRE, *op. cit.*, p. 45-46.
9. *The Morning Courier*, 15 février 1849.

nationalité particulière et exclusive qui, tout en ayant droit à une parfaite égalité avec la race de l'Empire, ne mérite nulle prééminence comme source distincte de pouvoirs politiques. [...] Il est évident, d'après le caractère connu de notre race, que les Britanniques ne se sont jamais soumis et ne se soumettront jamais passivement à un ascendant basé sur des sentiments de nationalité seulement, et non inspiré par un principe généreux et progressif[10].

En dépit des avertissements des racistes montréalais, Elgin, qui a retardé autant que possible la sanction royale dans l'espoir que les Anglais de Montréal s'apaisent, approuve la loi le 25 avril 1849. Il a des hésitations, mais il ne voit pas quel prétexte il pourrait invoquer pour ne pas donner justice aux Canadiens, puisque de telles indemnités ont déjà été votées pour les Anglais du Haut-Canada. Son geste va mettre le feu aux poudres. Les suprémacistes anglophones ne le prennent pas ! Quand Elgin quitte le Parlement (en carrosse heureusement), il est pris à partie par une foule d'Anglo-Montréalais forcenés qui lui lancent des projectiles.

The Montreal Gazette, toujours à l'avant-garde quand il s'agit de propager la haine antifrançaise, lance un appel au « soulèvement racial » selon l'expression de l'historien américain Mason Wade. L'incitation à l'émeute raciste publiée dans son édition spéciale de l'après-midi du 25 avril 1849, mérite qu'on s'y arrête.

> [...] Les personnes qui s'étaient assemblées dans les environs, apprenant ce qui venait de se passer, éclatèrent en hurlements, cris de rage et d'indignation contre le « dernier gouverneur du Canada ». Quand Lord Elgin (il ne mérite plus le titre d'Excellence) reparut dans les rues en sortant de la Chambre du conseil, il fut reçu par les sifflets, les grognements et les cris d'indignation de la foule. On lui lança des œufs pourris, et lui et ses aides de camp furent arrosés de cette liqueur savoureuse, et sa voiture fut couverte du contenu dégoûtant des œufs et de boue. Quand la provision d'œufs fut épuisée, on se servit de pierres pour saluer le départ du carrosse, et il fut emmené au galop au milieu des malédictions de ses compatriotes.

---

10. Cité dans J. Lacoursière, *op. cit.*, p. 45.

LA FIN A COMMENCÉ.

Anglo-Saxons, vous devez vivre pour l'avenir ; votre sang et votre race seront désormais votre loi suprême, si vous êtes vrais à vous-mêmes. Vous serez Anglais, dussiez-vous n'être plus Britanniques. À qui et quelle est votre allégeance maintenant ? Que chaque homme réponde pour lui-même.

La poupée du spectacle doit être rappelée ou repoussée par le mépris universel du peuple.

Dans le langage de Guillaume IV, « LE CANADA EST PERDU ET LIVRÉ ».

LA FOULE DOIT S'ASSEMBLER SUR LA PLACE D'ARMES, CE SOIR, À HUIT HEURES.

AU COMBAT, C'EST LE MOMENT[11] !

The Montreal Courier prêche aussi le recours à la violence : « Une guerre civile est un malheur, mais ce n'est pas le pire des malheurs ; et nous le disons sans hésitation : il vaudrait mieux pour la population britannique du Canada qu'elle subît douze mois de bataille... et perdît cinq mille vies que de se soumettre pendant dix années encore au mauvais gouvernement introduit en ce pays par la domination française[12]. »

Est-il utile de rappeler que toute cette hargne s'est déchaînée à cause d'une loi destinée à indemniser les innocentes victimes des exactions commises par l'armée britannique et ses fanatiques milices supplétives ?

L'appel à la violence de la *Gazette* est entendu. Le soir même, les Anglos passent à l'action ; ils sont de douze cents à cinq mille, suivant les comptes rendus, à répondre aux exhortations bellicistes du journal. Le meeting est délirant. Les Anglais en colère s'enivrent tout en écoutant d'odieux orateurs. Le

---

11. Extra de *The Gazette*, 25 avril 1849, cité en traduction dans Joseph Royal, *Histoire du Canada, 1841-1867*, Montréal, Beauchemin, 1909, p 308-310. Reproduit dans *Une capitale éphémère. Montréal et les événements tragiques de 1849*, textes réunis et présentés par Gaston Deschênes, Sillery, Septentrion, 1999, p. 100-104.

12. L. Groulx, cité dans A. Deschênes, *op. cit.*, p. 51.

premier est l'avocat Augustus Howard, neveu du juge en chef du Haut-Canada ; il est suivi à la tribune par trois autres exaltés, dont le rédacteur en chef de la *Gazette*, James Moir Ferres. Ferres avait fait ses armes dans un autre torchon anti-Canadien, le *Montreal Herald*, où il avait remplacé l'adepte de la suprématie raciale britannique, Adam Thom. Le biographe de Ferres écrit, dans le *Dictionnaire biographique du Canada* :

> Il adopta aussi une attitude virulente à l'égard des Canadiens français. […] Les retombées de la « croix de feu » verbale qu'il promit de faire passer dans la collectivité anglo-saxonne contribuèrent énormément à l'agitation générale des tories dans la ville et à l'incendie du Parlement qui en résulta, en avril 1849. Durant tout l'hiver, Ferres s'en était pris au projet de loi, le qualifiant « d'infâme tentative de vol perpétrée par une insignifiante nation française d'un coin du Canada, aux dépens de la population anglo-saxonne » [13].

Les orateurs hurlent leur mépris et crachent des injures contre les Canadiens français. Soudain, le chef d'une des brigades des pompiers de Montréal, Alfred Perry, proclame que le temps du verbiage est terminé. Il invite la foule à passer à l'action et entraîne cette meute de soudards anglais vers le Parlement qui est en pleine session ! Clayton Gray décrit la scène : « À la lueur des flambeaux et aux cris de " Au parlement " !, les manifestants suivant l'étroite rue Notre-Dame puis la rue McGill, se dirigèrent vers le marché Sainte-Anne. La foule roulait comme un torrent de feu et débordait partout autour de l'édifice du Parlement [14]. »

À l'intérieur de l'édifice du Parlement, la séance est troublée par le grondement des émeutiers qui s'approchent avec à leur tête le pompier pyromane ; tout en vociférant les pires menaces contre les députés, ils lancent des pierres dans les fenêtres. La brigade de pompiers de Perry est là au grand complet pour le soutenir dans son rôle d'incendiaire. Elle défonce la porte de l'édifice en se servant de la grande échelle comme bé-

---

13. Cité dans A. DESCHÊNES, *op. cit.*, note p. 101-102.
14. Clayton GRAY, *Le vieux Montréal*, Montréal, Éd. du Jour, 1964.

lier. Des manifestants pénètrent dans la salle de l'Assemblée. C'est le sauve-qui-peut général. Un voyou qui se prend pour Cromwell proclame la dissolution du *French Parliament*.

Pendant que des agitateurs piétinent le portrait de Papineau, Perry pénètre dans l'enceinte et lance une brique sur un lustre, dont plusieurs brûleurs se cassent. Il connaît son affaire, le pompier ! L'incendie se répand rapidement et, bientôt, un gigantesque brasier illumine la nuit montréalaise. Le dernier député à quitter les lieux sera nul autre qu'Allan McNab, le leader tory fanatique. Mais s'il est le dernier à fuir, ce n'est pas à cause de son attachement à l'institution... C'est plutôt qu'il s'est acharné à décrocher le portrait de la reine Victoria, qu'il sauve *in extremis* ! Quand arrivent les pompiers d'autres brigades, les émeutiers coupent leurs boyaux. La nuit se prolonge, car c'est la fête chez les Anglos de Montréal : on célèbre la chute de cette vilaine institution démocratique dominée par les Français !

Bravo, *The Montreal Gazette* !

Le journal *La Minerve* rapporte, dans son édition du 26 avril :

> Des gens riaient [...] au coin des rues. Sous prétexte de refuser une indemnité de 90 000 livres sterling, ils font souffrir au pays une perte irréparable et, par conséquent, incomparablement plus grande. Des pompiers rebelles voyaient de cœur joie cette horrible conflagration [15].

Sous les acclamations d'Anglais ivres d'alcool et d'autosatisfaction, le feu s'étend maintenant à la bibliothèque du Parlement et du Conseil législatif.

> Insatiables de destruction, quelques-uns s'emparent des quelques livres de la Bibliothèque qu'on a pu sauver et les rejettent dans les flammes. On ne sait par quel miracle l'incendie n'a pas ravagé la ville. Il est presque minuit lorsque les troupes apparaissent. Elles arrivent tout juste pour assister à l'affaissement du brasier [16].

---

15. *La Minerve*, 26 avril 1849.
16. L. GROULX, cité dans A. LEFEBVRE, *op. cit.*, p. 58.

> On vit les services du feu arroser les maisons voisines, mais non le Parlement. Les soldats de faction semblèrent encourager des saboteurs qui coupaient les tuyaux d'incendie et ne tirèrent, pour la forme, que quelques coups de feu en l'air. L'armée était sympathique aux tories et avait été prévenue le jour précédent de fermer les yeux sur tout événement « imprévu » [17].

Les barbares anglo-montréalais détruisent, cette nuit-là, la plus importante collection de livres d'histoire au pays, la collection de droit la plus complète et les meilleures éditions sur des sujets comme les sciences naturelles, les lettres et la géographie. Selon Gilles Gallichan :

> Cet incendie a certainement hypothéqué le développement culturel de la colonie. En détruisant la plus importante collection de livres et le principal dépôt d'archives publiques, il a atteint la mémoire vive du pays, et la perte ne fut jamais tout à fait comblée [18].

François-Xavier Garneau parlera de « notre désastre d'Alexandrie ». La bibliothèque du Parlement du Canada-Uni avait été créée à partir de la bibliothèque législative du Bas-Canada qui datait de 1802, une des toutes premières du genre en Occident, avec celles du Congrès américain, à Washington, et de la Chambre des députés, à Paris. Elle précédait de seize ans celle de la Chambre des communes de Grande-Bretagne. Quand Papineau, un bibliophile, devint président de l'Assemblée du Bas-Canada en 1816, il en accéléra le développement par une politique d'acquisition en France et en Angleterre. L'Union imposa la fusion de la bibliothèque parlementaire du Bas-Canada, qui comptait des milliers d'ouvrages, avec celle du Haut-Canada, qui n'en comptait que quelques centaines. Les Canadiens français, ce peuple d'illettrés, d'ignorants et d'incultes, avaient réussi à constituer la plus imposante bibliothèque du pays, une des premières bibliothèques parlementaires du monde. La haine raciste l'a en une nuit réduite en fumée.

---

17. Clayton GRAY, *op. cit.*, p. 67.
18. Gilles GALLICHAN in *Documentation et bibliothèques*, 36, 1 (avril-juin 1990) ; cité dans G. DESCHÊNES, *op. cit.*, p. 97. Les informations sur l'histoire des bibliothèques parlementaires sont tirées de ce document.

Bravo, *The Montreal Gazette*!

Un journal libéral de Londres, le *London News*, parle alors de ces rebelles qui ont détruit « une bibliothèque de prix et les documents de la colonie, [...] et commis une série d'actions qui déshonoreraient la populace la plus ignorante de la ville la plus dépravée de l'Europe[19] ». Mais cet autodafé n'apaisera pas la rage destructrice des Anglo-Montréalais. Pendant des semaines, Montréal sera à la merci de leurs hordes de fanatiques. Dès le lendemain, 26 avril, la maison de Lafontaine est saccagée. Après avoir tenté de le tuer, mais sans succès car il est sous la protection de l'armée, les vandales se dirigent vers sa nouvelle demeure, rue de l'Aqueduc, et la saccagent à son tour, s'acharnant en particulier contre sa bibliothèque.

Le Parlement doit siéger au marché Bonsecours, sous protection militaire. Trois jours après l'incendie, l'Assemblée adopte une résolution exprimant à Elgin son indignation devant ces excès :

> Quand les représentants de l'Assemblée se rendirent au Château de Ramezay, qui servait de Maison du gouvernement, pour présenter cette résolution, il fut nécessaire de lire l'Acte d'émeute et de dégager les rues à la baïonnette. Elgin fut lapidé quand il sortit pour retourner à sa résidence de Monkland. Il fut aussi rayé de la liste des membres de plusieurs organisations de la haute société par les Canadiens anglais outragés. On fit circuler des pétitions pour obtenir son rappel et le désaveu de la loi abhorrée.

> Le Gouverneur resta calme en dépit de toutes sortes de provocations. « Tout ce remue-ménage est l'œuvre des sociétés orangistes, appuyées par la classe commerçante qui désire l'annexion et les leaders politiques qui veulent avoir les places[20]. »

Des hommes proches de Lafontaine décident de former une milice pour protéger le gouvernement. On arme de pistolets et de coutelas des Canadiens français et des Irlandais catholiques. Un officier canadien proche de Lafontaine, le colonel Étienne-Pascal Taché, futur premier ministre du Canada-

---

19. *The London News*, 11 juin 1849 ; cité dans G. DESCHÊNES, *op. cit.*, p. 96.
20. Cité dans M. WADE, *op. cit.*, p. 300.

Uni, commence à peine l'entraînement de cette troupe qu'il reçoit l'ordre de la désarmer.

Les émeutiers anglais, maîtres de Montréal, vont y imposer un régime de terreur. Malheur aux Français qui s'aventurent dans les quartiers ouest de la ville, ils sont battus ou assommés. Ces crimes restent impunis. L'armée et la police, dominées par des orangistes, sympathisent ouvertement avec les émeutiers.

> Les Canadiens français, étonnés et scandalisés de l'indulgence des autorités, songent que la répression à coups de fusil se déclenche plus facilement contre eux que contre leurs adversaires. Pour balayer la rue, disait-on, n'eût-il pas suffi de faire appel aux faubourgs canadiens-français de Montréal? [...] Lord Elgin appréhende une guerre de races. Il en voit, dans l'émeute, le prologue inquiétant. Appréhensions peut-être justifiables, si l'on considère à quelle classe appartiennent les émeutiers. Une bonne part se recrute, sans doute, dans la lie populacière, clientèle toujours prête à s'offrir aux organisations de désordres. On y aperçoit aussi un autre monde, et du plus grand monde. «Tout ce tapage, dira Elgin, est l'œuvre des sociétés orangistes, appuyées par les hommes de commerce et par des chefs politiques...» Et le Gouverneur dit vrai. Parmi ceux qui vont haranguer les foules du Champ de Mars ou de la Place d'Armes, et qui les poussent à des actes de banditisme, se rencontrent des messieurs de la meilleure société anglo-canadienne de Montréal. Des messieurs du même monde, marchands, avocats, journalistes, clergymen, se disputent l'honneur de lancer des pierres ou des œufs pourris à Lord Elgin et de lui courir sus à travers les rues. [...] Ceux qui ne participent pas à l'émeute y applaudissent en secret. Sur le compte de ceux-là, Lord Elgin nous a encore laissé ce témoignage accablant: «Émeute, dévastations, tout, plutôt que la continuation de la domination française, tel est le sentiment qui prévaut parmi ces gens et qu'ils ne se donnent guère la peine de cacher[21].»

Le gouvernement a tellement perdu le contrôle de la situation qu'il ne peut assurer la protection du gouverneur. Dès qu'il sort de sa résidence transformée en camp retranché, les Anglais le poursuivent de leur haine pour avoir dédommagé

---

21. L. GROULX, cité dans G. DESCHÊNES, *op. cit.*, p. 73-74.

les victimes françaises de la Rébellion. Elgin, qui songe même à se réfugier au fort de l'île Sainte-Hélène, ne reparaîtra plus pendant des semaines au Château Ramezay, siège du gouvernement.

Quatre mois plus tard, la racaille anglaise voudra encore s'en prendre à Lafontaine. Un groupe armé tentera à nouveau d'envahir sa demeure mais, cette fois, Lafontaine est prêt :

> En arrivant vis-à-vis de la maison de M. Lafontaine, qui est isolée dans un verger (rue de l'Aqueduc, entre les rues Saint-Antoine et Dorchester), les émeutiers, au nombre d'environ 200, forcèrent la porte d'entrée de la cour qui s'ouvre sur la rue ; les plus effrontés entrèrent dans la propriété et commencèrent à lancer des pierres sur la maison.
>
> M. La Fontaine n'était pas chez lui, ce soir-là, et la garde de la maison avait été confiée à une poignée d'amis déterminés, armés de fusils et de pistolets. [...] Quelques coups de feu furent tirés par les assaillants qui retraitèrent à la première fusillade de la garnison. Les émeutiers amenaient avec eux un jeune Mason, atteint au côté d'une blessure mortelle, et six autres grièvement blessés. Mason était le fils d'un forgeron de la rue Craig, près de la rue Saint-Urbain. Il expira le lendemain matin.
>
> Avant de mourir, il avoua que l'intention des émeutiers était d'incendier la maison du premier ministre et de le pendre lui-même à un arbre de son jardin, puis de traîner son cadavre dans les rues. La corde qui devait servir à l'exécution était portée par un des bandits qui faisaient partie de l'expédition [22].

Les incendiaires, les auteurs de l'incitation à l'émeute, de même que ceux qui participèrent aux ratonnades contre les Canadiens français qui ont suivi, n'ont jamais été punis. Ils avaient l'appui presque unanime des Anglo-Montréalais. Trente-huit ans après les faits, Alfred Perry, le chef de pompiers pyromane, se vantera publiquement de son forfait dans les pages du *Montreal Star*. La communauté anglophone de Montréal était tellement fière du rôle joué par Perry dans la destruction du Parlement et

---

22. Hector Berthelot et Edouard-Zotique Massicotte, Montréal, *Le bon vieux temps*, Beauchemin, 1916 ; cité dans G. Deschênes, *op. cit.*, p. 84-85.

de sa bibliothèque qu'un pavillon de l'hôpital Douglas, de Verdun, commémore encore aujourd'hui la mémoire de ce vaillant défenseur du «sang et de la race anglo-saxonne» contre la « *French domination*».

Comme le note l'actuel président de la SSJB, Guy Bouthillier: «C'est une chose pour un État de laisser impuni un criminel pourtant connu de tous. C'en est une autre, pour une " communauté ", de perpétuer la mémoire de ce même criminel en gravant son nom dans la pierre de nos monuments et institutions [23] ».

La journée du 25 avril 1849 est la plus noire de l'histoire démocratique du Canada. Dans les livres d'histoire et dans les médias du Canada anglais, on occulte ce soulèvement raciste, trop occupé qu'on est à recenser et à dénoncer l'intolérance et la xénophobie des Québécois. La presse anglophone du Canada a passé sous silence le cent cinquantième anniversaire du sac du Parlement du Canada et de ses bibliothèques. Imaginez comment l'événement serait commémoré et médiatisé s'il avait été le fait de Canadiens français... Chaque année, la page éditoriale de la *Gazette* prendrait un malin plaisir à tourner le fer dans la plaie. Maintenant beaucoup plus perfide mais tout aussi malhonnête qu'à l'époque, le journal, un des instigateurs de ces émeutes racistes, a préféré dans ses éditions du 25 avril parler d'une émeute qui avait eu lieu à New York le 10 mai 1849, comme le souligne Gaston Deschênes dans son excellente présentation de textes consacrée aux événements de 1849 [24].

---

23. Lettre ouverte de Guy BOUTHILLIER, président de la SSJB, à John RALSTON SAUL, 5 juillet 2000.
24. G. DESCHÊNES, *op. cit.*

« Moi, Maria Monk, engrossée par un prêtre à l'Hôtel-Dieu de Montréal... »

Par solidarité culturelle, religieuse et linguistique, lorsqu'ils dénigrent le Québec, les Anglais du Canada jouissent toujours d'un préjugé favorable tant aux États-Unis qu'en Grande-Bretagne. On leur prête toujours une oreille attentive quand ils dénoncent le caractère oppressif, totalitaire et clérical de la société québécoise. Les politiques du gouvernement du Québec, les attitudes des francophones sont grossièrement caricaturées ; les pires mensonges sont colportés. Et le phénomène n'est pas nouveau ! Ces calomnies confortent les préjugés naturels que les Anglo-Saxons entretiennent depuis fort longtemps à l'endroit des Français et des catholiques.

Le cas de Maria Monk est exemplaire. Cette prostituée anglo-protestante, née au Québec, meurt à trente-trois ans, le 4 septembre 1849, à la prison de Blackwell's Island à New York. Sa dernière adresse connue est un bordel du quartier Five Points de cette même ville. Elle a été arrêtée pour avoir fait les poches d'un de ses clients. Monk a connu son heure de gloire après avoir publié en 1836, à l'âge de dix-huit ans, des *Mémoires* chocs plus qu'odieux pour les catholiques et les Canadiens français, et qui ont connu un succès immédiat.

Tel que l'indique son titre, *Awful Disclosures of Maria Monk, as Exhibited in a Narrative of Her Sufferings during a Residence of Five Years as a Novice, and Two Years as a Black Nun in the Hôtel Dieu Nunnery in*

Montreal, le livre se prétend une relation de faits vécus où sont révélés les secrets licencieux des religieuses de l'Hôtel-Dieu, leur couvent étant devenu le harem des prêtres montréalais. Maria Monk y raconte dans le détail son propre viol sadique par plusieurs prêtres canadiens-français, ou encore comment elle a vu des prêtres étouffer une jeune religieuse avec un matelas après que celle-ci eut refusé leurs avances sexuelles. Elle décrit des passages souterrains secrets entre la résidence des sœurs et un presbytère situé à proximité ainsi qu'un caveau où les enfants nés des liaisons entre prêtres et religieuses sont enterrés après avoir été baptisés et assassinés. La presse protestante contemporaine présente l'ouvrage comme une description exacte de la vie dans les couvents.

Ce texte, fabriqué de toutes pièces, va devenir un immense best-seller nord-américain, uniquement devancé, en son temps, par la Bible ; durant la seule année 1836, il connaît six réimpressions. Selon Frederic Schwarz, le livre « *inspired riots, looting, church burnings and countless other acts of hatred, doing for anti-Catholicism what* Protocols of the Elders of Zion *would later do for anti-Semitism*[1] ».

Il s'agit pourtant d'une imposture ignoble. Maria Monk dit avoir fui l'Hôtel-Dieu pour sauver son enfant, après avoir été engrossée par un prêtre nommé Phélan. En fait, Monk est une prostituée qui, s'étant placée sous la protection d'un clergyman anglo-protestant fanatique de Montréal, le révérend William K. Hoyt, est par la suite devenue sa maîtresse. Hoyt, qui dirige la Canadian Benevolent Association, aperçoit bientôt le profit qu'il

---

1. Frederic D. Schwarz, *Awful Disclosures*, American Heritage, septembre 1999 : **www.americanheritage.com/99/sep/timemachine/1849.htm**.

peut tirer de la jeune femme et décide de l'emmener à New York. C'est lui qui lui inspire ses prétendus *Mémoires*; le manuscrit sera en grande partie rédigé par un autre pasteur, le révérend. J. J. Slocum, qui se chargera de le proposer à la célèbre maison d'édition Harper Brothers. Les frères Harper comprennent tout de suite qu'ils tiennent là un immense succès commercial, mais ils ne veulent pas salir leur réputation en diffusant un document aussi abject. Il sera donc publié par une filiale de leur maison, spécialement créée pour l'occasion par deux de leurs employés…

Dès sa parution, toute l'histoire est réfutée de façon convaincante par l'Église catholique. Deux pasteurs et un journaliste new-yorkais protestant sont invités à Montréal par les autorités religieuses catholiques afin d'y constater par eux-mêmes l'imposture. Même un journal comme le *Montreal Herald*, anticatholique et antifrançais, prend la défense des sœurs de la Charité. Les New-Yorkais découvrent que Maria Monk est une prostituée souffrant de troubles mentaux, fille d'une veuve employée comme femme de ménage au château Ramezay. Celle-ci assure que, contrairement à ce qu'affirme Maria dans son livre, elle ne s'est jamais convertie au catholicisme et n'a jamais été novice dans une communauté religieuse. Le journaliste et les pasteurs concluent à leur retour à New York qu'il s'agit indéniablement d'un faux, à tous points de vue: même la description de l'intérieur de l'Hôtel-Dieu ne correspond absolument pas aux lieux qu'ils ont visités. Ils seront dénoncés dans la presse protestante comme des agents des Jésuites…

Peu de temps après la publication de *Awful Disclosures…*, des disputes de droits d'auteur opposent Hoyt, Monk, Slocum et Harper Brothers au sujet des juteuses redevances qui s'accumulent déjà. Comme Monk n'a pas vingt et un ans, Slocum se fait nommer son tuteur. En août 1837, alors qu'elle est une célébrité, Maria Monk disparaît, pour refaire surface à Philadelphie où elle prétend avoir été enlevée par six prêtres qui voulaient la ramener à Montréal. En réalité, elle a fui New York avec un autre pasteur dont elle était devenue la maîtresse.

À la fin de cette même année, misant sur sa notoriété, elle publie une suite à sa «biographie», *Further Disclosures of Maria Monk*, où elle affirme, notamment, que des religieuses américaines et canadiennes enceintes sont envoyées sur une île du fleuve Saint-Laurent. Réimprimée à plusieurs reprises, la nouvelle infamie connaît aussi un succès de librairie. Lorsque les journaux révèlent, en 1838, qu'elle est de nouveau enceinte, elle soutient que c'est un complot catholique pour la discréditer.

Même si le faux est manifeste et reconnu comme tel par tous ceux qui se sont donné la peine de vérifier les affirmations délirantes de Monk, «Awful Disclosures *lost none of its appeal to the general public, and Monk's sad end did little to dent the book's popularity. It went on to become America's bestselling book until* Uncle Tom's Cabin [2] ». Lorsqu'éclatera la guerre de Sécession, *Awful Disclosures* aura déjà été vendu à trois cent mille exemplaires. Depuis, il est en réimpression continuelle aux États-Unis et en Angleterre, où une nouvelle édition avec gravure pornographique est sortie l'année dernière. Des sites Internet anglophones le présentent encore aujourd'hui comme un récit véridique de ce qui se passait au XIXe siècle dans les couvents du Québec.

---

2. *Ibid.*

Preuve que le livre se vend encore bien, une maison d'édition prestigieuse comme Barnes & Noble le maintenait à son catalogue jusqu'à tout récemment. Mais une association catholique américaine ayant vivement protesté à ce sujet, un vice-président de la maison, Greg Oviatt, lui a donné ainsi raison : « *I concur with your opinion and believe that this title is inappropriate for our catalog.* » Et il ajoutait : « *It will not appear in future Barnes & Noble catalogs.* »

Le site Internet du *preacher* américain Texe Marrs propose pour 12 dollars américains une version audio de *Awful Disclosures* sur deux cassettes. Mais les anglophones friands de littérature qui dénigre le Québec n'ont pas besoin de payer un sou pour se délecter des fantasmes sadomasos de Maria Monk. Dans un souci de rendre ce chef-d'œuvre de la littérature canadienne-anglaise accessible à un vaste public, *Early Canadiana Online*, filiale d'un organisme subventionné par le Conseil des Arts du Canada, en offre gratuitement l'intégrale sur son site : **www.canadiana.org/ECO/mtq?id=1046bf9705&doc=38886.**

C'est ainsi que, plus de cent cinquante ans après la mort de son auteur, un livre dégradant continue à propager le sectarisme et l'intolérance envers les Canadiens français et les catholiques, grâce à Internet et au Conseil des Arts du Canada.

La pendaison de Louis Riel : un crime d'État

Un soleil éclatant se lève sur Regina, petite ville des Territoires du Nord-Ouest, aujourd'hui la Saskatchewan, en ce 16 novembre 1885. Ces derniers jours, une activité fébrile entoure le poste de commandement de la Police montée, transformé en prison depuis juillet. Des charpentiers ont construit une potence pour l'exécution de Louis Riel. Ses avocats ont épuisé tous les recours possibles. Le premier ministre John A. Macdonald a décidé qu'il en finirait une bonne fois pour toutes avec cet homme qui, depuis 1869, est un empêcheur de tourner en rond. « *The quarrel with Riel must come sooner or later… He should be arrested for the murder of Scott and put on trial*[1]. »

Le Canada anglais exige qu'il meure. L'Ontario orangiste veut sa tête. Cette fois, John A Macdonald, membre de la loge orangiste de Kingston depuis 1840, ne décevra pas ses amis, à l'encontre de ce qu'il avait fait lors de la première rébellion de Riel. Il ignorera toutes les demandes de grâce ; il ira même jusqu'à faire falsifier un rapport médical pour se débarrasser de l'encombrant Métis !

En ce 16 novembre, vers huit heure et quart, Louis Riel est pendu…

---

1. Donald SPRAGUE, *Canada and the Metis, 1869-1885*, Wilfrid Laurier, Waterloo, University Press, 1986, p. 82.

Qui est Louis Riel ?

Louis Riel est né le 22 octobre 1844 dans la colonie de la Rivière-Rouge, administrée à l'époque par la Compagnie de la baie d'Hudson. Ce territoire correspond en gros au sud du Manitoba actuel. En raison de ses capacités intellectuelles, il est envoyé – entre 1858 et 1866 – par l'évêque de Saint-Boniface, Mgr Taché, au collège Notre-Dame et au Petit Séminaire de Montréal pour y parfaire son éducation. Il séjourne ensuite à Chicago et à Saint-Paul, au Minnesota, avant de revenir à Saint-Boniface en juillet 1868. La situation politique et démographique a dramatiquement changé depuis son départ pour Montréal, dix ans plus tôt. Le village de Fort Garry (Winnipeg) se dresse devant Saint-Boniface ; il est peuplé de colons anglais, pour la plupart des orangistes venus d'Ontario pour s'enrichir.

Le Canada négocie avec la Compagnie de la baie d'Hudson l'acquisition de ses vastes possessions, alors appelées *terre de Rupert* (tout l'ouest de l'Ontario jusqu'à la Colombie-Britannique). Les Métis observent avec stupéfaction que, même si la souveraineté du territoire qu'ils habitent n'est pas encore transférée à Ottawa, les Anglo-Canadiens sur place se comportent déjà en arrogants maîtres des lieux. Macdonald ne reprend ces immenses territoires à la grande entreprise que pour bientôt en céder les lots les plus profitables à d'autres affairistes, la mafia des chemins de fer.

Le gouvernement fédéral n'a nullement l'intention de respecter les droits de la population locale, majoritairement constituée de Métis, de Canadiens français et d'Indiens. La loi qui ratifie l'intégration du territoire au Canada, et qui sera adoptée au mois de juin 1869, ne contient aucune disposition en ce qui concerne les Métis. Pour Ottawa, ils n'existent pas. Dès juillet 1869, trois mois avant la cession du territoire par la Compagnie de la baie d'Hudson, les arpenteurs du gouvernement sont à l'œuvre. Ils ignorent avec mépris la division traditionnelle des terres des Métis en longues bandes perpendiculaires aux cours d'eau, comme au Québec français, pour imposer un découpage en *townships*, comme en Estrie, et ce même si ces terres sont habitées et cultivées depuis des décennies !

En août 1869, à l'âge de vingt-quatre ans, Riel est choisi par les siens pour négocier l'entrée de leur nation dans la Confédération. Ce faisant, il soulèvera, pour la première fois, la colère des « expansionnistes » *canadians*, une poignée d'orangistes fanatiques qui détestent tout ce qui est Indien, Métis, francophone et catholique. Ces hommes croient pouvoir s'emparer du territoire et l'exploiter. Riel les empêche d'agir à leur guise : il crée un comité chargé de mener des négociations bilatérales avec le gouvernement d'Ottawa en vue de trouver une façon d'intégrer les Métis et la population de la colonie de la Rivière-Rouge à la Fédération. Le Comité national des Métis de la Rivière-Rouge prend Ottawa de vitesse : il fait cesser les travaux d'arpentage et interdit au gouverneur nommé par Ottawa, l'orangiste William MacDougall décrit par un observateur comme « *a snob and shabby genteel fool* », d'entrer sur son territoire. Comme la cession n'est pas encore effective, Ottawa n'a aucune autorité sur ses habitants. Le 2 novembre, les Métis s'emparent de Fort Garry (Winnipeg), et Louis Riel, secrétaire du Comité national, invite la population à se choisir des représentants pour former une convention comprenant autant de francophones que d'anglophones et qui devra se réunir le 16 novembre. Pendant que les Métis discutent de la mise sur pied d'un gouvernement démocratique, des Anglais, menés par John. C. Schultz et par le lieutenant-colonel J. S. Dennis, organisent une résistance armée. Devant cette volonté d'agir de la part des Métis, Ottawa retarde pour un temps l'annexion des Territoires du Nord-Ouest. Mais le 1er décembre, MacDougall annonce le rattachement des Territoires du Nord-Ouest au Canada, et le 6 décembre, le gouverneur général donne les garanties suivantes aux Métis de la Rivière-Rouge.

> [...] par autorisation de Sa Majesté, je vous assure que, lors de l'union avec le Canada, tous vos droits civils et religieux seront respectés. Vos propriétés vous seront assurées et votre pays,

comme par le passé, administré en vertu des lois britanniques et conformément à l'esprit de la justice qui en découle. De plus, en vertu de son autorité, j'ordonne et commande à ceux d'entre vous qui sont encore rassemblés et ligués, en dépit de la loi, de se disperser paisiblement et de regagner leur maison, sous peine de punitions infligées par la loi en cas de désobéissance. En dernier lieu, je vous informe que, dans le cas de votre dispersion et de votre obéissance immédiate et paisible, j'ordonnerai qu'il ne soit pris aucune procédure légale contre quelques parties que ce soient impliquées dans ces malheureuses infractions à la loi [2].

Pour protéger leur autorité, Riel et ses conseillers arrêtent une quarantaine de fanatiques anglo-ontariens, dont le dénommé Schultz, qui conspirent continuellement contre eux, et les détiennent à Fort Garry comme « prisonniers politiques ». Le lendemain, 8 décembre, le Comité national des Métis se proclame gouvernement provisoire.

Depuis le jour où le gouvernement que nous avons toujours respecté nous a abandonnés, en transférant à un pouvoir étranger l'autorité sacrée qui lui a été confiée, la population de la terre de Rupert et du Territoire du Nord-Ouest est devenue libre et exempte de toute allégeance envers ledit gouvernement. [...] Nous refusons de reconnaître l'autorité du Canada, qui prétend avoir le droit de nous contraindre et de nous imposer une forme despotique de gouvernement encore plus opposée à nos droits et à nos intérêts comme sujets britanniques que ne l'était ce gouvernement auquel nous nous sommes soumis par nécessité jusqu'à une date récente. [...] Nous continuons et continuerons à nous opposer de toutes nos forces à l'établissement de l'autorité canadienne dans la région sous la forme proclamée ; et, dans le cas où le gouvernement canadien persisterait à nous imposer sa politique obséquieuse par la force des armes, nous protestons à l'avance contre une manière d'agir aussi injuste et contraire à la loi : et nous déclarons ledit gouvernement canadien responsable, devant Dieu et devant les hommes, des calamités innombrables qui pourront être causées par une conduite si injustifiable. [...] Nous nous tenons prêts à entamer avec le gouvernement canadien les négociations qui pourront être favorables à la bonne administration et à la prospérité de la population [3].

2. J. Lacoursière et C. Bouchard, *op. cit.*, p. 623.
3. *Ibid.*

On le voit, les Métis sont disposés à des accommodements avec Ottawa, mais ils veulent être maîtres chez eux. Le gouvernement canadien envoie donc une délégation dirigée par le représentant en chef de la Compagnie de la baie d'Hudson, Donald Smith, qui deviendra plus tard Lord Strathcona, pour s'informer de la situation. Smith convainc Riel d'organiser un congrès. Quarante personnes, vingt de langue française et vingt de langue anglaise, sont élues pour participer à une convention nationale qui siège du 25 janvier au 10 février. Elle entérine le gouvernement provisoire de Riel et décide de libérer les prisonniers de décembre. Plusieurs de ceux-ci, dont Schultz, se sont déjà évadés. Le 4 février, une proposition voulant que la Rivière-Rouge devienne une province du Canada est mise aux voix et rejetée.

Pendant ce temps, Schultz, un dénommé Thomas Scott et d'autres évadés réfugiés à Portage-la-Prairie organisent une milice décidée à chasser de Fort Garry, Riel et son gouvernement représentatif. Un officier du nom de Charles Boulton en prend le commandement. Le 17 février 1870, les comploteurs anglais sont arrêtés par un des collaborateurs de Riel, Ambroise Lépine, alors qu'ils arrivent à Fort Garry pour recruter les Écossais de la ville dans leur milice. Les prisonniers ne sont pas commodes : ils insultent leurs gardiens métis, les provoquent constamment en leur lançant des épithètes racistes. Riel est tellement préoccupé par leur comportement insolent et provocateur qu'il confie à Smith, le chef de la délégation d'Ottawa, craindre que ses hommes ne cèdent à la tentation de se venger.

Le gouvernement métis convoque une cour martiale pour juger les organisateurs du complot contre son autorité. Le chef militaire des Anglais, Charles Boulton, est condamné à mort. Mais, après intervention de Smith, sa sentence est commuée. La cour martiale juge ensuite le plus irréductible d'entre eux, le plus méprisant envers les Métis, Thomas Scott. Depuis son incarcération, il a multiplié les injures envers ses gardiens, les menaçant de les faire exécuter dès qu'ils seront soumis à la juridiction canadienne. Il a tenté de s'évader, mais sans succès. Originaire d'Irlande du Nord, Scott est venu dans l'Ouest dans le seul but de faire fortune. Il est connu dans la colonie comme un raciste de la pire espèce, un individu violent et tapageur qui a déjà eu des démêlés avec la justice canadienne pour avoir tenté de noyer son patron, lors des travaux de la route Dawson. Il a aussi des antécédents judiciaires pour vol et assaut. Scott est à son tour condamné à mort par la cour martiale. Cette fois, Riel rejette les appels à la clémence de Smith. L'orangiste Scott sera fusillé le 4 mars 1870.

Quelques jours après cette exécution, l'évêque de Saint-Boniface, Mgr Taché, revient dans la colonie de la Rivière-Rouge avec une proclamation d'amnistie du gouvernement fédéral qui s'applique à tous les gestes accomplis jusqu'à cette date. Il réussit à convaincre Riel de libérer les Anglais encore détenus et d'envoyer une délégation à Ottawa.

Le fameux Schultz, qui s'est réfugié en Ontario, poursuit son agitation contre les Métis. Il réclame la mise en accusation des membres de la délégation métisse pour le « meurtre » de Scott. Malgré l'opposition féroce des loges orangistes de l'Ontario, un accord intervient avec les représentants du gouvernement provisoire, qui acceptent maintenant que le territoire devienne la province du Manitoba, dotée des mêmes droits et privilèges que les autres provinces canadiennes. Les représentants du gouvernement provisoire veulent deux sénateurs, quatre députés fédéraux et une province bilingue.

Le 12 mai 1870, la loi créant la province du Manitoba est sanctionnée par le gouverneur général. Le 23 juin, sous la présidence de Louis Riel, le gouvernement provisoire entérine à l'unanimité la création de la nouvelle province. Le 15 juillet 1870, le Manitoba entre officiellement dans la Confédération canadienne. Le gouvernement fédéral réserve 1 400 000 acres de terre aux Métis, mais aucune mention n'est faite de l'amnistie. Riel et les siens ont gagné : il existe désormais un Manitoba officiellement bilingue, un Manitoba où les droits des Métis francophones sont reconnus, à son corps défendant, par le gouvernement du dominion, alors dirigé par John A. Macdonald. Toutefois, cette victoire sera de courte durée, car Macdonald a un plan B, comme on dit de nos jours. Il confie : « *These impulsive half breeds have got spoilt by their emeute, and must be kept down by a strong hand until they are swamped by the influx of settlers*[4]. »

L'Ontario anglo-protestant n'oublie pas la mort de Thomas Scott. En tant que chef du gouvernement provisoire, Riel est considéré comme responsable de son exécution (ce qui le poursuivra toute sa vie). Car, bien qu'il n'ait pas participé aux délibérations qui ont conduit à sa condamnation, il a refusé de le gracier. Sa tête est donc mise à prix pour 5 000 dollars par le gouvernement libéral d'Ontario, dirigé par Edward Blake. Il semble qu'on ait soudainement oublié le triste individu qu'était Scott, de même que son passé criminel, pour en faire un héros et un martyr de la cause canadienne-anglaise : des médailles sont frappées à son effigie. « *Remember Thomas Scott* » devient le cri de ralliement du Canada anglais. Mason Wade écrit :

> Le mouvement expansionniste Canada First, de l'Ontario, se servit de l'exécution de Scott l'orangiste pour provoquer une violente agitation qui exploita les haines religieuse et ethnique. Le sang de Scott fut versé sur plus d'une tribune et les « prêtres traîtres » de la Rivière-Rouge furent dénoncés, bien que le clergé eût été le meilleur allié d'Ottawa pour faire cesser les troubles[5].

Pour apaiser l'Ontario qui ne décolère pas, Macdonald envoie une expédition militaire à la Rivière-Rouge. La nouvelle province canadienne compte douze mille habitants, dont seulement mille cinq cents Blancs, des colons ontariens. Ces anglophones racistes, « cette petite bande d'hommes désordonnés et désœuvrés qui infestent les tavernes de Winnipeg », selon la phrase du lieutenant-gouverneur Adam G. Archibald, peuvent maintenant, sous la protection d'Ottawa, se livrer à des représailles contre les sang-mêlé abhorrés :

---

4. Donald Sprague, *op. cit.*, p. 89.
5. M. Wade, *op. cit.*, p. 440.

Ce groupe célébra l'établissement du régime canadien par une persécution des Métis français qui atteignit son point culminant lors du meurtre d'Elzéar Goulet, dans lequel deux membres des Ontario Rifles furent compromis. On ne leur fit aucun procès. Les Ontario Rifles organisèrent une loge orangiste qui comptait deux cents membres en 1872 et qui s'attira l'inimitié des Métis anglais et français. Le gouverneur Archibald rendait compte à Macdonald, le 8 octobre 1871, qu'« un grand nombre de Métis français ont été tellement battus et outragés par une section du peuple, petite mais tapageuse, qu'ils ont l'impression de vivre dans un état d'esclavage ». Il ajouta que les nouveau venus de l'Ontario « semblent croire que les Métis français doivent être effacés de la face du globe » [6].

Elzéar Goulet a été lapidé et noyé à l'instigation de John C. Schultz, selon les Métis qui le tiennent aussi pour responsable de la mort de plusieurs autres des leurs. Les meurtres de Métis perpétrés par Schultz, tout autant que ses activités de meneur orangiste, lui seront propices. Le Canada reconnaissant nommera l'assassin au Sénat avant de faire de lui le lieutenant-gouverneur du Manitoba, de 1888 à 1895.

Malgré ces outrances racistes, Riel, qui est rentré chez lui, à Saint-Vidal, après avoir fui aux États-Unis à l'arrivée de l'armée, est plein de bonne volonté envers les nouvelles autorités canadiennes. Au cours de l'automne 1870, son ami Lépine et lui recrutent, à la demande du nouveau lieutenant-gouverneur A. G. Archibald, trois cents cavaliers métis afin de faire face à la menace de raids des Fenians, ces Irlandais américains qui luttent pour l'indépendance de l'Irlande et qui ont établi une base au Minnesota. Le contingent métis de Riel et de Lépine est même passé en revue par Archibald, qui les remercie de leur loyauté envers le Canada. Naïfs, les deux hommes croient qu'on a oublié leur rôle dans le gouvernement provisoire, alors qu'on se sert simplement d'eux pour recruter de la chair à canon métisse en vue de contrer la menace fénienne.

Une fois cette menace disparue, Riel redevient un Métis encombrant. Il peut à tout moment mobiliser la majorité de la

---

6. *Ibid.*, p. 441-442.

population de la nouvelle province, et on risque de le voir un jour convoiter une fonction élective, que ce soit dans sa province ou au fédéral. Le premier ministre Macdonald trouve une façon élégante de s'en débarrasser : il verse secrètement à Mgr Taché des subsides destinés à Riel afin qu'il se charge de convaincre ce dernier de s'installer aux États-Unis, où sa subsistance lui sera assurée. Cet exil américain sera de courte durée.

Riel et la démocratie canadienne

Lors des élections fédérales de 1872, Riel accepte de se porter candidat dans le comté de Provencher, même si « on l'[a] prévenu qu'il serait assassiné s'il mettait les pieds à Ottawa [7] ». Mais, au dernier moment, il se désiste pour laisser la place à Georges Étienne Cartier, battu dans sa circonscription du Québec. La mort de Cartier, à Londres, le 20 mai 1873, provoque la tenue d'un autre scrutin à la suite duquel Riel est élu sans opposition. En novembre 1873, le gouvernement Macdonald tombe, victime du scandale du Canadien Pacifique. Riel est à nouveau élu aux élections suivantes. Il a tout juste le temps de se présenter à Ottawa, affublé d'un déguisement, pour signer le registre des députés avant qu'une motion d'expulsion, présentée par l'orangiste fanatique et futur premier ministre du Canada, Mackenzie Bowell, soit votée contre lui par le Parlement. En septembre, son siège ayant été laissé vacant, une nouvelle élection est tenue dans sa circonscription. Riel se présente encore, et il est réélu ! Il faut souligner que c'est sous la bannière du Parti conservateur de Macdonald que Riel s'est présenté aux élections. Et c'est John A. Macdonald qui, de sang-froid, décidera de le tuer, avec la complicité des ministres conservateurs du Québec.

---

7. Lewis H Thomas, *Dictionnaire biographique du Canada*, vol. XI, Québec, Presses de l'Université Laval, 1982, p. 823.

Pendant ce temps, au Manitoba, Ambroise Lépine est arrêté et condamné à mort pour le meurtre de Scott. Au début de 1875, une commission royale est chargée de déterminer si une amnistie a bel et bien été accordée aux Métis insurgés de 1870.

> Elle conclut que l'exécution de Scott avait été l'acte d'un gouvernement de facto, accepté par le peuple de la Rivière-Rouge et reconnu par les autorités canadienne et impériale, que Mgr Taché et les délégués du gouvernement provisoire s'étaient crus autorisés à promettre aux insurgés, en 1870, une pleine et complète amnistie sur la foi des promesses écrites et verbales de Macdonald, Cartier, Langevin et Howe, faites avec la connaissance et le consentement du Gouverneur général et du Gouvernement impérial, enfin que l'appel du gouverneur Archibald à Riel et Lépine, en 1871, demandant leur aide contre les Féniens, présupposait qu'ils n'étaient pas passibles d'arrestation, ni de punition pour leurs actions passées [8].

En février 1875, Ottawa amnistiera, à regret, Riel et Lépine pour le meurtre de Scott mais les forcera à l'exil aux États-Unis pendant cinq ans. Riel s'est déjà réfugié en Nouvelle-Angleterre, où il est considéré comme un héros par la population canadienne-française « des petits Canada ». Même si le Parlement fédéral l'a amnistié, la récompense offerte par le gouvernement de l'Ontario pour sa capture demeure bien réelle. Il est traqué partout par des chasseurs de primes, banni de son pays et de la province qu'il a créée. La peur et la tension nerveuse provoquent chez lui des troubles mentaux. Revenu au Québec sous un nom d'emprunt, il est hospitalisé, grâce à son ami Alphonse Desjardins, d'abord à Saint-Jean-de-Dieu et ensuite à Beauport. Libéré après deux ans d'asile, il s'installe au Montana, près de son Manitoba natal. Il y mène une vie paisible d'instituteur à la mission Saint-Pierre, devient citoyen américain, milite au Parti républicain et épouse une Métisse qui lui donne deux enfants. Au Manitoba, les Anglo-Ontariens, maintenant majoritaires, commencent à restreindre les droits du français. En 1879, la législature manitobaine qu'ils contrôlent abolit le français comme langue officielle de la province. Le lieutenant-gouverneur

---

8. M. WADE, *op. cit.*, p. 443.

Joseph-Édouard Cauchon, Québécois d'origine, désavoue la loi, la jugeant à juste titre inconstitutionnelle. Les Anglais reviendront à la charge. Entre-temps, ils remanient la carte électorale de manière à diminuer le nombre de députés de langue française bien en deçà de l'importance démographique des francophones.

Le retour de Louis Riel

En 1884, une délégation de Métis de la rivière Saskatchewan demande à Louis Riel de revenir au Canada pour défendre leurs droits. Depuis la création de la province du Manitoba, en 1870, les choses ont bien changé pour les Métis et les Amérindiens de l'Ouest. Le bison a presque complètement disparu des grandes plaines, résultat de l'extermination des troupeaux migrateurs par des chasseurs américains équipés de carabines à répétition Remington et Winchester. Les Métis, privés de leur principal moyen de subsistance, sont des proies faciles pour les spéculateurs. Les colons affluent, attirés par la propagande, souvent mensongère, du gouvernement fédéral qui promet des terres et des conditions de vie paradisiaques dans l'Ouest.

Entre 1876 et 1881, le gouvernement canadien signe des traités avec les diverses nations amérindiennes de l'Ouest. Il est censé leur garantir une formation agricole, le ravitaillement en nourriture et la préservation de leurs droits de chasse ancestraux. En échange, les Amérindiens acceptent de céder leurs terres. Marché de dupe ! En effet, dans les semaines qui suivent la signature de ces traités, le gouvernement les renie sans vergogne, alors que la Police montée regroupe dans des réserves la majorité des Amérindiens ! Dans un article consacré à cette force policière, il est écrit dans l'*Encyclopédie du Canada* : « La Police montée du Nord-Ouest a aidé les Indiens à s'adapter à la vie dans les réserves [9]. » L'humour cruel de l'euphémisme est probablement involontaire...

---

9. *L'Encyclopédie du Canada*, tome 3, Montréal, Stanké, 1987, p. 1539.

Les malheureux Amérindiens sont traités comme des pupilles de l'État, sans droits civiques, par un gouvernement fédéral qui ne poursuit qu'un objectif : les assimiler, ou les faire mourir de faim ou de maladie. Comme avec les Canadiens français, on cherche à les éliminer en employant une stratégie de violence étatique larvée, sous couvert de légalité. Un autre épisode honteux de l'histoire de ce pays, qui se drape pourtant dans un mythe voulant qu'ici les Amérindiens aient été bien traités.

Aux Métis, les autorités fédérales émettent des *scripts*, des bons négociables, qui donnent droit à cent soixante acres de terre. Aussitôt ces scripts délivrés, des hordes de spéculateurs ontariens les rachètent à bas prix à leurs propriétaires... Voilà comment, de façon légale mais ô combien hypocrite, on acquiert des droits de propriété en spoliant des familles entières. Les Métis s'éloignent dans les Territoires du Nord-Ouest pour échapper à la frénésie spéculative qui touche le Manitoba. Ils y rejoignent d'autres Métis, souvent des parents.

Si les Métis renoncent ainsi à leurs terres, c'est qu'ils se refusent au nouveau mode de vie proposé par la colonisation blanche. Pour des gens simples, ces changements sont invivables, et encaisser une somme d'argent sonnant, même modeste, en échange de leurs *scripts* leur semble une solution acceptable. Les malheureux n'ont qu'un seul objectif : quitter cet enfer raciste qu'est en train de devenir le territoire de leurs ancêtres.

À l'époque, un terrain se vend plus cher à Winnipeg qu'à Chicago. C'est la folie ! Le chemin de fer du Canadien Pacifique est en construction, l'argent coule à flots. À Winnipeg, des femmes indiennes se prostituent pour faire vivre leur famille. L'alcool cause des ravages et la maladie décime les tribus : images dramatiquement prémonitoires de la situation actuelle dans cette ville...

Les Métis de la Saskatchewan se croient d'abord à l'abri d'une telle vague : la terre paraît si grande ! Mais bientôt, les Métis du Manitoba réfugiés dans les Territoires du Nord-Ouest voient de nouveau affluer les colons ontariens. Encore une fois, ils n'ont pas de titres de propriété, pas plus que leurs frères de la Saskatchewan. Ils tentent d'en obtenir du gouvernement fédéral, au moins pour leurs maisons et les petits lopins de terre que certains d'entre eux ont entrepris de cultiver. Mais le gouvernement fait la sourde oreille et envoie plutôt des arpenteurs commencer le découpage de leurs terres. Les autorités augmentent aussi les effectifs de la Police montée. Pour les Métis de la Saskatchewan, Riel est le seul homme capable de les représenter contre les menées d'Ottawa. Après tout, se disent-ils, il y est parvenu en 1869-1870.

Les colons anglais et les Amérindiens aussi sont fâchés

Les premiers colons anglophones de la Saskatchewan sont aussi mécontents d'Ottawa que les Métis. Ils se sont établis pour la plupart sur les rives de la Saskatchewan-Nord, à proximité du trajet prévu du chemin de fer. Or, le Canadien Pacifique a changé sa route, qui passera plutôt par le sud des Prairies, même si ce territoire est moins fertile, pour la simple raison que les terres du nord sont déjà occupées. Il sera donc moins onéreux de passer par le sud, là où les terres sont vierges. Afin d'autofinancer son projet, le Canadien Pacifique s'est fait octroyer par Ottawa de grandes étendues de terre qu'il pourra vendre à prix d'or ; quant aux colons du Nord, c'est avec désespoir qu'ils voient leurs perspectives d'avenir se fermer. Pour leur part, les nations amérindiennes souffrent depuis huit longues années tant de la famine que du mépris des agents fédéraux chargés de leur donner au compte-gouttes ravitaillement et semences afin qu'ils se tiennent tranquilles.

En 1884, la tension monte dans l'Ouest pendant que, dans les salons du Golden Square Mile, à Montréal, les barons du chemin de fer essaient de trouver des solutions pour éviter une faillite scandaleuse, malgré les sommes faramineuses que leur a versées le gouvernement du dominion.

Comment la Saskatchewan est devenue
un champ de bataille

C'est en juillet 1884 que Riel arrive à Batoche, chef-lieu du district de Saint-Laurent, sur la rivière Saskatchewan-Sud, pour y rencontrer les Métis de même que des centaines de colons anglais. Il propose d'écrire une pétition au nom des deux groupes, ce qui est accepté. Le 16 décembre 1884, la pétition, qui comprend vingt-cinq articles touchant les droits fonciers et la représentation politique, est envoyée à Ottawa. Riel a aussi des raisons personnelles de pétitionner le gouvernement fédéral : il veut obtenir réparation pour les cinq terres qui lui appartenaient à la Rivière-Rouge et pour lesquelles il n'a jamais été dédommagé. Le gouvernement fédéral fait de vagues promesses. Mais aucune réponse précise n'est donnée à la pétition au cours de l'hiver 1884-1885.

Pendant cette période, grâce à une efficace propagande gouvernementale, axée aussi bien sur l'exécution de Scott que sur le fait que Riel a mêlé ses doléances personnelles à leurs revendications officielles, les colons anglais prennent de plus en plus leurs distances, si bien que Riel se retrouve seul avec ses compagnons métis. De surcroît, ses idées religieuses non conventionnelles éloignent de lui le clergé catholique et la moitié de la population métisse de la région. L'équilibre mental de Riel est de nouveau perturbé. Une véritable lutte politico-religieuse le met en conflit avec des missionnaires catholiques, les pères André et Fourmond, proches du Parti conservateur fédéral.

En février, la situation se dégrade. Riel est de plus en plus l'objet d'une forme de folie des grandeurs. Comme, bien plus tard, un certain politicien québécois, il est convaincu que la main de Dieu guide son action. Il se voit comme le « Prophète du Nouveau-Monde » et propose, entre autres choses, que Mgr Bourget, l'évêque vieillissant de Montréal, devienne pape de l'Amérique. Le 15 mars 1885, Lawrence Clarke, un fonctionnaire fédéral, se présente à Batoche pour annoncer que cinq cents membres de la Police montée s'en viennent arrêter Riel. C'est faux, mais aussitôt c'est le branle-bas de combat, la communauté s'arme et Riel ordonne à ses hommes de réquisitionner les magasins des alentours. Le soir même, il se proclame président d'un gouvernement provisoire, et il s'adjoint Gabriel Dumont comme général. Son armée ne comptera jamais plus de quatre cents hommes, dont plusieurs vieillards, sans autre équipement que de vieux mousquets et quelques carabines Winchester, dont Dumont est un virtuose. Il finira d'ailleurs au Buffalo Bill Wild West Circus comme tireur d'élite ! Dumont lance sa campagne militaire en obtenant la reddition du Fort Carleton de la Police montée, situé non loin de Batoche.

Le 26 mars 1885, une colonne d'une centaine de volontaires et de membres de la Police montée rencontre fortuitement un détachement de l'« armée » de Riel et de Dumont, trois cents hommes, à l'ouest du lac aux Canards. Les deux groupes se toisent. Le surintendant de la Police montée pour le Nord-Ouest, le major Leif Crozier, perd son sang-froid et donne l'ordre d'ouvrir le feu. Riel, crucifix en main, ordonne à ses hommes de riposter : douze militaires sont tués, onze sont blessés, et on dénombre cinq morts du côté métis.

La nouvelle se répand dans l'Est, provoquant l'émoi en Ontario aussi bien qu'à Montréal et à Québec. Des dizaines de volontaires affluent dans les casernes de la milice pour aller combattre les Sauvages dans les contrées lointaines de l'Ouest.

Un problème plus un problème égalent une solution

La rébellion de Riel va permettre à Macdonald de faire d'une pierre deux coups : se débarrasser définitivement du leader métis et, surtout, obtenir le financement pour terminer le chemin de fer transcontinental. Car, en dépit de prêts successifs de plusieurs dizaines de millions consentis par le gouvernement conservateur, le projet est toujours en péril, le Canadien

Pacifique se débat toujours avec ses difficultés financières. Et Macdonald ne peut, sans une excellente raison, retourner en Chambre pour demander des crédits supplémentaires !

Dès que la nouvelle de la rébellion est connue à Montréal, Cornélius Van Horne, directeur général du Canadian Pacific Railways, propose à Macdonald de transporter vers l'Ouest, à ses frais, les troupes qui iront mater la rébellion. Comme on dirait aujourd'hui, c'est un coup de pub fantastique, qui montrera au public canadien l'utilité du chemin de fer transcontinental et, par conséquent, le préparera à une nouvelle injection de fonds publics. Macdonald est d'accord, comme son incompétent ministre de la Milice Joseph Caron, un « patronneux » de la pire espèce. Un officier britannique, le major général Frederick Middleton qui commande alors la milice canadienne, est chargé d'écraser la résistance métisse. C'est un vieil habitué des répressions coloniales ; il s'est battu contre les Maoris en Nouvelle-Zélande et contre les Santhal en Inde. Des détachements sont donc dépêchés par train du Québec et de l'Ontario vers la rivière Saskatchewan. Mais les travaux ne sont pas terminés, dans le nord de l'Ontario notamment. C'est donc en traîneau ou dans des caissons ouverts, par une température de -20 °C, que les miliciens sont envoyés réprimer les Métis. Toutefois, Van Horne pourra se féliciter de son idée de génie. Il aura son financement. Riel et ses Métis auront sauvé le Canadien Pacifique !

La bataille de Batoche et la reddition de Louis Riel

L'armée de Middleton est d'abord défaite lors de la bataille de l'Anse-aux-Poissons. Riel refuse formellement de recourir à des tactiques de guérilla comme le voulait Dumont. Les Métis auraient pu facilement attaquer des convois le long des lignes de ravitaillement du corps expéditionnaire. Il choisit plutôt de se retrancher à Batoche, une stratégie vouée à l'échec...

Les colonnes du général Middleton sont accompagnées par un des premiers représentants du complexe militaro-industriel américain, le capitaine Howard, de la Garde nationale du Connecticut. Il a été dépêché par le fabricant de la Gatling gun, la première mitrailleuse opérationnelle, celui-ci étant désireux de la tester sur le terrain. La Gatling est un énorme engin doté de six canons rotatifs actionnés par une sorte de moulinet. Les Métis vont servir de cobayes en vue de démontrer l'efficacité de la mitrailleuse, cette arme nouvelle qui provoquera des carnages épouvantables durant la Première Guerre mondiale.

Riel remporte encore quelques escarmouches, mais le corps expéditionnaire canadien, formé de plus de neuf cents hommes, se présente finalement devant le petit village de Batoche, défendu par trois cents malheureux Métis, à peine armés.

Du 8 au 12 mai, le général Middleton – qui a préféré envoyer la plupart des miliciens canadiens-français en Alberta pour leur faire surveiller un tronçon de chemin de fer, tellement il doute de leur loyauté – assiège Batoche. Enfin le 12, ses hommes donnent l'assaut après que des prêtres catholiques eurent trahi les Métis.

Comme le racontera le chef de guerre des Métis, Gabriel Dumont, la reddition des défenseurs de Batoche s'accompagne d'exécutions sommaires :

> La quatrième journée, le 12 mai, vers 2 heures de l'après-midi, sur des renseignements exacts fournis par ceux qui nous trahissaient, que nous n'avions plus de munitions, les troupes s'avancèrent et nos gens sortirent de leurs tranchées ; et c'est alors que furent tués : José Ouellet, 93 ans, José Vandal, d'abord les deux bras cassés et achevé à la baïonnette, 75 ans ; Donald Ross, d'abord blessé à mort et dardé à la baïonnette, bien vieux aussi ; Isidore Boyer, vieillard aussi ; Michel Trottier, André Batoche, Calixte Tourond, Elzéar Tourond, John Swan et Damase Carrière, qui eut d'abord la jambe cassée et que les Anglais ont ensuite traîné, la corde au cou, à la queue d'un cheval. Il y eut aussi deux Sioux de tués.

> Le bilan de ces quatre jours de bataille acharnée a été, pour nous, trois blessés et douze morts, plus un enfant tué, seule victime durant toute la campagne de la fameuse mitrailleuse Gatling [10].

Les terribles accusations de Dumont sont confirmées par le témoignage d'un jeune militaire ontarien, qui consigne dans son journal :

> The rebel still coming and giving themselves up. [...] It is surprising to see so many old men, some with grey hair, and a lot of these were killed. Empty Houses were ransacked, [...] we captured over forty heads of cattle and each man has something he intends to keep as a relic : knives, saddles, beadworks [11].

Le village laissé sans défense, c'est aussitôt une orgie de pillage et de dévastation. Les miliciens défoncent les portes des modestes maisons et ramassent tout, sans se soucier de l'identité des propriétaires. De nombreux Métis, pourtant restés loyaux au gouvernement, voient leurs maisons saccagées par la soldatesque. Il est considéré comme étant de bonne guerre de dépouiller tout ce qui n'est pas Blanc, protestant et Anglais...

L'envoyé spécial du *Mail* de Toronto, télégraphie que des soldats canadiens ont pillé les maisons des Métis à Clarke's Crossing et à l'Anse-aux-Poissons, et se sont amusés à tirer dans les fenêtres des maisons appartenant à des Métis. À Battleford, les plaintes de vols contre les militaires sont tellement nombreuses que le lieutenant-colonel Otter doit prendre des mesures disciplinaires draconiennes.

De son côté, Louis Riel a réussi à fuir, et ce n'est que le 16 mai qu'il se rendra à deux éclaireurs de l'armée de Middleton, après s'être assuré de la survie de sa famille. Pour son plus grand malheur, son esprit troublé l'a amené à faire confiance aux Anglais. Il aurait dû s'enfuir aux États-Unis, comme Gabriel Dumont qui a répondu : «Allez au diable» lorsqu'un

---

10. Cité dans Adolphe OUIMET et B.A.T. de MONTIGNY *RIEL. La vérité sur la question métisse*, Bibliotek multimédia : **www.microtec.net/~iandavid**. L'édition originale de cet ouvrage est un manifeste paru en 1889 sous le titre *La vérité sur la question métisse au Nord-Ouest*.

11. «A Rebellion Diary», *Alberta Historical Review*, vol. 12, 1964.

émissaire de Middleton lui a promis la vie sauve en échange de sa reddition. Il est à noter que Riel se rend de lui-même, il n'est pas capturé, comme osera le prétendre Middleton dans le télégramme qu'il enverra à Ottawa pour annoncer sa victoire.

Le 18 mai, dès que la nouvelle de son arrestation est connue, la *Montreal Gazette*, toujours égale à elle-même dans sa francophobie morbide, réclame la pendaison de Riel, quelle que soit sa santé mentale.

> Qu'on ne demande pas, par une fausse sentimentalité, à préserver Riel de la peine qu'il s'est attirée par sa folie criminelle. Que la rétribution soit prompte et ferme. Tout en concédant un procès régulier, on ne doit retarder, sous aucun prétexte, l'exécution de ce qui est inévitable [12].

La *Gazette* demande un « procès régulier », dont elle sait d'avance le verdict ! Mais cette fois, elle est dépassée dans l'abjection par le *Toronto News*, qui demande que Riel soit étranglé avec un drapeau français : « C'est tout le service que peut rendre cette guenille dans le pays [13]. »

Winnipeg ou Regina ?

Dès que Caron, le ministre de la Milice, reçoit le message de Middleton selon lequel Riel « a été capturé », il lui demande de le conduire à Winnipeg, où il sera détenu en attendant son procès. Mais sur le chemin de Winnipeg, parvient un contre-ordre d'Ottawa : il faut *impérativement* que Riel aille à Regina, capitale des Territoires du Nord-Ouest (aujourd'hui la Saskatchewan). Le mobile de cette volte-face, le voici : le Manitoba étant une province officiellement bilingue, dont le système judiciaire est plus complexe que celui des Territoires, Riel y aurait eu droit à un procès devant un juge indépendant et en présence

---

12. Cité dans R. RUMILLY, *Histoire de la province de Québec*, Montréal, Éd. Bernard Valiquette, t. V, p. 37.

13. *Ibid.*, p. 36.

de douze jurés dont il aurait pu exiger que la moitié soit francophone. C'est précisément ce que redoutent John A. Macdonald
et son ministre de la Justice, Alexander Campbell. Dans une
lettre datée du 21 mai 1885 et citée dans un volume fascinant,
The Trial of Louis Riel: Justice and Mercy Denied, Campbell explique à Macdonald que, dans le cas de la tenue éventuelle d'un
procès à Winnipeg, il pourrait y avoir des problèmes: « *There
will be a miscarriage of justice*[14] ». Tout au long de l'histoire canadienne, on l'a vu dans les chapitres précédents et on le verra
plus loin, Ottawa manipule le système judiciaire pour arriver à
ses fins politiques. Ce que redoutent, en fait, les deux hommes,
c'est un acquittement. Et cet acquittement est virtuellement impossible à Regina, parce que la ville fait partie d'un « territoire »,
et non d'une province, ce qui veut dire que les juges y sont nommés par le gouvernement fédéral pour une période déterminée ;
ils n'ont donc pas l'indépendance que doit leur conférer un statut permanent, comme c'est la loi dans les provinces. De plus,
dans un territoire, Riel n'a pas le droit d'exiger un jury composé
à part égale de francophones et d'anglophones... Finalement,
d'ailleurs, il n'y aura que six jurés au lieu de douze. Pour dire
les choses telles qu'elles sont: le juge, au procès de Riel, a été
nommé par les conservateurs ; c'est un ami du pouvoir.
Son nom : Hugh Richardson. Il est aussi conseiller légal du
lieutenant-gouverneur des Territoires du Nord-Ouest, Edgar
Dewdney. L'acte d'accusation retenu contre Riel est basé sur une
loi en vigueur depuis le Moyen Âge en Grande-Bretagne : pro-
mulguée en 1351 par Edouard III, cette loi punit de mort la trahison au roi ou à la reine. Pourtant le Canada a, depuis 1868, sa
propre loi sur la trahison et la félonie, mais celle-ci ne prévoit
pas la peine capitale. Or, il faut que Riel soit pendu. *The Montreal Gazette* et l'Ontario orangiste l'exigent!

Comme le Canada est un dominion britannique, cela permet l'usage d'une loi anglaise, vieille de plus de cinq cents ans,

---

14. George R.D. GOULET, *The Trial of Louis Riel, Justice and Mercy Denied*,
    Calgary, Telwell Publishing, 2001, 1999, p. 45.

pour faire exécuter Riel. Il est difficile de prétendre que ce dernier, un homme désespéré au milieu d'une bande de Métis déçus, ait pu à lui seul secouer, à partir de Batoche, le trône d'Angleterre… Et pourtant, c'est ce qui lui sera reproché ! Cette situation aberrante est soulevée au Parlement canadien par nul autre que le chef du Parti libéral lui-même, Edward Blake ! L'homme qui, dix ans plus tôt, a mis la tête de Riel à prix pour 5 000 dollars !

Ce sera Regina…

Riel arrive à Regina le 23 mai, et il est aussitôt incarcéré dans une cellule du poste de la Police montée de l'endroit. On lui attache un boulet de vingt livres à la cheville : cette fois, Riel n'échappera pas à son destin. Devant la rage haineuse que manifestent à son endroit la presse et la population du Canada anglais, ses compatriotes se mobilisent pour assurer sa défense. Des Canadiens français de Fall River, en Nouvelle-Angleterre, envoient une lettre au secrétaire d'État Adolphe Chapleau, l'ancien premier ministre du Québec, pour lui demande d'intervenir en faveur de Riel, plaidant notamment qu'Ottawa a ignoré pendant des années les justes revendications des Métis. Pour avoir été l'avocat d'Ambroise Lépine alors qu'il était accusé du meurtre de Scott, Chapleau connaît bien le dossier. Et ce sont justement des Franco-Américains qui avaient à l'époque payé ses honoraires. Mais Chapleau est maintenant au service des Anglais. Le 6 juin, il répond aux défenseurs de Riel par un véritable réquisitoire contre ce dernier et ses frères métis, dans lequel il ment effrontément.

> Si les Métis avaient des griefs sérieux contre le gouvernement canadien, la voie ordinaire de la pétition leur était ouverte, comme à tout citoyen libre. Ils ne s'en sont pas prévalus [15].

---

15. Cité dans R. RUMILLY, *op. cit.*, p. 46.

Or, ce ne sont pas moins de soixante-treize pétitions et requêtes que les Métis avaient fait parvenir au gouvernement fédéral, qui les a toutes ignorées avec mépris. Quatre jours avant la lettre de Chapleau, son collègue, le ministre de la Justice Alexander Campbell, reconnaissait dans une missive à un sénateur :

> Le gouvernement a reçu entre le 1er janvier 1879 et le 1er mars 1885 de diverses personnes prenant un intérêt spécial au Nord-Ouest et, entre autres, de Mgr Grandin, évêque de Saint-Albert, et de Mgr Taché, archevêque de Saint-Boniface, des représentations écrites touchant la position des Métis du Nord-Ouest et les meilleurs moyens de l'améliorer [16].

Le gouvernement fédéral n'avait que faire des revendications de sang-mêlé, français et catholiques. À Ottawa, on était décidé à tuer Riel, et on pouvait compter sur Chapleau pour faire le sale boulot, habituellement dévolu depuis la Confédération au « Canadien français de service ».

Le 20 juillet 1885, après soixante-six jours de détention, Louis Riel voit enfin son procès commencer. Dans le petit cloaque miteux qui tient lieu de salle d'audience à Regina, il aperçoit pour la première fois le juge nommé par Macdonald, son ennemi mortel, de même que les six jurés unilingues anglophones qui devront statuer sur son sort. Il est à noter que leur sélection s'est opérée de la façon suivante : le juge Richardson a mis trente-six noms de personnes qu'il connaît dans un chapeau, et il en a retiré six… Bel exemple de la justice canadienne.

Sir Hector Louis Langevin, un autre ministre canadien-français, avait promis que Riel aurait un procès régulier devant un jury choisi dans de hautes conditions d'impartialité ! L'édifice qui loge les bureaux du premier ministre du Canada, à Ottawa, porte le nom de ce fourbe.

---

16. *Ibid.*, p. 48.

Le procès de Louis Riel

Dès l'ouverture de l'audience, les avocats de Riel contestent la légalité tant de la cour que de l'acte d'accusation. Ces arguments sont balayés du revers de la main par le juge Richardson, qui est convaincu de sa propre légitimité ! Il accorde un délai d'une semaine à la défense, qui en demandait quatre, pour faire venir des témoins de l'est du pays.

C'est durant cette courte suspension que le secrétaire anglophone de Riel, William Henry Jackson, est déclaré inapte à subir son procès pour raison d'aliénation mentale, une demi-heure à peine après l'ouverture de l'audience. Il est interné dans un asile d'où il s'enfuira aux États-Unis avec la complicité des autorités fédérales. Jackson affirmait à qui voulait l'entendre qu'il partageait la responsabilité de Riel ; il était donc passible d'être accusé de trahison, lui aussi. Comme le souligne Robert Rumilly, la responsabilité de Jackson était indéniable :

> [...] avec un groupe de Métis, il était allé chercher Riel dans le Montana pour le mettre à la tête de la sédition. Mais William Henry Jackson était un Métis anglais : tout le monde attribua la différence des traitements à la différence de race [17].

C'est ainsi que le procès de Riel s'ouvre définitivement le 28 juillet 1885. La couronne entend démontrer que Riel a agi en toute connaissance de cause pour entraîner les Métis et les Indiens dans une guerre d'extermination contre les Blancs. Pour ternir son image, elle tente également de prouver qu'il est revenu au Canada surtout pour réclamer de l'argent que lui devait le gouvernement, bien que cela n'ait aucun rapport avec l'accusation portée contre lui...

La défense plaide l'aliénation mentale, ce à quoi Riel s'oppose de toutes ses forces. On évoque son passé troublé, ses périodes d'internement à l'asile dans les années 1870, on fait venir docteurs, prêtres et autres témoins pour prouver que, lors de la rébellion, Riel était fou et ne savait pas ce qu'il faisait. Ses

---

17. *Ibid.*, p. 63.

idées délirantes sur la papauté, la religion, etc., lui ont valu d'être excommunié: il s'est conduit en mystique tout au long de la révolte et n'a pas tiré un seul coup de feu. Mais Riel s'obstine et affirme qu'il est sain d'esprit et qu'il veut être jugé sur le mérite politique de ses actes:

> Je ne peux pas abandonner ma dignité. Me voici obligé, pour me défendre contre une accusation de haute trahison, de consentir à vivre comme un animal dans un asile. Je ne tiens pas beaucoup à la vie animale, si je ne peux en même temps vivre l'existence morale d'un être intelligent [18].

Dans ce contexte, le jury déclare Riel coupable. Mais, fait inusité à l'époque, il demande la clémence au juge qui n'écoute évidemment pas cette requête et condamne Riel à être pendu le 18 septembre suivant. Dans son dernier commentaire à la cour, Riel déclare qu'il est heureux: on ne le considère pas comme un fou.

Un verdict décrié

Au Québec, la condamnation à mort est accueillie avec stupeur. On est convaincu de la folie de Riel. Et l'on ne pend pas un fou dans un pays qui se dit civilisé. Il est clair pour beaucoup que, si Riel est pendu, c'est pour le meurtre de Thomas Scott, l'orangiste exécuté quinze ans plus tôt. Même Jefferson Davis, président de la Confédération sudiste à l'origine de la guerre de Sécession qui a causé plus de six cent mille morts, n'a pas subi un tel sort! Après s'être réfugié à Montréal, il est rentré d'exil et s'est établi à la Nouvelle-Orléans, où il mourra en 1889.

En Ontario, ce n'est pas qu'une heureuse surprise, c'est l'allégresse! *The Bradford Courier* savoure à l'avance le spectacle

---

18. George STANLEY, « Louis Riel », *Revue d'histoire de l'Amérique française*, vol. XVIII, n° 1, juin 1964, Institut d'histoire de l'Amérique française. Cet excellent texte est présenté sur le site de l'Institut: **www.pages.infinit.net/histoire/riel. html**.

de Riel dansant au bout d'une corde. *No clemency*, exige *The Examiner*, de Peterborough. *The Globe et The Mail*, de Toronto, comme *The Montreal Gazette* et *The Ottawa Citizen* déclarent que le tribunal de Regina a été impartial et son verdict, équitable[19]. Peut-on reprocher à ces journaux un manque de constance dans leur aveuglement antifrancophone !

Au Québec, les journaux estiment que le jugement est de caractère raciste : le secrétaire anglophone de Riel, William Jackson, n'a-t-il pas été acquitté pour raison d'insanité ? Le 2 août, *La Presse* écrit : « Si la folie est une excuse pour un Anglais, elle doit en être une pour Riel, quoique Métis. » Le journal *L'Électeur* a compris : « Pourquoi cette différence entre Riel et Jackson ? Parce que Jackson est Anglais, pendant que Riel est Canadien français[20]. »

Les avocats de Riel font appel à la cour du Banc de la reine du Manitoba et au comité judiciaire du Conseil privé d'Angleterre. Leur requête est rejetée par la cour manitobaine, et le Conseil privé s'en lave les mains. Au Collège militaire royal de Kingston, on pend Riel en effigie. Un mannequin est hissé à la potence, et le plus ancien militaire présent a l'honneur de tirer la corde. Selon Robert Rumilly, la scène se reproduira dans tous les camps militaires de l'Ontario. Devant la frénésie de haine du Canada anglais, le 14 septembre 1885, le sénateur conservateur Trudel lance, dans son journal *L'Étendard*, un appel à l'union sacrée des députés fédéraux canadiens-français, au-delà de leur allégeance politique.

> La vérité, c'est que l'élément anglais protestant déteste l'élément français et travaille sans cesse à l'amoindrir. [...] La vérité, c'est que nos concitoyens de langue anglaise ne sont pas encore revenus de l'illusion qu'ils se sont formée dès 1763, et qu'ils se croient le plus sérieusement du monde à la veille de réussir à supprimer notre nationalité sur ce continent. [...] On veut faire du Nord-Ouest un pays exclusivement anglais. [...] Voilà la question nationale, telle qu'elle se pose pour tous les véritables patriotes. Et il n'y a pas à s'y

19. R. RUMILLY, *op. cit.*, p. 66
20. *Ibid.*, p. 65.

tromper, cette œuvre de créer un Nord-Ouest exclusivement anglais, la grande masse des libéraux anglais y a travaillé tout autant
que la masse des conservateurs anglais, et probablement plus[21].

Honoré Mercier, le leader du Parti libéral provincial, prend
la tête d'une croisade pour sauver Riel. Il demande instam-
ment à Chapleau de se joindre à lui pour lutter contre les orangistes. Mais Chapleau, certainement l'homme politique le plus
populaire du Québec jusqu'à cette crise, refuse, car il craint de
voir diminuer l'influence française dans le cabinet fédéral s'il
quitte Ottawa. Premier exemple du « c'est plus efficace de tra-
vailler à l'intérieur du système », souvent répété par les opportunistes canadiens-français de service. À Ottawa, Chapleau ne
s'en remettra pas : il finira sa carrière dans un rôle d'opérette :
lieutenant-gouverneur du Québec. Pour sa part, Honoré Mercier sera bientôt premier ministre du Québec.

La dernière manipulation de Sir John

Les pourvois en appel permettent à Riel de survivre à
l'échéance du 18 septembre. Et lorsque Macdonald reporte encore l'exécution, la *Montreal Gazette* est furibonde. Mais la
pression est tellement forte sur lui qu'il décide, en octobre, de
nommer une commission médicale pour statuer sur la santé
mentale du condamné. Macdonald nomme trois médecins : le
Dr Lavell, directeur du pénitencier de Kingston, le Dr Jukes,
médecin de la Police montée à Regina, et le Dr Valade, un jeune
généraliste d'Ottawa qui fait partie des connaissances de Caron, toujours ministre de la Milice, et que Macdonald croit
ainsi pouvoir influencer. Leur mission est d'aller examiner
Riel. Macdonald, dans un geste de flagrante ingérence, recom-
mande ceci à Valade et à Lavell :

> [...] *You are not called upon to go behind the verdict, but your in-
> quiry must be limited to his present mental condition*[22].

---

21. Cité dans R. Rumilly, *op. cit.*, p. 81.
22. G. Goulet, *op. cit.*, p. 228.

Lavell et Jukes admettent que Riel est étrange, mais affirment qu'il est cependant sain d'esprit. Quant à Valade, il se montre moins coopératif : il estime que Riel est fou. Voici le télégramme qu'il envoie à John A. Macdonald :

> [Riel] *is not an accountable being, that he is unable to distinguish between wrong and right on political and religious subjects which I consider well marked typical forms of a kind of insanity which he undoubtedly suffers, but on the other points I believe him to be quite sensible and can distinguish right from wrong*[23].

Qu'à cela ne tienne ! voici comment le ministre de la Justice Campbell réarrangera ce télégramme dans les documents gouvernementaux, après la mort de Riel, afin de justifier son exécution :

> [Riel] *suffers under hallucinations on political and religious subjects, but on the other points I believe him to be quite sensible and can distinguish right from wrong*[24].

De toute façon, cette commission médicale n'est que de la frime. Macdonald a tranché depuis longtemps : Riel doit mourir. Le soir du 11 novembre, le Conseil des ministres se réunit à Ottawa en vue de prendre une décision finale à ce sujet. Dans un sursaut de dignité et de décence, Chapleau avait envisagé de démissionner plutôt que d'avoir à approuver la pendaison de Riel, mais il s'est ravisé, craignant, paraît-il, de provoquer un conflit de races. À ses ministres qui redoutent la colère du Québec, Sir John A. Mcdonald, connaissant bien les Canadiens français, répond : « Ce sera un feu de paille ! » Finalement, le sort de Riel se jouera essentiellement sur des considérations électorales... Le nombre de sièges à gagner ou à perdre est de douze au Québec, de plus de quinze en Ontario et dans les Maritimes : le Cabinet refuse la grâce de Riel.

Le Québec est unanime à condamner le gouvernement de Macdonald. Dans les journaux, qu'ils soient Rouges ou Bleus, les analystes politiques sont atterrés par l'étendue du mépris et

---

23. *Ibid.*, p. 230-231.
24. *Ibid.*

de la haine du Canada anglais pour le Québec. *L'Étendard* (conservateur) écrit :

> L'assassinat judiciaire qu'on s'apprête à commettre signifie que, désormais, la majorité anglaise n'entend plus permettre aucune revendication de la part de l'élément français. Elle fera arbitrairement régner l'injustice. […] L'on pourra impunément accumuler contre nous les provocations. […] Il est à peine besoin de dire que cela fera perdre au gouvernement de Sir John tout droit à la confiance des Canadiens français.

Et *L'Électeur* (libéral) renchérit :

> Riel exécuté, qu'on le comprenne bien, c'est le triomphe de l'orangisme sur nous, c'est le dernier mot de l'influence de notre province dans le gouvernement fédéral. De grâce, n'en faisons plus une question de partis, le moment est trop solennel ; oublions les divisions de la veille, unissons-nous comme jadis nos pères l'ont fait quand on voulut les opprimer. Qu'il n'y ait plus de rouges ni de bleus, qu'il n'y ait que des Canadiens unis et déterminés à empêcher Riel de monter sur la potence, et notre influence de descendre dans la tombe avec son cadavre [25].

Des députés conservateurs du Québec paniquent. Ils craignent pour leur avenir politique et pour celui du Parti dans la province. Hector Langevin transmet leurs appréhensions à Macdonald, qui télégraphie : « Gardez attitude calme et résolue – tout ira bien. »

« Riel sera pendu, même si tous les chiens aboient au Québec [26] ! » avait dit Macdonald, et il le sera effectivement, le 16 novembre 1885. Autre bel exemple de la justice *Canadian* ! L'homme qui lui passe la corde au cou s'appelle Jack Henderson ; c'est un ami de feu Thomas Scott. Il a accepté de faire le bourreau pour venger son ami. La corde ayant servi à pendre Riel sera exhibée comme trophée de guerre au Centre de formation de la GRC, à Regina, jusqu'à tout récemment…

---

25. Cité dans R. Rumilly, *op. cit.*, p. 102.
26. George Stanley, *op. cit.*

Réactions diamétralement opposées

La nouvelle de l'exécution de Riel parvient à Montréal vers onze heures. *La Presse* écrit, le 16 novembre 1885 :

> Riel vient d'expier sur l'échafaud le crime d'avoir réclamé les droits de ses compatriotes. […] Un patriote vient de monter au gibet pour un de ces crimes purement politiques auxquels les nations civilisées n'appliquent plus la peine de mort. Un pauvre fou vient d'être livré en holocauste sans même s'être assuré de son état mental. […] Riel n'expie pas le crime d'avoir réclamé les droits de ses compatriotes ; il expie surtout et avant tout le crime d'appartenir à notre race.

Le lendemain, *La Presse* va encore plus loin :

> Riel brise tous les liens de parti qui avaient pu se former dans le passé.

> Désormais, il n'y a plus ni conservateurs ni libéraux, ni castors. Il n'y a que des PATRIOTES et des TRAÎTRES.

> Le parti national et le parti de la corde [27] !

Israël Tarte, opportuniste, journaliste brillant et futur ministre de Laurier, proclame dans *Le Canadien* : « Le sang est un mauvais ciment, et si la Confédération n'en a pas d'autre, le coup de vent qui la culbutera n'est pas loin. » Il se trompe !

Les villes et les villages du Québec sont en deuil. Les boutiques sont fermées. Le tocsin résonne. Des étudiants de l'Université Laval, section Montréal, manifestent en chantant *La Marseillaise*. On brûle Macdonald en effigie, de même que ses trois hommes de main, Langevin, Caron et Chapleau. Toute cette agitation irrite l'Ontario, qui souhaite ardemment une nouvelle bataille des plaines d'Abraham. *Le Globe* avertit Honoré Mercier et les défenseurs de Riel

> […] que les conservateurs du Haut-Canada voient sans aucun sentiment d'alarme la mine qu'ils sont en train de creuser sous le ministère actuel ; et si le renversement du Cabinet devait résulter

---

27. R. RUMILLY, *op. cit.*, p. 111.

des menées de l'influence française, si tel est le fruit du programme de M. Mercier, dans ce cas, nous, sujets britanniques,
nous croyons qu'il faudra se battre de nouveau pour la conquête ;
et le Bas-Canada peut en être sûr, il n'y aura pas de nouveau traité
de 1763. Cette fois, le vainqueur ne capitulera pas [28].

Évidemment, *The Orange Sentinel*, l'organe des orangistes
rêve d'exterminer les Canadiens français.

Doit-il être dit que les droits et libertés du peuple anglais dans
cette colonie anglaise dépendent d'une race étrangère ?... Le jour
est proche où un appel aux armes sera entendu dans toutes les
parties du Canada. Alors certainement, nos soldats, profitant des
leçons du passé, auront à achever l'œuvre déjà commencée dans le
Nord-Ouest [29].

Le 22 novembre 1885, une grande manifestation – l'une des
plus émouvantes de l'histoire du Canada – réunit cinquante mille
personnes au Champ de Mars de Montréal. On vient écouter
Mercier et d'autres orateurs dénoncer les conservateurs. Parmi les
plus flamboyants, le jeune Wilfrid Laurier, aspirant à la direction
du Parti libéral fédéral, qui se fait du capital politique ; il va même
jusqu'à lancer à la foule : « Si j'avais été sur les bords de la Saskatchewan, j'aurais, moi aussi, épaulé mon fusil... Riel a été victime
d'un guet-apens. » C'est le même Laurier qui présidera, dix ans
plus tard, à la disparition légale de la langue française dans l'Ouest.
Il a bien mérité sa *Minute du patrimoine : A Great Canadian !*

Lorsque Mercier prend à son tour la parole, il prononce un
des grands discours de l'histoire du Québec, un discours qui,
celui-là, ne risque pas de figurer dans des *Minutes du patrimoine* financées par le gouvernement fédéral... Au-delà de
celle des trois exécuteurs des basses œuvres de Sir John A. Macdonald, son discours est une dénonciation accablante de tous
les opportunistes canadiens-français qui se mettront au service
du pouvoir fédéral (dont le futur premier ministre Laurier qui,
pour l'heure, est à ses côtés).

---

28. *Ibid.*, p. 119.
29. M. WADE, *op. cit.*, p. 459.

Riel, notre frère, est mort, victime de son dévouement à la cause des Métis dont il était le chef, victime du fanatisme et de la trahison ; du fanatisme de Sir John et de quelques-uns de ses amis ; de la trahison de trois des nôtres qui, pour garder leur portefeuille, ont vendu leur frère.

En tuant Riel, Sir John n'a pas seulement frappé notre race au cœur, mais il a surtout frappé la cause de la justice et de l'humanité qui, représentée dans toutes les langues et sanctifiée par toutes les croyances religieuses, demandait grâce pour le prisonnier de Regina, notre pauvre frère du Nord-Ouest…

Nous sommes ici cinquante mille citoyens, réunis sous l'égide protectrice de la Constitution, au nom de l'humanité qui crie vengeance, au nom de deux millions de Français en pleurs, pour lancer au ministre en fuite [Sir John A. Macdonald, comme par hasard, était parti, la session terminée, faire un voyage en Europe] une dernière malédiction qui, se répercutant d'écho en écho sur les rives de notre grand fleuve, ira l'atteindre au moment où il perdra de vue la terre du Canada, qu'il a souillée par un meurtre judiciaire.

Quant à ceux qui restent, quant aux trois qui représentaient la province de Québec dans le gouvernement fédéral, et qui n'y représentent plus que la trahison, courbons la tête devant leur défaillance, et pleurons leur triste sort ; car la tache de sang qu'ils portent au front est ineffaçable, comme le souvenir de leur lâcheté. Ils auront le sort de leur frère Caïn.

En face de ce crime, en présence de ces défaillances, quel est notre devoir ? Nous avons trois choses à faire : nous unir pour punir les coupables ; briser l'alliance que nos députés ont faite avec l'orangisme ; et chercher dans une alliance plus naturelle et moins dangereuse la protection de nos intérêts nationaux.

Nous unir ! Oh, que je me sens à l'aise en prononçant ces mots ! Voilà vingt ans que je demande l'union de toutes les forces vives de la nation. Voilà vingt ans que je dis à mes frères de sacrifier sur l'autel de la patrie en danger les haines qui nous aveuglaient et les divisions qui nous tuaient. […] Il fallait le malheur national que nous déplorons, il fallait la mort de l'un des nôtres pour que ce cri de ralliement fût compris. […]

Et puis, n'oublions pas, nous libéraux, qui si la nation est en deuil à cause de l'assassinat de Riel, les conservateurs nos frères sont abîmés dans une douleur plus profonde que la nôtre. Ils pleurent

Riel comme nous, mais aussi ils pleurent la chute et la trahison de leurs chefs. Eux qui étaient si fiers et avec raison, de Chapleau et de Langevin, qui voyaient dans l'éloquence de l'un et dans l'habileté de l'autre le salut du pays, sont obligés de courber la tête et de maudire aujourd'hui ceux qu'ils bénissaient hier. [...]

Chapleau a refusé la main d'un frère pour garder celle de Sir John ; il a préféré les hurlements de quelques fanatiques aux bénédictions de toute la nation canadienne-française ; il a préféré la mort à la vie ; la mort pour lui, la mort pour Riel ; sa carrière est brisée comme celle de Riel, seulement celui-ci est tombé en homme, celui-là en traître [30] !

Au Canada anglais, c'est plutôt le carnaval ! On pend Riel en effigie à Winnipeg et à Toronto. La populace exulte, les orangistes jubilent. Enfin, vengeance est faite ! Dans les jours qui suivent la mort de Riel, le CPR achève sa ligne de chemin de fer.

La mort de Riel coïncida, à une semaine près, avec la cérémonie d'inauguration du chemin de fer transcontinental et provoqua la hausse des actions de CP. Cornelius William Van Horne, alors vice-président de CP, suggéra que son entreprise érige un monument à la mémoire de Louis Riel... Ainsi va l'humour anglo-saxon [31].

L'écrasement des Métis a vraiment été une bonne affaire pour le Canadien Pacifique. Jean-Guy Rens rapporte que ses recettes télégraphiques ont plus que doublé en 1885, passant à 145 000 dollars par rapport à l'année précédente, en raison des communications militaires et des dépêches des envoyés spéciaux des journaux de l'est du Canada.

Commandant en chef de la Milice... et voleur de grand chemin

Un gouvernement canadien reconnaissant votera une prime de 20 000 dollars au commandant de son armée, le géné-

---

30. R. RUMILLY, *op. cit.*, p. 123-124.
31. Jean-Guy RENS, *L'Empire invisible*, Québec, Presses de l'Université du Québec, 1993, vol. 1, chap. 2. Extrait présenté sur le site **www.sciencetech.com/rech/th3.htm**.

ral britannique Middleton, comme on fait pour un mercenaire qui a accompli un sale boulot. C'est ce que vaut la tête de Riel au Canada anglais. De surcroît, Middleton sera fait chevalier commandeur de l'Ordre de Saint-Michel et de Saint-Georges ! Mais le héros du Canada anglais se révélera être aussi un voleur de grand chemin. Après l'écrasement de la résistance, Middleton a volé des fourrures, pour une valeur estimée à 5 634 dollars, à Charles Bremner, un Métis de Breysailor, près de Battleford en Saskatchewan. Le Métis poursuit le général. Il faudra des années avant que les journaux ne s'emparent de l'affaire, et que les libéraux de Laurier ne décident de l'exploiter contre le gouvernement Macdonald.

Le député Day Hort MacDowall commet alors la gaffe de se porter à la défense de Middleton. Dans son intervention aux Communes, le 3 mars 1890, il révèle que le vol et le pillage étaient généralisés parmi les miliciens canadiens. On a tellement volé de fourrures aux Métis que « *here was hardly a single soldier who came down from Battleford who had not some furs to sell when he got to Prince-Albert*[32] ». Convoqué, le 19 mars 1890, devant le comité parlementaire qui enquête sur le comportement qu'il a eu cinq ans auparavant, le général Middleton, le commandant en chef de la Milice canadienne, se montre hautain et effronté envers les députés :

> *I thought I was the ruling power up there… that I could do pretty much as I liked, as long as I was within reason. I did not think it was unreasonable to allow a few furs to be taken*[33].

Ce n'étaient que des Métis, après tout ! Voler à des sang-mêlé, ce n'est pas voler !

Dans son rapport unanime, le comité affirme que la « confiscation » des fourrures des Métis était « injustifiable et illégale », et que les actions de Middleton étaient « hautement

---

32. Cité dans Daniel GERMAN. « The Political Game and the Bounds of Personal Honour : Sir Frederick Middleton and the Bremner Furs », *Saskatchewan History*, vol. LXV, n° 1 (printemps 1993), p. 14.
33. *Ibid.*, p. 15.

irrégulières ». En clair, on lui reproche d'avoir volé les fourrures. Middleton démissionnera quelques mois plus tard de son
poste de commandant de la Milice canadienne. « *I have been
victim of politics, because I was a British soldier. I was sacrificed
to please the French vote, that's the case in a nutshell* [34]. »

Les conclusions du rapport mettront fin à ses ambitions d'affaires. Le pillard espérait, à sa retraite de l'armée, être nommé à la
présidence d'une compagnie d'assurances de Montréal. Il retour-
nera en Angleterre, où il sera nommé conservateur des joyaux de
la couronne... Pour sa part, le Métis Charles Bremner devra attendre encore longtemps avant d'être finalement dédommagé
pour le vol perpétré par le chef des forces armées du Canada. Ce
n'est qu'au mois d'août 1899 que le gouvernement Laurier lui ac-
cordera finalement une compensation de 5 634 dollars.

Malgré les preuves du contraire, on refuse toujours au Canada anglais de reconnaître les meurtres, les pillages, les vols et
autres exactions commis par les militaires canadiens contre les
Métis. On va même jusqu'à faire l'éloge de leur comportement
exemplaire :

> *Claims, often several years after the fact, that Canadian troops had
> killed helpless defenders during the storming of Batoche were more
> difficult to substantiate. Such acts were committed in the heat of
> battle and often under very confused circumstances.*

> *Throughout the North-West Rebellion in 1885, the Canadian militia
> acted as a disciplined military force. Soldiers obediently followed the
> orders given them, committed relatively few crimes, and respected the
> accepted rules governing warfare at the time* [35].

---

34. *The Daily Witness* (Montréal), 24 avril 1890 ; cité dans D. GERMAN, *op. cit.*
35. Chris MADSEN, « Military Law, the Canadian Militia, and The North-West
    Rebellion of 1885 », *Journal of Military and Strategic Studies*, University of Calgary,
    Spring 1998. **www.stratnet.ucalgary.ca/journal/1998/article5.html**. (Parmi la cen-
    taine d'ouvrages cités en référence, aucun n'est de langue française...)

Conséquences politiques

Au Québec, Honoré Mercier met sur pied un nouveau parti politique, issu de la fusion des libéraux et des ultramontains : le Parti national. Il fait campagne contre les conservateurs provinciaux durant toute l'année 1886 et réussit à prendre le pouvoir en janvier 1887. Ce sera le premier véritable chef d'État du Québec. Nous en reparlerons.

Quant aux libéraux fédéraux, ils perdent l'élection de 1887 mais ils augmentent leurs appuis au Québec qui, jusqu'à l'affaire Riel, avait toujours voté pour les Bleus.

Leçons de l'histoire

Il est intéressant de noter que tous les faits rapportés dans ce chapitre sont parfaitement connus des historiens canadiens… même si jamais ils n'en parlent. Il est bien plus facile de perpétuer le mythe fondateur du Canada, un pays de paix et de compromis, que d'admettre que l'un de ses fondateurs, John A. Macdonald, est un politicien cynique, un homme qui n'a pas hésité une seconde à traduire en justice un malade mental, quitte à mentir, à falsifier des documents, secondé en cela par son ministre de la Justice, à faire en sorte que son procès se tienne dans les pires conditions de façon à le faire condamner puis exécuter ; un homme qui s'est servi d'une malheureuse rébellion d'un petit groupe de Métis pour envoyer un corps expéditionnaire de plus de cinq mille miliciens pour les massacrer ; un homme qui a pris prétexte de cette même rébellion afin d'obtenir du financement pour ses amis de la mafia des chemins de fer.

> Sir John Macdonald peut être considéré à bon droit comme la personnification du mal dans cette histoire. […] Mais Macdonald ne pouvait comprendre que les Métis fussent plus qu'un groupe d'individus, qu'ils formaient déjà un petit peuple, qu'ils étaient en fait, exactement ce qu'ils avaient pris l'habitude de s'appeler, la Nouvelle Nation, avec leurs aspirations nationales propres, et la

détermination de survivre en dépit du nouvel ordre économique et politique qui venait de les atteindre[36].

John A. Macdonald a assassiné la nation métisse, avec la complicité de Laurier, celui qui par la suite entérinera l'abolition du français dans l'Ouest lorsqu'il sera premier ministre. Il a donné aux Métis le choix de s'assimiler culturellement et linguistiquement aux envahisseurs anglo-ontariens, ou de vivre dans la pauvreté et la misère. Ce faisant, il a tué à tout jamais l'espoir de voir naître une nouvelle francophonie occidentale, aux côtés des Québécois et des Acadiens. Plutôt que de ce manipulateur impudent et sournois, qui a fait assassiner un aliéné mental pour faire avancer ses intérêts politiques et économiques, que fut Macdonald, on préfère perpétuer le souvenir d'un alcoolique débonnaire, de son « *brandy nose* », sympathique père de la Confédération dont on voit encore le visage perfide sur nos billets de 10 dollars...

La crise provoquée par la pendaison de Riel illustre une nouvelle fois l'arrogance dominatrice du Canada anglais envers le Québec français, crise que le grand historien anglo-canadien George Stanley évoque sous forme de questions... auxquelles il évite diplomatiquement de répondre.

> Canadiens anglais et Canadiens français demandèrent que justice soit faite. Mais les premiers demandaient le sang de Riel parce qu'ils ne comprenaient la justice que selon les termes de la loi de Moïse — œil pour œil, dent pour dent —, vie humaine pour vie humaine. Les seconds demandaient le pardon de Riel parce que la justice voulait qu'un homme dont la démence était évidente ne puisse encourir la mort pour des actes irrationnels. Il n'y avait pas que les facteurs manifestes d'ignorance, de fanatisme, de convenance politique ou d'hystérie qui contribuèrent à cette agitation de 1885 et de 1886. Pour beaucoup de Canadiens anglais, le point en litige était la question du triomphe des traditions et des principes britanniques à travers le Canada. Pour beaucoup de Canadiens français, il s'agissait de savoir si, oui ou non, le Canada français serait une force dynamique dans la Confédération canadienne ou

---

36. G. STANLEY, *op. cit.*

une non-valeur sans influence, sauf à l'intérieur du Québec même. Pour les deux, ce devait être une épreuve de force. L'unité pouvait-elle exister sans domination ? C'est cette question que se posaient les deux peuples. De cette lutte, Riel n'était que le symbole. Il n'était pas l'enjeu fondamental du débat. Le litige fondamental était le suivant : le Canada serait-il un État unitaire ou fédéral ? La dualité du pays n'existerait-elle que dans la province de Québec ? ou à travers tout le pays ? Riel était le symbole de cette dualité ; le symbole de l'intensité de cet attachement pour un coin de pays dans cette vaste contrée aux distances et aux différences redoutables ; il était le symbole de la diversité ethnique et culturelle à l'intérieur du cadre fédéral. Voici la signification profonde de Riel dans l'histoire du Canada [37].

Le Canada anglais ne tolère qu'une seule attitude de la part du Québec français : une soumission totale et inconditionnelle. C'était vrai en 1885, ça l'est encore aujourd'hui. Le fait que ceux qui ont pendu Riel le proclament maintenant père de la Confédération canadienne relève de l'indécence la plus grossière. Le Canada ne s'est jamais remis du séisme que provoqua sa pendaison.

---

37. *Ibid.*

AU CANADA… « L'ORANGISME EST DEVENU UNE FAÇON DE VIVRE »

Imaginez le scandale médiatique permanent au Canada anglais. Imaginez l'indignation des intellectuels anglophones. Imaginez la réaction de René Daniel Dubois, le délire de Diane Francis ! Imaginez que, partout au Québec, dans les grandes villes, les petits villages, les campagnes, des dizaines de milliers de Québécois appartiennent à une organisation d'extrême droite qui pratique l'exclusivisme religieux et qui, dans les années 1930, était odieusement antisémite. De plus, cette organisation secrète, qui possède ses rites d'initiation, entretient des liens étroits avec un groupe étranger particulièrement haineux qui, par ses provocations, est le principal moteur d'une guerre de religion séculaire, tuant, blessant, mutilant hommes, femmes, enfants et vieillards. Soutenu dans ses manifestations par des groupuscules néonazis, le pendant européen du groupe canadien est unanimement dénoncé par les organismes qui combattent l'intolérance.

La presse anglo-canadienne ne décolérerait pas. Année après année, des reportages dénonceraient avec vigueur l'intolérance gravissime de ces Québécois et leur collusion avec des fanatiques étrangers associés à des organisations néonazies. Les journalistes de la *Montreal Gazette*, du *National Post* et du *Globe and Mail* prendraient un plaisir évident à retracer dans le détail l'historique des excès nationalistes commis par les membres de cette association ; on montrerait le caractère réactionnaire et borné des Québécois qui y militent, malgré les crimes perpétrés par l'organisation internationale à laquelle ils sont affiliés. D'une plume indignée, les éditorialistes et les commentateurs anglo-canadiens sommeraient, à chaque nouveau forfait, les Québécois membres de se dissocier des atrocités commises par ladite organisation. Et on imputerait leur obstination à maintenir des liens avec cette dernière à la mentalité arriérée et obtuse de la société québécoise, attribuée soit à son catholicisme, soit à sa culture française.

Pourtant, il existe bel et bien au Canada une organisation au long passé de fanatisme et d'intolérance, affiliée à un mouvement extrémiste européen. On n'en entend jamais parler dans la presse anglophone parce qu'elle n'existe qu'au Canada anglais et que la maison mère se trouve en Grande-Bretagne. Il s'agit du Loyal Order of Orange qui, depuis des siècles, prêche l'exclusion contre les catholiques, tant en Irlande du Nord que dans les ex-colonies anglo-saxonnes. Au Canada, l'Ordre d'Orange est directement responsable de la plupart des actes d'intolérance et des manifestations de fanatisme dont ont été l'objet les Canadiens français depuis le début du XIXᵉ siècle et de l'antisémitisme au Canada anglais dans la première partie du XXᵉ siècle. Aujourd'hui encore, l'Ordre possède des loges partout au Canada anglais, y compris dans les régions anglophones du Québec; au Canada, il se présente comme une organisation de bienfaisance et d'entraide. Or, ce sont ses sympathisants qui, en Ulster, lancent des grenades pour empêcher des mères catholiques et leurs enfants d'emprunter une rue habitée par des protestants pour se rendre à leur école primaire!

L'Ordre d'Orange a été fondé par des protestants en Irlande du Nord, le 21 septembre 1795, après une escarmouche plutôt insignifiante avec des catholiques à

Loughgall, une petite localité du comté d'Armagh. Il fonctionne sur le modèle des loges maçonniques, avec serments secrets et différents degrés d'initiation. Les orangistes sont d'ardents défenseurs du protestantisme et de la monarchie britannique (à condition qu'elle demeure protestante !). Chaque année, le 12 juillet, ils commémorent avec faste la victoire de Guillaume d'Orange sur les catholiques de Jacques II, à la bataille de la Boyne, en 1690. Ces fêtes donnent lieu à des défilés tapageurs un peu partout en Ulster, mais aussi dans de petites localités de l'Ontario profond, protestant et intolérant.

En Amérique du Nord, les premières loges orangistes datent du début des années 1800 ; elles sont fondées par des militaires britanniques et prospèrent dans des villes de garnison comme York (Toronto), Kingston, Montréal et Québec. Au Québec, plusieurs de ces loges doivent leur origine au fait que la Grande Loge d'Irlande avait donné à un certain Albert Hopper, arrivé à Montréal en 1804, le mandat de poursuivre en ce pays catholique la lutte contre les papistes. Mais il existait probablement déjà une loge à Montréal depuis 1800. Le lieutenant-gouverneur Hunter mentionne, en effet, dans une lettre qu'une société secrète appelée Orange Society se réunit à Montréal, et ajoute que « son objectif est d'opprimer les catholiques romains [1] ».

En 1830, afin de regrouper les loges existantes, un dénommé Ogle Gowan, originaire du comté de Wexford en Ulster, met sur pied la Grande Loge nord-américaine à Brockville, en Ontario. Les orangistes, férocement tories, anticatholiques et antifrançais, sont

---

1. Alex ROUGH, *Canadian Orangeism. A military beginning*, 1991: www.
members.tripod.com/~Roughian/index-97.html.

l'incarnation même de l'impérialisme britannique, convaincus qu'ils sont de la supériorité naturelle des Anglais, tout comme de la mission qui leur est dévolue, à savoir régner sur la planète. Durant les troubles de 1837-1838, les orangistes anglo-québécois sont les plus fanatiques des supplétifs qui assistent l'armée britannique ; souvent volontaires pour les sales besognes, comme l'incendie de fermes. Leurs partisans du comté de Huntingdon participeront à la bataille d'Odeltown, tandis que ceux du comté d'Argenteuil se chargeront du saccage et de la répression à Saint-Eustache et à Saint-Benoît.

L'Ordre d'Orange atteindra le sommet de sa puissance politique au Canada dans le dernier quart du XIXᵉ siècle. La question du statut des écoles du Manitoba et le *Règlement 17* en Ontario seront le fait des orangistes, qui pourront aussi se féliciter d'avoir été les instigateurs de l'assassinat de Louis Riel, de même que du nettoyage linguistique dans les provinces des Prairies et en Ontario.

En 1885, dans les Territoires du Nord-Ouest, le 10th Royal Grenadiers de Toronto qui, sur un effectif de deux cent cinquante hommes, compte cent quarante-huit orangistes, prend part à la répression des Métis, bien déterminé à venger la mort de Scott, l'héroïque raciste exécuté par ces derniers en 1870. Une autre formation à forte composante orangiste, le Midland Regiment, assiège les Métis à Batoche. John Hughes, qui devait par la suite devenir Grand Maître des loges de l'est de l'Ontario, commande la compagnie de vingt-sept hommes qui engage l'assaut final contre le même village ; comme on l'a vu, plusieurs Métis qui, à court de munitions, se sont déjà rendus sont purement et simplement assassinés. Hughes est décoré de la *General*

Service Medal avec agrafe par le gouvernement canadien pour son action valeureuse à Batoche, contre des vieillards désarmés. Encore aujourd'hui, les loges orangistes sont fières du rôle que leurs membres ont joué dans l'écrasement du peuple métis et dans la mort de Riel. « *A large percentage of the soldiers who put down both Rebellions were Ontario Orangemen.* »

John A. Macdonald, premier ministre du Canada et père de la Confédération, était orangiste, membre de la loge de Kingston, et le demeura toute sa vie. À sa mort en 1891, c'est un autre orangiste, John Abbott, qui le remplacera à la tête du pays. L'activité considérable d'Abbott en faveur des grands et nobles idéaux de son Ordre lui vaudra de devenir *Deputy Grand Master of the Grand Orange Lodge of Quebec*. Le gouvernement du Québec a respectueusement honoré la mémoire de cet orangiste convaincu en donnant son nom à un cégep de Montréal.

Parmi les premiers ministres du Canada, on retrouve deux autres orangistes, Mackenzie Bowell et John G. Diefenbaker. Encore aujourd'hui, les orangistes s'enorgueillissent de leurs contributions marquées par le fanatisme et l'intolérance religieuse à l'édification du Canada anglais.

> *No club, organization or group has produced more leaders in Canada at the federal, provincial and municipal level of government, than has the Orange Association. Orangemen in Canada make no apologies for supporting such a boastful statement. From the local school trustee to the highest position of prime minister, Canadian Orangemen have given leadership and distinguished service in every sphere of Canadian society* [2].

---

2. Dominic Di STASI, *Orangeism. The Canadian Scene. A Brief Historical Sketch*, juillet 1995: **www.orangenet.org/stasi.htm.**

On ne peut que vivement déplorer que les *Minutes du patrimoine* aient complètement ignoré un mouvement qui a joué un rôle aussi important dans l'histoire canadienne !

Au début du XXe siècle, un protestant sur trois au Canada anglais était membre de l'Ordre d'Orange. Ce chiffre fut avancé, en 1905, par le Grand Secrétaire T. S. Sproule, qui deviendra plus tard président de la Chambre des communes. L'Irlande du Nord exceptée, aucun pays du monde ne commémorait alors autant le 12 juillet que le Canada anglais ; en 1937, plus de deux cents loges orangistes ont alors paradé durant plusieurs heures dans les rues de Toronto, qui était considérée, à l'époque, comme le Belfast du Canada. (Au cours du siècle dernier, la plupart de ses maires furent d'ailleurs membres de l'Ordre d'Orange.) Le point de départ du défilé était, comme il se doit, l'Assemblée législative de Queen's Park ! Des parades et des manifestations anticatholiques de grande importance eurent lieu un peu partout au Canada anglais jusqu'au milieu du siècle. Aujourd'hui, elles sont plus modestes, mais il s'en trouve encore dans diverses petites localités du Canada anglais. Et à part l'Irlande du Nord, Terre-Neuve est le seul endroit sur la planète où le 12 juillet est une fête légale [3].

Le fanatisme religieux y étant toujours de rigueur, en 2001, l'adhésion à l'Orange Association of Canada est encore strictement réservée aux protestants. Aucun catholique n'y est admis. Sur le site **www.orange.ca**, on trouve les pages de toutes les Grandes Loges canadiennes, une par province, à l'exception de l'Ontario qui en

---

3. Brian McConnell, *The Canadian Twelfth. An Orange Celebration*: **www.firstlight2.tripod.com/Twelft.htm**.

compte deux, mais peu de renseignements sur les orangistes anglo-québécois. La Provincial Grand Orange Lodge of Quebec a son siège à Kinnears Mills, dans les *Eastern Townships*, et son *Provincial Grand Secretary* s'appelle James Allan. Sur le site de la Provincial Grand Orange Lodge of Ontario West, on apprend qu'elle compte dix-huit loges de comté et quatre-vingt-quinze loges primaires. La Grande Loge ontarienne tire fierté de ses interventions sur la question des écoles séparées et sur toutes celles qui touchent au bilinguisme. L'un de ses objectifs est on ne peut plus noble : « *Our aim has always been to ensure that fairness and equality can be enjoyed by all, with special privileges for none.* » Les Franco-Ontariens peuvent sincèrement témoigner de la volonté des orangistes d'atteindre leurs objectifs de justice et de tolérance…

En Irlande du Nord, l'Ordre d'Orange compte aujourd'hui de quatre-vingt mille à cent mille membres, et il est étroitement associé à l'Ulster Unionist Party. Chaque année, il organise pour le 12 juillet plusieurs milliers de défilés un peu partout en Ulster ; il tire une satisfaction particulière de ceux qui traversent des enclaves catholiques à seule fin de provoquer des incidents violents.

Le nouveau Grand Maître de l'Ordre d'Orange d'Irlande est Robert Salters, de la loge de Belfast, un partisan de la faction extrême de l'Ordre, appelée *Spirit of Drumcree*. Salter a qualifié le premier ministre Tony Blair de renégat parce qu'il a épousé une catholique, l'accusant d'avoir ainsi vendu son droit de naissance ; en fait, selon lui, Blair vendrait son âme au diable lui-même.

Les liens entre les orangistes unionistes et loyalistes d'Irlande du Nord et le mouvement fasciste remontent aux années 1920[4], alors que la British Union of Fascists fondait une section dans le comté de Down, en Irlande du Nord, afin de s'attaquer aux catholiques. Dans les années 1930, des membres d'une organisation fasciste écossaise, Billy Boys, se rendaient régulièrement à Belfast pour participer aux défilés orangistes du 12 juillet et aux émeutes qui les accompagnaient, pour le simple plaisir « de casser du catholique ».

La ville de Portadown, dans le comté d'Armagh, là où l'Ordre d'Orange tente chaque année, le week-end du 12 juillet, de défiler sur Garvaghy Road, est devenue un lieu de ralliement pour diverses associations fascistes britanniques ; déjà en juillet 1999, vingt-cinq partisans du groupe nazi Combat 18 s'y rendaient et, en 2001, ils récidivaient pour prendre part non seulement à la marche orangiste de Portadown, mais aussi à la manifestation de Drumcree. Combat 18, dont le 1 et le 8 correspondent, dans leur ordre alphabétique, aux initiales d'Adolf Hitler, s'est fixé comme mission d'exterminer les Juifs, les Noirs et les catholiques, rien de moins !

Au début des années 1970, l'Ordre d'Orange s'est doté d'un bras armé clandestin, les Orange Volunteers, organisation qui fut pendant un certain temps la seconde en importance des formations paramilitaires protestantes, après l'Ulster Defence Association. On la croyait disparue au cours des années 1980 mais, en 1998, elle réapparaît pour mener une série d'attaques contre des catholiques.

---

4. Les informations sur les liens entre les mouvements fascistes et orangistes sont tirées du communiqué de Anti-Fascist Action – Stockholm, *International News*, 25 février 2001 : **www.hafa-stockholm.antifa.net/nyheter/e01/eN010225.htm#church**.

Sur le site officiel de la Grand Orange Lodge of Ireland[5], on apprend que le Canada est, en quelque sorte, le meilleur exemple, à l'extérieur des îles britanniques, de la façon dont l'orangisme est devenu une façon de vivre. « *Canada is probably the best example outside the British Isles of how Orangeism became part of a way of life.* » Et ceci encore : « *The structure of Government in Canada is said to be based on the Orange Model of Lodge, District, County, and Grand Lodge.* »

---

5. www.grandorange.org.uk/choose.htm.

Un demi-siècle d'infamie, 1867-1918

Aucune des explications fournies n'est suffisante pour effacer le reproche qui pèse lourdement et justement sur Québec. Cette province ne peut espérer adopter et suivre une politique différente de celle adoptée et suivie par le reste du Canada. Les Canadiens français ne peuvent espérer être dans la Confédération et hors de la Confédération. Comme peuple, ils ont été, dans le passé, très jaloux de leurs droits et privilèges, qu'ils détiennent en vertu d'anciennes garanties. Ces droits ne valent-ils pas la peine d'être défendus ? Les habitants de Québec veulent-ils, à l'avenir, jouir de ces droits comme d'un cadeau, conservé par le sacrifice des autres ? Il serait extraordinaire que la carence de Québec en face de son devoir ne lui soit pas reprochée dans l'avenir [1].

Nous sommes en avril 1917. *The Montreal Gazette* pourfend les Canadiens français pour leur peu d'enthousiasme quant à la guerre qui se déroule en Europe. La tiédeur avec laquelle le Québec prête assistance à l'Angleterre menacée sera le prétexte d'une nouvelle crise de francophobie extrême au Canada anglais.

Les Canadiens français voient la Grande Guerre bien autrement que les Anglo-Canadiens, et pour cause. Le sentiment patriotique au Québec est uniquement voué au Canada, et l'on se demande pourquoi aller combattre en Europe dans une guerre qui oppose de grands empires, dont trois sont dirigés par des cousins germains : George V en Angleterre, Nicolas II en Russie et Guillaume II en Allemagne sont tous petits-fils de

---

1. *The Montreal Gazette*, 26 avril 1917 ; cité dans R. RUMILLY, *Histoire de la province de Québec*, t. XXII, p. 57.

la reine Victoria ! Alors qu'une génération de jeunes Anglais est sacrifiée dans les Flandres, même la vieille aristocratie d'origine allemande qui règne sur l'Angleterre depuis des siècles prend conscience de l'indécence de la situation : les Battenberg deviennent les Mountbatten et la famille Saxe-Cobourg-Gotha prend le nom de commerce de Windsor. L'Ontario, en fille aînée de l'Angleterre, suit l'exemple qui vient d'en haut et rebaptise Kitchener sa petite ville de Berlin. Les Canadiens anglais sont restés, eux, d'incorrigibles « impérialistes ».

Ce que la *Gazette* oublie de mentionner, dans son hypocrite plaidoyer, c'est que, depuis sa création cinquante ans plus tôt, cette Confédération a bafoué systématiquement les droits des Canadiens français ; elle a servi à les éteindre partout à l'extérieur du Québec et à confiner la majorité de ces Canadiens français sous la juridiction d'une seule province à l'intérieur du « dominion », lui-même inféodé à la Grande-Bretagne. Mais comme c'est souvent le cas, les Anglo-Canadiens ne veulent voir que les avantages des « libertés britanniques ». Pour eux, les Canadiens français, arriérés qu'ils sont, devraient s'estimer chanceux d'être régis par de si généreux conquérants.

En 1867, au moment de la Confédération, les Anglais sont finalement majoritaires dans l'ensemble du Canada. L'instinct de conservation qui domine maintenant le Canada français contraste avec la volonté de progrès et de liberté des années 1830 et 1840, volonté que les Anglais ont étouffée par les armes avec le soutien de l'Église. Mason Wade note :

> Le développement de cet esprit réactionnaire s'accentua du fait de la violation des garanties des droits et privilèges minoritaires promises par la Confédération. La confiance en l'association nouvellement réalisée des Français et des Anglais fut sapée dès le début et, en deux décennies, les relations entre les deux groupes avaient une fois de plus atteint un état de crise grave [2].

Le cas Riel, que nous venons de voir, est un des moments forts de cette période qui va de la Confédération jusqu'à la fin

---

2. M. WADE, *op. cit.*, t. I, p. 364.

de la Première Guerre mondiale. Mais ce n'est, hélas, pas la seule manifestation de haine francophobe : cette époque est jalonnée d'injustices, de violation de droits, de répressions linguistiques, et se terminera dans le sang des nôtres, en ce jour d'avril 1918, quand des soldats anglais, venus exprès de Toronto à Québec, ouvriront le feu sur une foule de manifestants anticonscription, faisant quatre morts. Ah ! les libertés britanniques valent la peine que l'on combatte pour elles.

La Confédération

Le 1er juillet 1867 est un jour de liesse au Canada. La colonie a enfin réussi à se réorganiser, avec la bénédiction de la Grande-Bretagne qui ne demande pas mieux que de se débarrasser de l'administration de cette colonie encombrante et onéreuse. Des feux d'artifices éclairent le ciel, des coups de canon sont tirés, et on fait la fête autour d'opulents banquets. Ces célébrations seront ressuscitées à la fin du XXe siècle, essentiellement pour faire contrepoids à la Fête nationale du Québec.

Quoi qu'il en soit, le rêve de Sir George Étienne Cartier, de Sir John A. Macdonald et de Sir George Brown est devenu réalité. *La Minerve*, propriété de Cartier, décrit l'acte de naissance du Canada en ces termes :

> Canadiens, rallions-nous autour du nouveau drapeau. Notre Constitution assure la paix et l'harmonie. Tous les droits seront respectés ; toutes les races seront traitées sur le même pied, et tous, Canadiens français, Anglais, Écossais, Irlandais, membres unis de la même famille, nous formerons un État puissant, capable de lutter contre les influences indues de voisins forts.[...] La province de Québec n'a pas le droit de mettre obstacle à la marche des événements et d'arrêter le développement d'une grande idée. Si elle fait cela, ce sera son arrêt de mort[3].

---

3. *La Minerve*, 1er juillet 1867 ; cité dans J. LACOURSIÈRE, *Histoire populaire du Québec, 1841-1896*, p. 191-192.

Quelle funeste prédiction! Ce qu'oublie de mentionner le journal de Cartier, c'est que le drapeau en question est le drapeau de la Grande-Bretagne. Il faudra attendre près de cent ans, soit en 1965, pour que le Canada, une douzaine d'années après le Québec, adopte son propre drapeau national, malgré l'opposition intransigeante d'une bonne partie des Anglo-Canadiens qui y voient une concession intolérable au Québec. Quel étrange pays! Et à l'intention de ceux qui se demandent pourquoi ce drapeau est rouge et blanc, alors que les deux bandes représentent en fait les océans Pacifique et Atlantique, ou pourquoi la feuille est rouge au lieu d'être verte, notons ceci: ces Anglo-Canadiens, dans un dernier sursaut de loyalisme ont exigé que le drapeau soit rouge et blanc, comme celui de l'Angleterre arborant la croix de saint George (à ne pas confondre avec celui de la Grande-Bretagne). De surcroît, dépourvus de symboles nationaux, le Canada anglais se fabrique une identité, en réaction à l'affirmation nationale du Québec, en s'appropriant ses symboles: la feuille d'érable et le *Ô Canada*, faut-il le rappeler, avaient été choisis par la Société Saint-Jean-Baptiste pour servir d'emblèmes aux Canadiens français, fiers de s'affirmer ainsi devant l'impérialisme britannique des *Canadians*, leur *Red Enseign* et leur *God Save the King*.

Dans son énumération, *La Minerve* ne mentionne pas que les Écossais, les Anglais et les Irlandais protestants seront davantage « sur le même pied » que les Canadiens français et les autres peuples *inférieurs* qui habitent le dominion, ces Amérindiens qui seront dépouillés de leurs terres et de leurs droits dans les années qui suivront.

Comme toute minorité coloniale dominante, les Anglais du Québec ont, dans l'Acte de l'Amérique du Nord britannique, un statut privilégié qui les met à l'abri de la majorité francophone. Toute modification touchant les douze comtés où les Anglais sont en majorité doit être approuvée non seulement par une majorité démocratique de l'Assemblée de Québec, mais aussi par la majorité des douze députés présumés anglophones (Pontiac, Ottawa, Argenteuil, Huntingdon, Missisquoi, Brome,

Shefford, Stanstead, Compton, Wolfe & Richmond, Mégantic, Sherbrooke). Évidemment, aucune mesure semblable n'a jamais protégé les circonscriptions électorales francophones ailleurs au pays. Voilà ce qu'il en coûte d'être un peuple vaincu.

Dans ses réflexions de circonstance, le journal de Cartier a eu aussi l'indécence d'évoquer la paix et l'harmonie : le développement du Canada se fera plutôt dans l'acrimonie et la suspicion ! Par la répression systématique contre tout ce qui n'est pas britannique. Le pays que le *Globe* de Toronto voit naître est Blanc, Anglais et protestant.

> Nous saluons la naissance d'une nouvelle nation. Une Amérique anglaise unie, forte de quatre millions d'habitants prend place aujourd'hui parmi les grandes nations du monde[4].

On voit avec quelle facilité ce journal oublie que les Français et les Amérindiens constituent quand même près de quarante pour cent de la population du nouveau pays. Pourtant, dès ses débuts, le dominion se bute aux contradictions de son acte de naissance. Cela commence avec l'éducation.

Les écoles du Nouveau-Brunswick

En 1871, une crise secoue le Nouveau-Brunswick. Le gouvernement décide, en effet, d'abolir son soutien financier aux écoles séparées catholiques auxquels avaient droit les Acadiens. Désormais, les écoles seront toutes laïques et neutres ; tous les enfants seront envoyés dans des écoles publiques anglaises. Cependant, les parents acadiens peuvent, s'ils le veulent, financer eux-mêmes les écoles de leurs enfants, tout en continuant à payer la taxe provinciale à l'éducation. C'est donc dire qu'ils vont payer deux fois !

Il s'agit clairement d'une mesure d'assimilation dirigée contre un tiers des résidents du Nouveau-Brunswick, ceux-là

---

4. *The Globe*, 1ᵉʳ juillet 1867 ; cité dans J. LACOURSIÈRE, *op. cit.*, p. 191.

mêmes dont les ancêtres ont été déportés, spoliés, volés et tués par les Britanniques. Elle a été proposée par le procureur général, George E. King, qui deviendra premier ministre de la province en suscitant le ressentiment contre les Acadiens. Voici comment George Stanley raconte la campagne de King :

> George King, who had become premier in 1872, called an election. « Vote for the Queen against the Pope » was the premier's battle cry. It was a good one, for religious prejudice was widespread enough to give him a good majority. When the electioneering was over and the votes counted, it was found that thirty-four candidate favouring the Common Schools Act had been returned and only five supporters of separate schools. The latter all came from counties with Acadian majorities [5].

Fort d'un mandat qui lui confère trente-quatre sièges contre cinq à la législature, King n'a que faire des droits des Acadiens. Les députés fédéraux francophones du Nouveau-Brunswick demandent au gouvernement d'Ottawa d'intervenir pour désavouer la Loi. Cartier et Macdonald se cachent lâchement derrière la séparation des pouvoirs : comme l'éducation relève du provincial, le fédéral n'intervient pas ! Ils suggèrent néanmoins aux Acadiens de s'adresser aux tribunaux, ce qui deviendra l'expédient habituel des politiciens fédéraux pour légitimer des mesures vexatoires envers les minorités, qu'elles soient amérindiennes ou francophones.

Ceux qui, en guise de protestation, ne paient pas la taxe scolaire sont harcelés ; un curé est même jeté en prison. La situation se détériore jusqu'en janvier 1875, alors qu'une émeute secoue Caraquet, faisant deux morts. La ville est occupée par l'armée, et une vingtaine de personnes sont arrêtées. Les journaux de St-John et de Fredericton promettent que des agissements semblables à ceux de Riel, au Manitoba, ne seront pas tolérés !

Devant cette situation explosive, le gouvernement du Nouveau-Brunswick recule et permet que, dans les régions où « le nombre le justifie », les enfants francophones reçoivent une

---

5. George F. G. STANLEY, *Acadiensis*, vol. II, nº 1 (1972-1973), p. 21-38.

éducation catholique et française. Seule une violente protestation des Acadiens a pu convaincre les anglophones de leur concéder leurs droits légitimes, comme si cela était une faveur ! L'exigence que « le nombre le justifie » sera utilisée partout au Canada pour refuser des services aux francophones, alors que cette question du nombre ne sera jamais évoquée quand il s'agira des droits des Anglo-Québécois...

Mercier en travers de la gorge

Le 14 octobre 1886 est une date historique pour le Québec ; pour la première fois, un premier ministre dont l'objectif est d'en faire l'État national des Canadiens français est porté au pouvoir. Honoré Mercier est un patriote dégoûté de la façon dont le Canada anglais a assassiné Riel, l'année précédente, par pure vengeance. Et il n'a pas pardonné à Chapleau d'avoir alors trahi le Québec. Mercier gagne ses élections à la tête d'un nouveau parti, le Parti national, étrange coalition entre ultramontains et libéraux, entre rouges et castors ; un ancêtre en quelque sorte du Parti québécois. Son ambition est de prendre en main la grosse municipalité qu'est le Québec et d'en faire un véritable gouvernement. De faire rééquilibrer le pouvoir entre Ottawa et les provinces sur la base de la Constitution de 1867, déjà bafouée par les fédéraux. Il convoque donc la première conférence des premiers ministres provinciaux, qui se tient à Québec du 20 au 28 octobre 1887. Cinq provinces y assistent. Seules la Colombie-Britannique et l'Île-du-Prince-Édouard, dirigées par des conservateurs, n'y participent pas. Elles ont fait l'objet de pressions de la part des conservateurs fédéraux de Macdonald.

En plus d'affirmer vigoureusement le principe des droits des provinces, Mercier se lance dans un programme de modernisation du Québec. Pour réaliser ses grands projets, chemins de fer, ponts, développement de l'industrie laitière, modernisation de l'agriculture et de l'éducation, il a besoin d'effectuer des emprunts considérables. Il décide d'ignorer les milieux financiers anglo-montréalais et de s'adresser à l'étranger. Il se rend d'abord à New York, où il n'obtient rien. Il part donc pour Londres, où il est accueilli avec une chaleur feinte par le haut-commissaire du Canada, Charles Tupper. La City refuse de lui prêter le moindre sou. Déçu, il passe à Paris, où il obtient finalement, du Crédit lyonnais, une partie du financement recherché, soit quatre millions de dollars au lieu de dix. Les conditions du marché n'expliquent pas entièrement les difficultés qu'il a rencontrées auprès des financiers étrangers...

> [...] les agents du gouvernement fédéral s'employaient à l'échec de Mercier. Leurs moyens d'action, quasi infaillible en Angleterre, n'étaient pas négligeables en France. « J'ai atteint mon objectif, écrivit un peu plus tard Sir Charles Tupper, Mercier ne peut se procurer d'argent [6]. »

Honoré Mercier est reçu en chef d'État dans la capitale française. À l'Élysée, le président Sadi Carnot le fait commandeur de la Légion d'honneur. Dans ses nombreuses allocutions, le premier ministre se fait le champion d'un rapprochement avec la mère patrie. À Rome, le pape lui confère le titre de Comte palatin.

> Son succès à l'étranger, où il gagnait en popularité et atteignait ses buts commerciaux et diplomatiques, renforça grandement sa position dans le Québec qui se sentit flatté des honneurs rendus à son premier ministre; mais l'activité de Mercier était beaucoup trop française et catholique pour le goût canadien-anglais.

> Les craintes vagues ainsi éveillées furent renforcées par la vigoureuse opposition de Mercier au fédéralisme impérial favorisé par le nouveau gouverneur général, Lord Stanley, et la Imperial Federation League dont le noyau canadien-anglais avait joué un rôle actif dans l'écrasement de la révolte et la persécution des Métis [7].

Le Canada anglais s'indigne de voir un premier ministre du Québec utiliser le mot « national » en parlant de la province et

---

6. R. RUMILLY, *op. cit.*, t. VI, p. 228.
7. M. WADE, *op. cit.*, t. II, p. 462.

agir à l'étranger comme le leader d'un État indépendant. Mais ce sont ses propos anti-impérialistes qui choquent le plus. À Montréal, en 1888, dans un discours à l'hôtel Windsor, Mercier ose dire qu'on ne doit pas sacrifier un jeune Canadien français pour défendre l'Empire britannique :

> On ne peut nous imposer un régime politique qui, par la conscription, pourrait disperser nos fils depuis les glaces du Pôle jusqu'aux sables brûlants du Sahara ; régime odieux qui nous condamnerait à l'impôt forcé du sang et de l'argent, et nous arracherait nos fils pour les jeter dans des guerres lointaines et sanglantes que nous ne pourrions ni empêcher ni arrêter [8].

Pour le Canada anglais imbu de l'esprit colonialiste, Mercier a prononcé là un discours de traître. Il s'attire aussi la colère des orangistes et de la majorité anglophone du pays en nommant le truculent curé Labelle sous-ministre de l'Agriculture et de la Colonisation. C'était la première fois au Canada que l'on confiait à un prêtre une charge publique importante ; le Canada anglais estimait que seuls des ministres du culte protestant pouvaient faire de la politique. Mais c'est le règlement de l'affaire des biens des jésuites qui va faire de lui l'homme à abattre pour les anglophones.

En juin 1888, Mercier annonce avoir réglé ce vieux litige autour des biens que possédaient les jésuites sous le régime français ; après avoir été illégalement confisqués par George III à la Conquête, ils étaient devenus successivement la propriété du gouvernement canadien puis, au moment de la Confédération, de celui du Québec. Depuis leur retour au Canada, en 1842, les jésuites réclamaient compensation pour ces biens. Mercier décide de mettre un point final à la question en leur offrant une somme globale, très inférieure à la valeur de leurs biens, en échange d'une renonciation à toute revendication future. Puis, il distribue une partie de leurs anciens avoirs entre différentes institutions d'enseignement catholiques et protestantes. Comme les évêques de Québec et de Montréal sont

---

8. Cité dans M. WADE, *op. cit.*, t. II, p. 462.

divisés sur la façon de se partager le gâteau, Mercier demande l'arbitrage du pape.

En Ontario, on crie immédiatement à l'agression papiste. Le *Globe*, le *Mail* et *le World* hurlent à la domination française et catholique. Les Anglo-Québécois, dont les écoles ont reçu une part du magot, pour une fois restent relativement neutres, ce qui indigne le *Toronto Mail* :

> Si l'élément protestant et anglais du Québec ne veut pas faire son propre salut, nous devons essayer de le faire dans notre intérêt. Il est assez clair que l'abandon du Québec aux ultramontains et aux jésuites serait la mort de la nationalité canadienne. Mais l'Ontario ne sera pas en sécurité. Notre porte de l'Est a déjà été ouverte par la main perfide du politicien chasseur de votes, et l'invasion française et catholique y passe déjà comme un torrent [9].

Dans son discours du 24 juin 1889, Mercier répond à ces attaques par un appel à l'unité des Québécois :

> Cette province de Québec est catholique et française, et elle restera catholique et française. Tout en protestant de notre respect et de notre amitié pour les représentants des autres races ou d'autres religions, tout en nous déclarant prêts à leur donner leur part légitime en tout et partout, [...] nous déclarons solennellement que nous ne renoncerons jamais aux droits qui nous sont garantis par les traités, par la loi et la constitution. [...] Nous ne sommes pas aussi forts que nous devrions l'être parce que nous sommes divisés. Et nous sommes divisés parce que nous ne comprenons pas les dangers de la situation. Nos ennemis sont unis dans leur haine de la Patrie française ; et nous, nous sommes divisés dans notre amour de cette chère patrie. [...] Que votre cri de ralliement soit à l'avenir ces mots qui seront notre force : Cessons nos luttes fratricides et unissons-nous [10].

Les orangistes sont sur le pied de guerre. Le député conservateur William O'Brien présente au Parlement fédéral une résolution demandant le désaveu de la loi sur les biens des jésuites ; il termine son allocution en déclarant : « Notre pays doit

---

9. Cité dans J. Lacoursière et C. Bouchard, *op. cit.*, p. 686.
10. Cité dans *ibid.*, p. 688.

être anglais et rien qu'anglais.» La motion est battue par cent dix-huit voix contre treize. Pour l'Ontario orangiste, ces députés deviennent « *The noble thirteen*». Le *Globe* va même jusqu'à frapper une médaille commémorative pour les honorer et, encore aujourd'hui, une loge orangiste de Niagara Falls porte en leur mémoire le nom de Loyal Orange Lodge Noble Thirteen. Le Canada anglais est fier de ses traditions antifrançaises et anticatholiques.

Malgré leur défaite aux Communes, les fanatiques ontariens portent leur campagne antifrançaise sur la place publique. Le 22 avril 1888, à Toronto, le député conservateur D'Alton McCarthy, Grand Maître des Loges d'Orange d'Ontario Ouest, un odieux raciste demande un référendum sur la question des biens des jésuites. Le 12 juin, il fonde *The Equal Rights Association*, dont la première tâche est de faire circuler une pétition qui recueille, en Ontario, cent cinquante-six mille signatures et plus de neuf mille chez les Anglo-Québécois. D'Alton McCarthy s'est fixé pour mission non seulement d'abolir l'usage du français au Canada, mais, s'il le faut, d'éliminer physiquement les Canadiens français du pays. C'est une façon comme une autre de promouvoir l'égalité.

> Il s'agit de savoir si c'est la reine ou le pape qui règne sur le Canada. Il s'agit de savoir si ce pays sera anglais ou français. [...] Nous sommes ici en pays britannique et plus nous nous hâterons d'angliciser les Canadiens français, de leur enseigner à parler l'anglais, moins nous aurons d'ennuis à surmonter dans l'avenir. C'est maintenant que le scrutin doit apporter une solution à ce grave problème; s'il n'apporte pas le remède en cette génération, la génération suivante devra avoir recours à la baïonnette[11].

En Ontario, on est en pleine paranoïa antifrançaise, encouragée notamment par le townshipper Robert Sellar, rédacteur en chef du *Huntingdon Gleaner*, qui, dans la correspondance qu'il envoie au *Mail* sous un pseudonyme, dénonce notamment

---

11. *Ibid.*, p. 686.

la pénétration rapide des Canadiens français dans les Cantons de l'Est. À cette menace, les orangistes ontariens ajoutent la domination française du nord et de l'est de l'Ontario. La création récente de l'Université d'Ottawa par les oblats est une autre preuve que la *French Domination* avance partout au Canada. Mercier, évidemment au centre de cette conspiration, devenait l'ennemi public numéro un.

> Ainsi fut déclenchée une croisade contre Mercier et la province de Québec ; les loges manifestèrent, des pasteurs prêchèrent la guerre sainte dans leurs temples. On s'étonne même de ce fanatisme à froid ; car si la fureur ontarienne avait un semblant de motif dans l'affaire Riel, rébellion, exécution de Scott, il n'en était plus de même dans cette affaire intérieure de la province de Québec, ne lésant personne [12].

L'Anglo-Québécois Robert Sellar et ses amis townshippers profitent de la situation pour demander le soutien des orangistes ontariens afin de séparer les Cantons de l'Est du reste du Québec. Ils veulent empêcher la création de paroisses et la collecte de la dîme dans les Cantons de l'Est, et restreindre l'application du Code civil aux régions du Québec habitées par les francophones. Le *Globe* accuse Mercier de vouloir détruire la minorité anglaise du Québec.

Durant l'été 1891, des rumeurs de corruption commencent à se répandre à son sujet. Les conservateurs fédéraux entreprennent une campagne de « salissage » en vue de le détruire. Plusieurs journaux affirment que le parti de Mercier a reçu de l'argent lors d'une transaction concernant le chemin de fer de la Baie des Chaleurs. Mercier n'est pas au courant et n'est en rien impliqué dans l'affaire. Mais pour le Canada anglais, c'est l'occasion de régler ses comptes avec le leader des Canadiens français.

Un entrepreneur qui avait obtenu le contrat de la construction du chemin de fer de la baie des Chaleurs, en Gaspésie, a versé en ristourne au trésorier du Parti national, Ernest

---

12. R. Rumilly, *op. cit.*, t. VI, p. 74.

Pacaud, une partie des subventions qu'il avait reçues. L'histoire est à peine connue que le *Globe* demande rien de moins que la démission du premier ministre du Québec. Le 15 septembre, Mercier explique que le tout s'est passé à son insu alors qu'il était à l'étranger, qu'il désapprouve évidemment la conduite de Pacaud qui avait utilisé une partie des 100 000 dollars qu'il avait perçus « aux dépôts nécessaires à des contestations électorales ».

Une commission d'enquête provinciale est instituée. Sans en attendre le résultat, le lieutenant-gouverneur du Québec, Réal-Auguste Angers, un conservateur nommé par Ottawa, relève Mercier de son poste, nomme comme premier ministre intérimaire le conservateur Charles de Boucherville et ordonne une nouvelle élection. La campagne électorale est une véritable débauche d'allégations contre Mercier, bien que, dans un rapport préliminaire, la commission affirme qu'il n'y a aucune preuve que Mercier connaissait l'existence de la combine. Le Parti national est battu à plate couture, mais Mercier est réélu dans son comté. Le lendemain, le *Montreal Star* écrit : « Le nom historique de Québec ne sera plus synonyme de corruption. »

Ce n'est qu'après l'élection que la commission d'enquête rend son verdict : Mercier n'est en rien coupable. Mais sa défaite ne contente pas ses ennemis. Les conservateurs provinciaux et fédéraux continuent de le poursuivre en justice tant pour l'ancienne affaire de corruption que pour de nouvelles. Mercier est ruiné, et sa santé est très affectée. Il meurt du diabète à l'âge de cinquante-quatre ans, le 30 octobre 1894, à l'hôpital Notre-Dame de Montréal. Ses obsèques rassembleront soixante-dix mille fidèles.

Le 4 avril 1893, il avait prononcé, à Montréal, un discours aussi magnifique que prémonitoire :

> Quand je dis que nous ne devons rien à l'Angleterre, je parle au point de vue politique car je suis convaincu, et je mourrai avec cette conviction, que l'union du Haut et du Bas Canada ainsi que la Confédération nous ont été imposées dans un but hostile à

l'élément français et avec l'espérance de le faire disparaître dans un avenir plus ou moins éloigné.

J'ai voulu [...] vous démontrer ce que pouvait être notre patrie. J'ai fait mon possible pour vous ouvrir de nouveaux horizons et, en vous les faisant entrevoir, pousser vos cœurs vers la réalisation de nos destinés nationales. Vous avez la dépendance coloniale, je vous offre l'indépendance ; vous avez la gêne et la misère, je vous offre la fortune et la prospérité ; vous n'êtes qu'une colonie ignorée du monde entier, je vous offre de devenir un grand peuple, respecté et reconnu parmi les nations libres.

Hommes, femmes et enfants, à vous de choisir ; vous pouvez rester esclaves dans l'état de colonie, ou devenir indépendant et libres, au milieu des autres peuples qui, de leurs voix toutes-puissantes vous convient au banquet des nations [13].

Les milieux financiers anglo-montréalais allaient prendre des mesures pour que le financement du gouvernement du Québec reste dorénavant sous leur contrôle. Même au sommet de sa gloire, on l'a vu, Mercier n'avait pas réussi à échapper complètement à leur emprise. Sir Donald Smith, député fédéral de Montréal-Ouest, président de la Banque de Montréal et administrateur du Canadien Pacifique, y avait vu. Le successeur de Mercier accepta d'assujettir les finances publiques du Québec à la clique mercantile anglo-saxonne :

Mais les grosses firmes de la rue Saint-Jacques craignaient toujours quelque incartade du premier ministre nationaliste. On fit comprendre à de Boucherville que le trésorier provincial devait être un député anglo-canadien et montréalais. John Smythe Hall fut agréé sinon désigné par la Banque de Montréal [14].

Pendant plus de soixante-dix ans, jusque dans les années 1960, les ministres des Finances du Québec seront d'office des Anglo-Québécois qui imposeront l'anglais comme langue de travail dans le ministère. C'est Jacques Parizeau qui mettra fin au contrôle exercé sur les finances publiques du Québec par la

---

13. Discours présenté au parc Sohmer, le 4 avril 1893, collection numérique, BNQ.
14. R. Rumilly, *op. cit.*, t. VI, p. 264.

caste d'affairistes anglo-montréalais, représentée par le groupe Ames-Banque de Montréal.

Les écoles du Manitoba, 1890

Ayant échoué à faire désavouer le décret sur les biens des jésuites, D'Alton McCarthy présentera aux Communes, en février 1890, un projet de loi abolissant l'usage du français à la législature et dans les tribunaux des Territoires du Nord-Ouest et du Manitoba, conclusion logique d'un long travail de sape. Comme nous l'avons vu précédemment, le processus menant à l'abolition des droits des francophones du Manitoba s'est enclenché dès le début de l'existence de cette province.

Le 22 novembre 1885, soit six jours après la pendaison de Riel, McCarthy, qui était alors le bras droit de Macdonald au Manitoba, avait proposé à son tour, dans un discours outrageux envers les francophones, de refaire la bataille des plaines d'Abraham! Un thème récurrent au Canada anglais jusqu'à nos jours... McCarthy ne cache pas le caractère raciste de sa haine des Canadiens français:

> *It is not religion which is the centre of this affair but a racial sentiment. Don't we see today that the* Canadiens *are more French today than at the time of the victory of Wolfe at the Plains of Abraham? Do they melt with us or assimilate? No, they do everything as Frenchmen; I say that they are the real menace to the Confederation* [15].

Les Canadiens français trichent! Ils ont été vaincus sur les plaines d'Abraham! Ils n'ont plus le droit d'exister. Ils doivent disparaître, devenir Anglais.

En août 1889, au cours d'un rassemblement politique à Portage-la-Prairie, McCarthy exige l'abolition des écoles françaises; sur la même tribune se trouve le ministre de la Justice manitobain, Joseph Martin (prononcez à l'anglaise), qui

---

15. Cité dans Elisabeth ARMSTRONG, *Le Québec et la crise de la conscription, 1917-1918*, Montréal, VLB éditeur, 1998, p. 126.

promet du même souffle à la foule en délire de soumettre
la question à la prochaine session de son Parlement. Cela
mènera, d'abord, au retrait du français dans les documents
gouvernementaux et, ensuite, à l'abolition des écoles séparées.
C'est ce même Parlement manitobain qui, ayant aboli les droits
linguistiques de sa minorité francophone, réclamera haut et
fort des garanties constitutionnelles pour les minorités anglophones, lors de l'accord du Lac Meech en 1987. Poursuivant la
mission qu'il s'est donnée, à savoir faire disparaître toute trace
de français dans l'Ouest du pays, McCarthy va obtenir du Parlement fédéral qu'il n'intervienne pas dans les choix linguistiques des législatures des Territoires du Nord-Ouest, aujour-
d'hui l'Alberta et la Saskatchewan. Ottawa abandonnera donc
les francophones entre les mains des orangistes du coin.

John A. Macdonald avait longtemps vu en McCarthy son
successeur à la tête du Parti conservateur ; il ne s'en distança que
parce que, au Québec, la francophobie trop exubérante de son
protégé nuisait au Parti. Par ailleurs, l'agitation antifrançaise de
McCarthy était telle qu'il réussit à faire passer les conservateurs
fédéraux, aux yeux de beaucoup de *Canadians*, pour des agents
de la domination française, contribuant ainsi à leur défaite aux
élections de 1896. Pour sa part, il fut réélu sans difficulté dans sa
circonscription de Simcoe-Nord. Sa lutte acharnée pour faire du
Canada un pays unilingue anglais lui valut la considération et le
respect de ses électeurs ontariens, qui l'élirent sans interruption
de 1878 jusqu'à sa mort, en 1898. Il est impardonnable qu'on
n'ait pas consacré une *Minute du Patrimoine* à un homme qui
s'est dévoué corps et âme pour faire du Canada le pays qu'il est !

L'assassinat légal de Riel, l'affaire des écoles du Manitoba,
le traitement infligé à Mercier par le Canada anglais amenèrent
beaucoup de jeunes Québécois à vomir le Canada en tant
qu'incarnation morbide de l'impérialisme britannique et à réclamer la création d'un État national indépendant pour les Canadiens français.

Le journaliste ultramontain d'origine américaine Jules-Paul
Tardivel avait été le premier, dès 1885, à prôner l'indépendance

du Québec. L'affaire des écoles du Manitoba fut l'occasion pour lui de reprendre le flambeau. Son article du 16 septembre 1893 résume la pensée de plusieurs jeunes intellectuels francophones de l'époque, tous horizons idéologiques confondus.

> Nous sommes de ceux, plus nombreux qu'on ne pense, qui « n'acceptent » pas la Confédération, mais la « subissent » seulement, en attendant des jours meilleurs : qui se refusent à voir dans le régime actuel la dernière phase des destinées politiques du Canada français ; qui espèrent que la Providence nous arrachera un jour à l'anéantissement national vers lequel nous tendons depuis 1840.

> « Accepter » et « conserver » la Confédération, voilà la politique du Parti conservateur ; « subir » la Confédération en attendant que le Canada français puisse retrouver son autonomie d'avant l'Union, voilà l'aspiration de l'élément « national », qu'il ne faut pas confondre avec l'élément « libéral ».

> [...]

> Les vrais Nationaux n'ont rien de commun avec les libéraux annexionnistes, et ils ne peuvent pas non plus suivre les conservateurs. Ils voient, d'un côté, les périls de l'annexion, de l'autre, la destruction plus lente, plus savante de notre nationalité sous le régime de la Confédération [16].

Tardivel proposait le développement d'un Canada français quasi autonome, en bons rapports avec le Canada anglais, et relié à l'Angleterre par un faible lien d'allégeance. Presque le programme du Parti québécois !

Un autre journaliste, un Rouge cette fois, un ami de Mercier, mena à la même époque une campagne contre les symboles de l'impérialisme britannique qui défiguraient Montréal. Marc Sauvalle tonna qu'il était honteux de tolérer une statue de Nelson sur la place Jacques-Cartier. Trois étudiants en droit âgés de dix-huit ans, dont le fils d'Honoré Mercier, le prirent au mot et décidèrent de faire sauter le premier monument au monde érigé à la gloire de l'amiral dans le but évident d'humilier les Canadiens français. Dénoncés par un complice, le fils de Mercier et ses amis furent arrêtés en possession de dynamite.

---

16. Cité dans R. RUMILLY, *op. cit.*, t. VII, p. 133.

Le « compromis » Laurier-Greenway

Quand Wilfrid Laurier prend le pouvoir, le 23 juin 1896, à la tête des libéraux, un courant d'optimisme traverse les minorités francophones. Laurier a promis de régler la question des écoles au Manitoba. Au Parlement, où il se distingue comme l'un des meilleurs orateurs de langue anglaise au pays, on l'appelle « *silver tongue* ». Mais Laurier, comme tous les libéraux canadiens depuis, est un adepte de la *realpolitik*. Le 7 novembre 1897, il conclut une entente avec le premier ministre du Manitoba, Thomas Greenway, qui résout la question linguistique dans cette province… au détriment des francophones.

Le « compromis » a pour effet d'officialiser les écoles publiques dont Joseph Martin fait la promotion. Désormais, on consacrera une demi-heure par jour à l'enseignement religieux, ce qui a pour effet d'annuler les dispositions de l'article 22 de la loi manitobaine qui garantit les droits à l'enseignement catholique en français. Le français est condamné à la marginalisation.

Quand, en 1905, l'Alberta et la Saskatchewan entrent dans la Confédération, Laurier laisse de nouveau tomber les francophones. C'est sur cette question que le jeune député libéral fédéral, Henri Bourassa, petit-fils de Louis Joseph Papineau, quitte le gouvernement de Laurier. Est-il utile de mentionner que Laurier jouit actuellement, au Canada anglais, du statut de héros canadien : un homme de compromis ! Nous verrons plus tard quel sort lui réservent ses maîtres quand il ne leur obéit pas.

La guerre des Boers

La guerre des Boers qui éclate en 1899 en Afrique du Sud montre encore une fois que deux peuples, deux nations différentes habitent le Canada. Ce sera une nouvelle occasion pour le Canada anglais de manifester son mépris à l'endroit des Canadiens français, encore et toujours présentés comme des êtres ignorants, arriérés et déloyaux.

Dès le mois de mars 1899, Londres demande à Ottawa de soutenir son intervention en Afrique australe. À Toronto, la ferveur britannique est à son paroxysme. Le 21 décembre 1899, le premier ministre de l'Ontario, George Ross, prononce un important discours, pathétique à force d'outrance impérialiste :

> Non seulement nous devons envoyer un ou deux contingents de troupes au Transvaal, mais nous devons dire à la Grande-Bretagne que tout notre argent, tous nos hommes sont à la disposition de l'Empire. Il ne convient pas d'épiloguer sur la procédure à suivre au Parlement lorsque les intérêts britanniques sont en jeu. Mais nous devons répondre à l'appel qui a été fait dans tout l'Empire et montrer que, dans ce boulevard de l'Ouest où nous sommes, il y a des gens prêts à supporter la Grande-Bretagne, comme d'autres l'ont fait jadis à Waterloo [17].

L'impérialisme du Canada anglais, relayé par son porte-parole Laurier, va jusqu'au masochisme. C'est ainsi, par exemple, que le Canada accorde une forte préférence tarifaire aux marchandises qui proviennent de Grande-Bretagne, sans exiger aucune contrepartie de la part de Londres.

Au Québec, on s'oppose à la participation canadienne, car on estime que les nôtres n'ont pas à verser leur sang pour aider les Anglais à opprimer les Boers. Au jeune député Henri Bourassa qui lui demande s'il a l'intention de tenir compte de l'opinion du Québec quant à l'éventuelle participation du Canada à cette guerre, Laurier répond avec le dédain habituel des Québécois au service d'Ottawa : « Mon cher Henri, la province de Québec n'a pas d'opinion ; elle n'a que des sentiments. »

Sous la pression du Canada anglais, plus impérialiste que la reine Victoria, Laurier consent à envoyer un corps expéditionnaire au Transvaal. À Montréal, les anglophones soutiennent de tout cœur la Grande-Bretagne, tandis que les francophones ne cachent pas leur admiration pour les Boers, un petit peuple de paysans courageux qui se bat pour son indépendance contre la puissante armée britannique.

---

17. Cité dans J. LACOUSIÈRE et C. BOUCHARD, *op. cit.*, p. 720.

Quand la nouvelle arrive à Montréal, le 1ᵉʳ mars 1900, que la garnison britannique de Ladysmith, encerclée depuis trois mois, a été dégagée, les Anglo-Montréalais sont en liesse. Fanfarons, des étudiants de McGill, *Union Jack* en tête, auxquels se joignent bientôt d'autres Anglais, décident d'aller montrer aux Canadiens français qui sont les maîtres dans cette ville. Ils forcent les journalistes de *La Patrie*, rue Sainte-Catherine, à hisser l'*Union Jack* sur l'édifice. Ils se dirigent ensuite vers *La Presse* et l'Hôtel de ville pour tenter d'y faire de même. Ils interceptent des tramways et les font dérailler. Quand ils commencent à battre des Canadiens français, les bagarres éclatent. Rue Saint-Denis, les Anglo-Montréalais s'attaquent au bâtiment de l'Université Laval à Montréal, qu'ils vandalisent avant de hisser leur drapeau sur le toit. Lorsqu'un étudiant francophone a le courage d'aller l'enlever, les Anglais reprennent le saccage de l'Université en hurlant des injures racistes contre les Canadiens français.

Les ratonnades antifrançaises reprendront en soirée; des émeutiers parcourent la ville, armés de gourdins et de barres de fer; ils tentent d'envahir encore une fois l'Université Laval, mais des étudiants et des ouvriers francophones accourus des quartiers environnants les repoussent, alors que sévit une terrible tempête de neige. Les bagarres font de nombreux blessés. *La Presse* titrera « La guerre à Montréal ». Le lendemain 2 mars, les étudiants francophones contre-attaquent; ils défilent dans la ville derrière le drapeau tricolore. Un drapeau anglais est piétiné, place Victoria. Les manifestants se rendent ensuite devant le monument à Chénier, rue Berri, et y entonnent *La Marseillaise*. Vers minuit, alors qu'ils se dispersent, ils sont attaqués par des Anglais; des coups de revolvers sont tirés, des coups de couteaux, échangés, faisant quelques blessés. À Québec aussi, des bagarres opposent des étudiants canadiens-français à des Anglais et à des Écossais. Les troubles vont durer deux jours.

Toujours serviteur empressé de la majorité anglaise, Laurier (lui-même un ancien de McGill) envoie un télégramme à l'archevêque de Montréal.

> Permettez-moi de suggérer que les autorités de Laval fassent des
> excuses pour les actes de violence commis. [...] On dit ici que les
> étudiants ont abattu le drapeau britannique. Si c'est vrai, c'est une
> raison de plus pour agir promptement [18].

Quand Mgr Bruchési lui explique que ce sont les Anglais qui ont
provoqué les troubles, Laurier lui répond : « Heureux d'apprendre
que les étudiants de Laval ne sont pas responsables. Mon information était basée sur un rapport de la *Gazette de Montréal* de ce matin [19]. » La *Montreal Gazette*! On peut toujours compter sur elle
pour une information précise, dépouillée de toute partialité.

Durant la campagne électorale de 1900, les conservateurs
jouent à fond les préjugés raciaux de la majorité anglaise. Le
Québec est accusé de manquer de loyauté à la couronne britannique. Le *Toronto News* rage :

> Tandis que les Canadiens d'origine anglaise, d'un océan à l'autre,
> sont remplis d'enthousiasme, la province de Québec se met dans
> le chemin, et les représentants de ce peuple, auquel la mère patrie
> a accordé des privilèges et des concessions spéciales, nous cou-
> vrent de honte devant le monde entier.
>
> [...] Jamais le cœur canadien n'a battu si fortement à l'unisson du
> cœur anglais ; mais les palpitations de ce cœur sont comprimées
> par l'apathie canadienne-française ; c'est la main du Québec qui
> arrête ces palpitations. [...] Un désastre pour les armes anglaises
> en Afrique encouragerait deux millions de Canadiens français à
> suivre l'exemple des Boers [20].

Et dans un autre éditorial, le même journal y va de menaces affirmant que les Canadiens anglais trouveront bien le moyen de
« s'émanciper de la domination d'un peuple inférieur qui [a]
obtenu l'autorité dans le dominion grâce à des circonstances
particulières [21] ».

L'attitude de la presse anglophone choque le gouverneur
général, Lord Minto, qui écrit en Angleterre :

---

18. Cité dans R. RUMILLY, *op. cit.*, t. IX, p. 178.
19. *Ibid.*, p. 179.
20. Cité dans R. RUMILLY, *op. cit.*, t. IX, p. 123.
21. Cité dans M. WADE, *op. cit.*, t. II, p. 529.

Les articles des principaux journaux de l'opposition en Ontario ont été odieusement malveillants, ne visant qu'à susciter de la haine à l'égard du Canada français. C'est parfaitement monstrueux... Je crois moi-même que les Canadiens français sont très calomniés au sujet de leur déloyauté. Le Canada français ne veut pas être mêlé aux guerres impériales, et il est tiède à cet égard, mais, dans la métropole, vous n'appelez pas déloyal un homme qui désapprouve la guerre. Ici, s'il n'est que tiède et Canadien français, il faut qu'il soit un rebelle [22]!

La majorité de Laurier au Québec lui permettait de se maintenir au pouvoir au Canada. Durant la campagne électorale, Henri Bourassa, maintenant candidat indépendant, prononce à Montréal, le 20 octobre 1901, un discours dans lequel il fait le procès de l'impérialisme britannique et définit ce que devraient être les relations entre les deux nations qui constituent le Canada:

L'impérialisme anglais est un régime d'accaparement et de domination militaire, né de l'expression exagérée de la puissance anglaise et nourri de cet orgueil stupide, brutal et vantard qu'on nomme jingoïsme. Il s'exprime volontiers par des formules ronflantes: *Britannia rules the waves*; *Britons shall never be slaves*; *Trade follow the flag*; *What we have, we hold*, etc. À ce dernier axiome, le premier ministre d'Ontario a ajouté: *and what we don't have, we take*, et le bon sens public commence à surajouter: [...] *when we can.* [...] En un mot, le véritable impérialisme anglais, c'est la contribution des colonies aux guerres de l'Angleterre, en hommes et en deniers, en hommes surtout.

[...]

Le seul terrain sur lequel il soit possible de placer la solution de nos problèmes nationaux, c'est celui du respect mutuel à nos sympathies de races et du devoir exclusif à la patrie commune. Il n'y a ici ni maîtres, ni valets, ni vainqueurs, ni vaincus; il y a deux alliés dont l'association s'est conclue sur des bases équitables et bien définies. Nous ne demandons pas à nos voisins d'origine anglaise de nous aider à opérer un rapprochement politique vers la France. Ils n'ont pas le droit de se servir de la force brutale du nombre pour

---

22. *Ibid.*, p. 529.

enfreindre les termes de l'alliance et nous faire assumer vis-à-vis de l'Angleterre des obligations nouvelles, fussent-elles toutes volontaires et spontanées[23].

Aux élections de novembre 1900, Laurier et le Parti libéral sont reportés au pouvoir grâce à une forte majorité de sièges au Québec. Le *Toronto News* en trépigne d'indignation :

> C'est une situation intolérable pour des Canadiens anglais que de vivre sous la domination française… Il est infiniment déplorable que le Gouvernement demeure au pouvoir grâce au vote massif d'une section du peuple canadien parlant une langue étrangère et défendant un idéal étranger à la race dominante de ce pays[24].

L'impérialisme forcené des Anglo-Canadiens du début du XXᵉ siècle est d'autant plus étrange qu'ils sont déjà un peuple complètement américanisé. Henri Bourassa, dans *Le Devoir*, leur reprochera un jour d'être de piètres Anglais, tout impérialistes qu'ils soient : « [...] par la langue, par la prononciation nasillarde, par l'argot familier, par le costume, par les habitudes de tous les jours, par la littérature yankee qui inonde vos foyers et vos clubs, par votre journalisme jaune, par les formules vantardes et solennelles, par le patriotisme tapageur et intolérant, par le culte de l'or, du clinquant et des titres. »

Le *Règlement 17* en Ontario et la fin du français au Keewatin

La question de la langue dans les écoles de l'Ouest refait surface en 1912 lorsque le Keewatin, qui fait partie des Territoires du Nord-Ouest, est annexé au Manitoba. Deux députés francophones proposent un amendement à la loi d'annexion qui garantit les droits de la minorité. La Chambre des communes rejette cet amendement par cent soixante voix contre vingt-quatre. Cette nouvelle affaire des écoles de l'Ouest donne

---

23. *Ibid.*, p. 729-730.
24. *The Toronto News*, 8 novembre 1900 ; cité dans R. RUMILLY, *op. cit.*, t. IX, p. 261.

l'occasion à Henri Bourassa de lancer encore un appel à la bonne entente, lors d'un discours à Montréal, le 9 mars de la même année :

> Si la Constitution canadienne doit être maintenue, l'attitude étroite à l'égard des minorités, qui se manifeste de plus en plus dans les provinces anglaises, doit disparaître, et nous devons retourner à l'esprit originel de l'alliance. Nous ne sommes Britanniques ni par le sang ni par la langue, mais nous le sommes par raison et par tradition. Nous ne sommes pas des chiens couchants, nous ne sommes pas des valets. Nous méritons mieux que de nous faire dire : Demeurez au Québec. Continuez d'y croupir dans l'ignorance, vous y êtes chez vous ; mais ailleurs, vous devez vous angliciser [25].

Charles Hazlitt Cahan, un des dirigeants du Parti conservateur fédéral qui est aussi un avocat montréalais réputé, se trouve dans la salle. À l'invitation de Bourassa, il s'adresse à l'assistance :

> Vous, peuple du Québec, vous vous contentez de venir entendre de beaux discours et vous retournez dans vos foyers sans plus rien faire, disposés souvent à démentir par vos actes les paroles que vous avez applaudies avec frénésie. [...] Si vous ne parvenez pas à vous faire respecter, ne vous en prenez qu'à vous-mêmes et à vos chefs, en qui vous ne pouvez avoir foi quand il s'agit de vos intérêts nationaux [26].

Après le Keewatin, ce fut au tour de l'Ontario à se lancer dans une opération de nettoyage linguistique dans les écoles. Depuis un certain temps, on l'a vu, les loges orangistes s'inquiétaient de la vigueur des communautés francophones du nord et de l'est de l'Ontario, qui menaçaient, selon leur vision paranoïaque, de devenir des prolongements du Québec. Cette vitalité amenait aussi les Irlandais catholiques à craindre de perdre leur prépondérance dans certaines de leurs paroisses. Ils avaient donc développé une vive animosité envers leurs coreligionnaires francophones. La majorité des diocèses ontariens

---

25. Cité dans J. Lacoursière et C. Bouchard, *op. cit.*, p. 798.
26. *Ibid.*, p. 798-799.

étaient gouvernés par des évêques irlandais qui ne se montraient guère favorables aux fidèles de langue française. Majoritaires dans plusieurs paroisses, ceux-ci réclamaient en effet des prêtres bilingues.

> Orangistes et Irlandais poursuivaient un même but : écraser les Franco-Ontariens, les orangistes parce qu'ils étaient catholiques, les Irlandais parce qu'ils parlaient français. On assista ainsi au spectacle extraordinaire de voir ces deux groupes irréconciliables s'unir pour arriver à leurs fins. On ne pouvait songer à forcer les adultes à oublier leur langue, mais on pouvait empêcher les enfants de l'apprendre. C'est donc sur le front scolaire que l'on décida d'engager la bataille [27].

La législation ontarienne reconnaissait deux types d'écoles : les écoles publiques, officiellement de langue anglaise et neutres, et les écoles séparées ou catholiques, dont l'existence était garantie par la Constitution canadienne. Avec le *Règlement 17*, les Franco-Ontariens ne pourraient consacrer qu'une heure par jour au niveau primaire à l'apprentissage de leur langue. Les écoles bilingues et catholiques étaient placées sous le contrôle d'inspecteurs anglais et protestants. De plus, le *Règlement* était ainsi rédigé qu'à l'avenir, le français ne pourrait plus être enseigné dans aucune nouvelle école : un moratoire sur la progression du français dans les institutions scolaires de l'Ontario, où l'on comptait alors plus de deux cent mille francophones sur une population totale de deux millions et demi d'habitants.

Au primaire, les parents catholiques francophones étaient exemptés de taxes supplémentaires si leurs enfants fréquentaient des écoles françaises qu'ils payaient de leurs impôts. Au secondaire, le gouvernement ontarien ne permettait pas cette dérogation. Si bien que, si ces parents voulaient envoyer leurs enfants à l'école française, ils devaient payer deux fois. Pour un enfant issu d'une famille à faible revenu, cela signifiait soit

---

27. Gérard FILTEAU, *Le Québec, le Canada et la guerre 1914-1918*, Montréal, Éditions de l'Aurore, 1977, p. 21.

l'abandon des études, soit l'assimilation. La minorité francophone ontarienne se rebiffe :

> Les écoles bilingues furent fermées en guise de protestation contre le Règlement, des grèves d'enfants furent organisées et le Conseil des écoles séparées bilingues défia le ministère de l'Éducation. Résultat : les autorités provinciales cessèrent de subventionner les écoles bilingues, et les commissaires d'écoles canadiens-français furent mis à l'amende et envoyés en prison [28].

Des parents sont aussi jetés en prison. Leurs droits sont bafoués. Les Franco-Ontariens, considérant qu'ils sont traités comme des citoyens de second rang, vont contester le *Règlement* jusqu'au Conseil privé d'Angleterre, qui donnera raison au gouvernement ontarien. Le *Règlement 17* entrera donc en vigueur en 1915. Ce n'est qu'en 1927 que la détermination des Franco-Ontariens portera fruit et que le gouvernement décidera finalement de l'abroger. Mais encore aujourd'hui, les Franco-Ontariens continuent à être méprisés ; on n'a qu'à penser à l'histoire de l'hôpital Montfort ou encore au statut unilingue anglais de la nouvelle ville d'Ottawa, capitale d'un pays soi-disant bilingue.

Montréal : la corruption et l'apartheid des *Uitlanders*

Alors qu'à la veille de la Grande Guerre, les francophones constituent 60 % de la population de Montréal, il est encore de coutume d'y élire des maires alternativement français et anglais, illustration s'il en est une d'une situation coloniale. Henri Bourassa estimait qu'il fallait désormais élire le meilleur candidat, quelle que soit sa langue. C'est dans cet esprit que, en 1910, par souci de réformer les affaires municipales, *Le Devoir* avait soutenu le candidat anglais, qui fut d'ailleurs élu.

> Or, les Français perdaient leurs illusions au sujet du fair-play anglais. En effet, les Anglais revendiquaient toujours leur droit

---

28. *Dictionnaire biographique du Canada*, vol. XX, p. 791.

quand c'était leur tour et, quand ce ne l'était pas, le meilleur candidat semblait toujours être un Anglais[29].

En fait, pour la *Montreal Gazette* et le *Montreal Star*, il n'y avait qu'une exception à la règle voulant que l'Anglais soit toujours le meilleur candidat à la mairie... Selon l'historien américain Mason Wade, leur complaisance à l'endroit de la corruption les amenait même « à appuyer plutôt un candidat français corrompu par les milieux d'affaires anglophones qu'un candidat anglais honnête[30] ». Intimement associés à la clique mercantile anglo-saxonne, les deux journaux seront toujours d'une discrétion absolue sur la corruption politique pratiquée par les grandes entreprises anglaises auprès des politiciens municipaux. Il ne fallait pas nuire au business!

L'attitude suprémaciste des Anglais de Montréal amena Bourassa à publier, en 1914, une brochure intitulée *French and English Frictions and Misunderstandings*; il y constatait, notamment, que les majorités françaises et catholiques ne répugnaient pas à élire des Anglais protestants pour les représenter, alors que le contraire n'était jamais vrai. Il reprochait aux Anglais de « vivre dans cette ville et province comme des Blancs (*Uitlanders*) en Afrique du Sud, isolés, riches, satisfaits d'eux-mêmes et se suffisant à eux-mêmes, sans se soucier de leurs voisins de langue française, excepté dans ces occasions où des votes français sont nécessaires pour élire un maire de langue anglaise[31]. »

Aujourd'hui, cette attitude est heureusement chose du passé. À preuve, l'enthousiasme extraordinaire avec lequel, en l'an 2001, la communauté anglophone coopère avec la majorité francophone à l'occasion de la fusion des municipalités de l'île de Montréal! L'élan de solidarité et la volonté d'intégration des Anglais de Westmount et autres fiefs anglo-saxons de l'île ont fait taire tous ceux qui prétendaient que,

---

29. M. WADE, *op. cit.*, t. II, p. 40.
30. *Ibid.*, p. 41.
31. *Ibid.*, p. 41.

depuis un siècle, ils n'avaient rien appris ni rien oublié. Mais ce n'est peut-être pas le thème idéal pour une *Minute du Patrimoine*…

La Première Guerre mondiale

La déclaration de guerre de l'Angleterre à l'Allemagne, en août 1914, entraîne automatiquement sa principale colonie nord-américaine dans le conflit. À Montréal, les Canadiens français témoignent leur sympathie à la France menacée. On chante *La Marseillaise* devant le consulat français pour acclamer les réservistes français venus s'y enregistrer. Des scènes semblables se déroulent à Québec. Le 4 août, une foule énorme accompagne au port le premier contingent de ces réservistes qui s'embarquent pour la France. On parle même de former des bataillons de volontaires canadiens-français qui combattraient dans l'armée française.

Le Canada anglais, lui, est en état d'exaltation impérialiste. Le Parlement fédéral vote en une minute un premier crédit de cinquante millions de dollars pour l'effort de guerre. Le futur premier ministre, Arthur Meighen, alors solliciteur général dans le gouvernement Borden, se déclare prêt à sacrifier « jusqu'au dernier homme, jusqu'au dernier dollar pour le salut de l'Angleterre ». Bien entendu, il ne mettra jamais personnellement sa vie ou sa fortune en jeu.

On assiste aussi, presque immédiatement, à un renversement de l'attitude du Canada anglais envers la France. Alors que, depuis plus de cent ans, les Anglais dénoncent l'attachement des Canadiens français pour cette dernière, ils la regardent subitement comme une des deux mères patries du Canada ! Quand on sait comment on s'est acharné chez les Anglais, d'ailleurs avec la coopération du clergé, à flétrir son image au Québec depuis la Révolution de 1789 ! Ce qu'on ne ferait pas pour recruter de la chair à canon ! Le Canada anglais, qui maudit depuis toujours tout ce qui est français, demande maintenant aux Canadiens français de se battre pour la France. Quelle fourberie !

Mais le gouvernement fédéral n'a pas su profiter du premier mouvement d'enthousiasme du Québec pour autoriser la création d'unités canadiennes-françaises. En 1914, les francophones s'engagent donc dans une armée coloniale, dominée par un corps d'officiers orangistes qui les traitent comme des tirailleurs indigènes. Quand Sam Hughes, le ministre de la Milice et de la Défense, dans l'espoir de stimuler les Canadiens français à s'enrôler, offre au célèbre journaliste nationaliste Armand Lavergne, lieutenant-colonel de réserve, de recruter un bataillon, Lavergne lui répond :

> Mes compatriotes d'origine française de l'Ontario, Canadiens comme vous, subissent maintenant un régime pire que celui qui est imposé par les Prussiens en Alsace-Lorraine, parce qu'ils ne veulent pas abandonner la langue de leur mère. Jusqu'à ce qu'on les ait complètement libérés de cette persécution, je ne puis considérer un instant l'idée de déserter leur cause pour une aventure quelque peu intéressante en pays étranger. Je voudrais voir le régime de la liberté et de la justice bien établi et maintenu dans notre pays avant de l'imposer à d'autres nations [32].

Coup de théâtre quand un autre célèbre journaliste, Olivar Asselin, qui a combattu jusque-là la participation à la guerre, fait volte-face. Il explique son geste en disant qu'il veut se porter à la défense du « Vieux Pays », qu'il rêve d'en découdre avec les Allemands en France. Asselin lève lui-même un bataillon, mais il devient bientôt la risée générale lorsque lui et ses volontaires, au lieu d'aller se battre aux côtés des Français, se retrouvent en garnison aux Bermudes... par décision du ministre de la Défense.

Quant à Henri Bourassa, il sera responsable du rapide refroidissement de l'enthousiasme initial des Canadiens français. Du 9 au 14 septembre 1914, il publie dans *Le Devoir* une série d'articles où il déclare que le Canada doit s'inspirer de la Grande-Bretagne et agir d'abord en fonction de ses propres

---

32. Cité dans G. FILTEAU, *op. cit.*, p. 78.

intérêts, sans craindre de les opposer à ceux de l'Angleterre quand ils sont divergents. Le moment ne se prête pas exactement à une analyse froide et logique... Le Canada anglais crie son indignation. Le *Saturday Night* écrit : « Tous les jours en Europe, des hommes qui n'ont pas fait plus de mal sont pendus comme traîtres. » Selon son penchant naturel quand elle traite du Québec, la presse anglo-canadienne dénature la thèse de Bourassa à un point tel que le député conservateur fédéral Charles Hazlitt Cahan, avec qui le directeur du *Devoir* entretenait de bonnes relations, proteste dans une lettre qu'il envoie à plusieurs journaux.

D'entrée de jeu, l'Église se met au service de l'Angleterre : l'organe officieux du haut clergé, *L'Action sociale*, réfute la thèse de Bourassa.

> Quelle doit être la mesure de ce concours ? Elle doit être celle que réclame la nécessité de vaincre. Et de cette mesure, en droit comme en fait, l'Angleterre est juge en dernier ressort. Puisque c'est à elle que revient, avec la charge de défendre l'Empire, l'autorité nécessaire pour accomplir cette grande tâche [33].

L'archevêque de Montréal, Mgr Bruchési, confirme le soutien de la hiérarchie catholique à l'Empire britannique :

> L'Angleterre est engagée dans une guerre terrible, qu'elle s'est efforcée d'éviter à tout prix. Sujets loyaux, reconnaissant en elle la protectrice de nos droits, de notre paix, de notre liberté, nous lui devons notre plus généreux concours. L'indifférence, à l'heure présente, serait de notre part une faute, ce serait aussi la plus grave erreur. N'est-il pas évident que notre sort est lié au sort de ses armées [34] ?

Bourassa, également dénoncé par l'ensemble de la presse francophone, continue d'affirmer que le Canada ne doit pas refuser d'aider l'Angleterre et la France, mais qu'il ne doit le faire qu'à certaines conditions et dans les limites de ses propres obligations. Le 23 septembre, il souligne que la contribution

---

33. Cité dans M. WADE, *op. cit.*, p. 57.
34. *Ibid.*, p. 57.

du Canada est déjà plus considérable que celle de l'Angleterre elle-même, en proportion de sa richesse et de sa population; l'inébranlable volonté de la Grande-Bretagne de se battre jusqu'au dernier de ses tirailleurs coloniaux est bien connue...

La première division active de l'armée comprend trente-six mille hommes, dont seulement douze cents sont francophones. Le Canada anglais a trouvé une nouvelle raison, si besoin était, de manifester son aversion pour le Canada français. On va immédiatement reprocher aux Québécois leur manque de ferveur à aller se faire tuer dans la plaine de Flandre. Faut-il se surprendre si, en 1914, les Canadiens français ne sont pas disposés à aller verser leur sang pour un État qui, depuis cinquante ans, mène contre eux une vicieuse politique de nettoyage ethnique ? Depuis 1867, il n'est pas un endroit au Canada, à l'exception du Québec, où les francophones, par suite de violence physique, d'intimidation, du mépris des lois ou des engagements, ne perdent des droits que leur garantit la Constitution. Au même moment, en Ontario, grâce au *Règlement 17*, on viole leur droit à une éducation dans leur langue. Mais les Anglais qui reprochent aux Québécois leur conduite sont aveugles aux mêmes carences de leur propre société.

> En mars 1916, le général Mason, un sénateur conservateur bien en vue, effectua une analyse approfondie des données de recrutement jusqu'au début de 1916. Selon le recensement de 1911, le nombre total d'hommes nés au Canada et âgés de 18 à 45 ans s'élevait à 1 112 000, dont 667 000 étaient anglophones et 445 000, francophones. Seulement 30 % des recrues jusque-là étaient nées au Canada, 63 % étaient nées en Grande-Bretagne et 7 % étaient nées à l'étranger [35].

Une grande majorité des recrues n'étaient donc pas canadiennes mais britanniques de naissance. Leur patrie étant en danger, il est assez normal qu'ils aient voulu la défendre. Trente-cinq mille combattants canadiens-français participeront

---

35. E. ARMSTRONG. *op. cit.*, p. 152-153.

quand même au conflit en première ligne, selon les chiffres de l'historienne Elizabeth Armstrong.

Au Québec, le chef recruteur des Forces armées est un ancien pasteur méthodiste unilingue anglophone. Les officiers canadiens-français sont écartés des postes importants, plutôt réservés aux amis du ministre de la Milice qui a, par ailleurs, refusé de regrouper les unités francophones au sein d'une même brigade. La tension est forte entre l'état-major et les officiers francophones, comme en témoigne un incroyable incident survenu au camp de Valcartier en juillet 1916. Après le limogeage, qu'il juge injuste, de plusieurs officiers canadiens-français, le lieutenant-colonel Tancrède Pagnuelo incite ses hommes à déserter :

> [...] C'est une vengeance parce que vous êtes des Canadiens français et qu'il y a eu quelques petites erreurs ici et là. En ce qui vous concerne, ils vous expédient aux Bermudes où vous serez soumis à un dur traitement et rendus misérables par la chaleur. En ce moment, la discipline militaire m'empêche de parler mais, si vous êtes assez malins pour lire entre les lignes, vous saurez quoi faire. Je vais donner des passes à tous et soyez sûrs que le peu d'argent que vos amis ont souscrit au fonds du régiment ne servira pas à courir après ceux qui ne reviendront pas [36].

La cour martiale donnera raison à Pagnuelo en acquittant les officiers à la défense desquels il s'était porté, mais lui écopera de six mois de prison pour son courageux discours. Le jour même où Pagnuelo avait ainsi parlé à ses hommes, à Lindsay, en Ontario, le ministre de la Milice et de la Défense attaquait le Québec :

> Avec tous les égards dus à la province de Québec, dans cette grande guerre, elle n'a pas fait son devoir comme elle le devait, et elle l'aurait fait si ses jeunes gens avaient été pris en main par ceux qui auraient dû le faire, parce qu'ils ont tant bénéficié des institutions britanniques dans le passé [37].

---

36. Cité dans J. Lacoursière et C. Bouchard, *op. cit.*, p. 827.
37. Cité dans M. Wade, t. II, p. 117.

C'est justement les *traitements de faveur* comme ceux dont bénéficiaient alors les Franco-Ontariens pour leurs écoles qui expliquaient le manque d'enthousiasme des francophones... Sam Hugues, qui exécrait les Canadiens français, se vengera du sénateur Philippe Landry, à l'origine d'une courageuse lutte en faveur des écoles franco-ontariennes, en refusant toute promotion à son fils, militaire de carrière. Hugues est un gaffeur impulsif qui n'accorde des contrats et des promotions qu'à ses amis ; devant ses gestes stupides et irréfléchis, Borden se débarrassera de lui avant la fin de la guerre. Et les Franco-Ontariens continueront de se battre contre la politique de nettoyage linguistique de leur gouvernement :

> À la suite d'une décision rendue le 12 juillet 1915 par la Cour d'appel de Toronto qui confirmait la validité du règlement litigieux, les autorités gouvernementales ontariennes ordonnent la dissolution de la Ottawa Separate School Commission. Le 3 février 1916, les 122 professeurs des 17 écoles bilingues de la ville d'Ottawa se mettent en grève. Plus de 4 000 enfants sont alors privés de cours. Les professeurs ont décidé de poser un tel geste « à la suite du refus de la Commission scolaire gouvernementale de leur payer ou de laisser la ville leur payer leurs salaires ». M. Murphy, président de la Commission scolaire, déclare que la Commission entend prendre une injonction pour forcer les professeurs à retourner à leur travail. Les parents des enfants francophones appuient les professeurs. Des mères de famille surveillent jour et nuit les écoles par crainte que de nouveaux professeurs « gouvernementaux » ne prennent la place des grévistes [38].

Pour protester contre la répression que subissent les Franco-Ontariens, la Société Saint-Jean-Baptiste de Québec organise un boycott des entreprises ontariennes. Le 25 février, un journaliste demande au maire Church de Toronto ce qu'il pense du soutien que le Québec apporte à leur cause :

> La province de Québec ferait mieux de voter de l'argent pour enrôler plus de gens du Québec pour cette guerre. Les fils de l'Ontario meurent par centaines dans l'ancienne France pour protéger

---

38. J. LACOURSIÈRE et C. BOUCHARD, *op. cit.*, p. 814.

les foyers des gens de la Nouvelle-France qui refusent d'aller livrer leurs propres combats. Une fois la guerre finie, il faudra s'occuper de cette question bilingue. Il ne doit y avoir qu'une langue dans l'Ontario, et ce doit être l'anglais. Par l'Acte constitutionnel de 1791, on a défini l'Ontario comme une province anglaise [39].

Le 10 mai 1916, un député du Québec à Ottawa, Ernest Lapointe, après s'être concerté avec le sénateur Philippe Landry, le grand défenseur des Franco-Ontariens au Parlement fédéral, propose l'adoption d'une motion à caractère symbolique demandant au gouvernement ontarien justice pour ses citoyens francophones. Alors que le premier ministre Borden se lave les mains de l'affaire, R. B. Bennett, un futur premier ministre, soutient que l'unité de l'Empire exige l'unité de la langue. La résolution Lapointe est l'occasion d'un beau discours de circonstance pour le chef de l'opposition, Wilfrid Laurier, qui pleure des larmes de crocodile sur le sort des Franco-Ontariens. Lorsqu'il était au pouvoir, vingt ans plus tôt, il n'avait rien fait pour protéger les Français de l'Ouest... La motion sera facilement rejetée.

Alors que la question ontarienne fait encore les manchettes, éclate au Manitoba une nouvelle affaire linguistique qui démontre encore une fois que, pour le Canada anglais, le français est une langue aussi étrangère que l'allemand :

> Prenant prétexte de l'attitude suspecte de certains immigrants d'origine allemande et autrichienne, le gouvernement Norris adopta une législation interdisant l'enseignement des langues étrangères, le français étant une de ces langues. Toutes les écoles du Manitoba devraient désormais être unilingues anglaises. Nouvelle source d'indignation et de propos acerbes de la part du groupe nationaliste du Québec et de la population de cette province en général, et occasion de répliques méprisantes et haineuses, et d'assauts d'injures de la part de la presse anglaise [40].

Quand la Commission du service national, présidée par l'albertain R. B. Bennett, s'avise, en 1917, de faire un inventaire

---

39. *Ibid.*, p. 814-815.
40. G. Filteau, *op. cit.*, p. 114.

de la main-d'œuvre, Henri Bourassa voit tout de suite la manœuvre. Il s'agit de recenser les hommes valides en vue d'une conscription éventuelle. Bennett entreprend une tournée du Québec pour expliquer le rôle de sa commission. Il est reçu par des huées. « Donne l'exemple ! », « Pourquoi ne t'enrôles-tu pas ? » lui lance-t-on. À Sherbrooke, il s'en fallut de peu pour qu'une de ses assemblées ne tourne à l'émeute.

Afin d'avoir suffisamment de chair à canon, on était de moins en moins regardant sur le matériau de base. On en vint à considérer comme aptes au service militaire les hommes de 4 pieds 11 pouces, les borgnes, les pieds plats, ceux qui avaient perdu l'usage d'une oreille, les amputés d'un ou deux doigts ou d'autant d'orteils. Voilà qui allait rehausser l'image de l'armée canadienne dans les grands défilés militaires alliés !

En 1917, le premier ministre conservateur, Robert Borden, rentre d'un voyage en Grande-Bretagne, où on lui a dressé un portrait assez sombre de la situation militaire. Les Britanniques ont besoin de cinq cent mille jeunes Canadiens pour regarnir leur front décimé ; les attaques absurdes ordonnées par de vieux généraux aussi incompétents qu'opiniâtres ont causé de terribles hécatombes. Toute une génération de jeunes Britanniques a disparu. Le 18 mai, Borden annonce que, pour obvier au manque de volontaires, l'intention de son gouvernement est de présenter, au cours de l'année, un projet de loi établissant le service militaire obligatoire.

Au début de juillet 1917, la Confédération canadienne a cinquante ans. Aux Communes, le projet de loi sur la conscription en est rendu à l'étape cruciale de la seconde lecture. Le vote est attendu avec beaucoup d'appréhension ; on craint, en effet, qu'il ne révèle de nouvelles et importantes fissures dans l'édifice de la Confédération. Après de longs et acrimonieux débats, la loi est adoptée le 6 juillet, à cinq heures du matin, par cent dix-huit voix contre cinquante-cinq – soit une majorité inattendue de soixante-trois voix. La division du Canada était encore plus dramatique que prévue ! Tous les conservateurs canadiens-français, sauf trois, avaient voté avec Laurier contre la conscription; mais les libéraux des provinces anglaises, en complet désaccord avec leur chef sur cette question, avaient, à quelques exceptions près, appuyé Borden. Le vote sépare la députation en deux camps: la province de Québec d'un côté, les huit provinces anglaises de l'autre.

> Il n'y avait donc, en dehors de la province de Québec, que dix votes anti-conscription, dont plusieurs votes de Canadiens français ou d'Acadiens. Sauf omission de notre part, c'était la seconde fois dans l'histoire fédérale que la députation canadienne-française côtoyait à ce point l'unanimité; la première remontait au vote de 1874 sur l'expulsion de Riel, demandée par Mackenzie Bowell. La *Gazette* constata, comme tous les journaux, cette division en deux blocs: «Malheureusement, la province de Québec a démontré qu'elle faisait bande à part… Il serait futile de vouloir ignorer la signification de cette division de races.» En Ontario, des «loyalistes» voulaient compléter cet isolement, mettre la province de Québec au ban, la priver de toute commande de guerre.

> Telle était la situation pour le cinquantenaire – d'ailleurs presque inaperçu – de la Confédération. Dans un magazine de Londres, *The Saturday Review*, on prévient qu'au retour du front, les soldats régleraient le compte des Canadiens français [41].

Les journaux anglais sont presque à l'unanimité derrière le *Globe* pour exiger la conscription; les journaux du Québec, à l'exception de *La Patrie* de Montréal et de *L'Événement* de Québec, s'y opposent tous. Même la hiérarchie catholique, qui a jusqu'ici suivi le gouvernement, prend cette fois ses distances. En date du 15 juin, le journal ultramontain *La Croix* a mentionné la possibilité que le Québec fasse sécession sur cette question. Le journaliste nationaliste Armand Lavergne, toujours lieutenant-colonel de réserve, affirme qu'il ira en prison, ou qu'il sera pendu ou fusillé avant d'accepter la conscription. Déjà le 27 mai, il a conseillé de désobéir à la loi si le Parlement la votait, allant jusqu'à évoquer l'esprit de rébellion de 1837. À Québec, le 15 juillet, devant quinze mille personnes, Lavergne déclare:

---

41. R. Rumilly, *op. cit.*, t. XXII, p. 118-119.

> Si la Loi de conscription est mise en vigueur, les Canadiens n'ont qu'un seul choix, mourir en Europe ou mourir au Canada. En ce qui me concerne, si mon corps doit tomber dans un pays quelconque, je veux que ce soit sur le sol canadien [42].

Sans doute renseigné sur la situation au Canada par la lecture de la *Montreal Gazette* et autres feuilles antiquébécoises, le *New York Times* propose de fusiller purement et simplement les Canadiens français hostiles à la conscription. Venant d'un journal dont le pays n'était entré tardivement en guerre qu'en avril 1917 à cause du refus des Américains de participer à une guerre européenne, cette déclaration a de quoi étonner. Seul un réflexe lié à la proximité culturelle et linguistique, qui amène si souvent les Américains à se solidariser avec le Canada anglais, peut expliquer cette consternante et abjecte prise de position.

Dynamitards, conspirateurs et agents provocateurs de la police fédérale

Le 9 août 1917, à Cartierville, un attentat à la dynamite secoue la résidence de Hugh Graham (Lord Atholstan), un ardent conscriptionniste, propriétaire du *Montreal Star*. Le 28 août, c'est la *Montreal Gazette*, connue pour ses propos toujours avenants et remplis de considération pour les Canadiens français, qui voit ses carreaux cassés par des manifestants. Le lendemain, à l'annonce de la sanction de la *Loi sur la conscription*, l'émeute éclate à Montréal : la foule s'attaque à des militaires, des coups de feu retentissent ; des vitrines sont brisées, des tramways, pris d'assaut. Le jour suivant, on signale des bagarres entre Anglais et Français au carré Phillips. La police intervient durement. Bilan : quatre policiers blessés, un mort et de nombreux blessés parmi les manifestants. De chaque côté, des orateurs exhortent leurs partisans à prendre les armes. L'agitation se répand partout en province. À Shawinigan, après

---

42. Cité dans M. WADE, *op. cit.*, t. II, p. 117.

plusieurs jours d'émeutes, la foule s'en prend à l'officier recruteur de l'armée, qui évite de justesse d'être précipité dans le Saint-Maurice. Gérard Filteau rapporte qu'il ira se réfugier à la Citadelle de Québec et ne reviendra à Shawinigan qu'une fois la guerre finie.

Henri Bourassa, qui se rappelle sans doute que son grand-père et ses amis, les patriotes de 37, avaient été l'objet d'une provocation des autorités, soupçonne le gouvernement fédéral de préparer une manœuvre semblable afin de justifier l'imposition de la *Loi martiale* pour mieux lutter contre les nationalistes :

> Qu'on se persuade bien d'une chose : le jour où le Gouvernement jugera que les actes de violence suscités par des agents provocateurs justifient l'application de la Loi martiale, ce sera le triomphe complet des ennemis les plus haineux des Canadiens français [43].

Entre-temps, la police confie que l'enquête progresse dans le dossier de l'attentat contre le propriétaire du *Star*. Au cours de leurs perquisitions, les enquêteurs ont récupéré des fusils volés à des corps de cadet, puis de la dynamite faisant partie d'un lot de 350 livres, volé lui aussi. On procède à l'arrestation d'Élie Lalumière, un marchand de disques et d'accessoires électriques de la rue Saint-Laurent. Dans les mois précédents, Lalumière avait prononcé plusieurs discours très violents contre la conscription dans des meetings populaires à Montréal. Il s'était même vanté d'entraîner cinq cents hommes pour résister activement à la conscription. Lalumière dirige la Ligue des Constitutionnels, fondée par Philippe Panneton (Ringuet), qui sera un jour ambassadeur du Canada. La Ligue, qui a pour but de lutter contre la conscription, prend son inspiration, selon la police, chez les *Sinn Feiners*, un groupe qui mène une lutte armée contre les Anglais en Irlande. Le 2 septembre, à Lachute, deux des conspirateurs sont cernés par des agents spéciaux ; après un échange de coups de feu, l'un d'entre eux réussit à s'enfuir, l'autre se suicide plutôt que de se rendre.

---

43. Cité dans G. FILTEAU, *op. cit.*, p. 118.

Quant à Lalumière, c'est un intarissable bavard. Il raconte aux policiers que le complot qu'il dirigeait prévoyait des attentats contre le *Star*, la *Gazette*, le club Mont-Royal, le Parlement d'Ottawa, la poudrière de Belœil et l'hôtel Windsor, où s'est installé le commandant militaire du district de Montréal, le général Wilson. Et ce n'est pas tout! Lalumière révèle que lui et ses acolytes devaient aussi assassiner le premier ministre Borden et plusieurs autres Anglais notoires. La police poursuit le démantèlement du réseau terroriste: onze individus sont arrêtés. Parmi eux, chose étonnante, des consommateurs de stupéfiants et deux détenus en libération conditionnelle, auteurs de l'attentat contre la résidence du propriétaire du *Star*, de même que d'autres méfaits qui n'ont rien à voir avec la politique. Comme si, pour rassembler les personnages de cette conspiration, on avait simplement recruté un peu n'importe qui dans des bouges. Ainsi que le souligne Gérald Filteau: « L'insignifiance de l'explosion, la facilité avec laquelle les inculpés avouaient leur crime, la gravité des projets qu'ils disaient avoir élaborés semblèrent louches à beaucoup de gens sérieux [44]. »

L'ancien député de Nicolet aux Communes, Paul-Émile Lamarche, est convaincu qu'il s'agit d'une provocation policière pour discréditer les opposants à la conscription. Il demande donc au gouvernement du Québec d'ordonner une enquête parallèle ; c'est ainsi qu'on découvre qu'un des pousse-au-crime dans le groupe est un certain Charles « Ti-Noir » Desjardins qui n'a curieusement pas été inquiété par la police. D'après les témoignages recueillis par les « provinciaux » il est, avec Lalumière, l'instigateur et l'organisateur de toute l'affaire. Or, ce Desjardins est un agent secret de la *Dominion Police*, la police politique créée par John A. Macdonald au moment de la Confédération, en 1867, et qui sera intégrée à la GRC en 1920. Desjardins transmettait ses rapports directement au chef de la *Dominion Police* au Québec. Lamarche, convaincu que la provocation a été ourdie à Ottawa, obtiendra l'arrestation et

---

44. *Ibid.*, p. 118-119.

l'inculpation de Desjardins, au même titre que les autres dynamitards. Mais encore aujourd'hui, plusieurs aspects de cette ténébreuse affaire demeurent inexpliqués... Ce n'est pas pour rien que la GRC s'y connaît si bien en provocation policière et en vol de dynamite, comme l'ont démontré ses activités au Québec dans les années 1970 ; elle en a une longue pratique !

À Montréal, l'agitation patriotique continue. Le 12 septembre, quatre orateurs sont arrêtés après avoir approuvé l'attentat contre le patron du *Star* et réclamé l'indépendance du Québec ou son annexion aux États-Unis.

La conscription

Après avoir tenté en vain de former un cabinet de coalition avec Laurier, Borden réussit à convaincre de nombreux libéraux de l'Ouest de trahir leur chef et de se joindre à lui dans un gouvernement dit d'Union. Car des élections sont prévues pour le 17 décembre.

C'est finalement le 13 octobre 1917 que les premiers conscrits sont appelés sous les drapeaux. Le gouvernement doit maintenant faire face à un nouveau problème : le grand nombre de conscrits qui réclament une exemption. Décidément, les Canadiens, et pas seulement les Québécois, sont réticents à servir de chair à canon à la Grande-Bretagne, comme le démontre cet extrait du *Canadian Annual Review* que dirige Mason Wade, cité dans l'*Histoire populaire du Québec* de Jacques Lacoursière :

> Cinquante-sept pour cent des appelés, entre 20 et 45 ans, avaient réclamé l'exemption dès le 10 novembre. Les rapports définitifs pour l'année montrèrent que, sur un total de 125 750 hommes inscrits en Ontario, 118 128 avaient réclamé l'exemption. Dans le Québec, sur un total de 117 104 inscrits, 115 707 l'avaient aussi réclamée [...] Dans presque toutes les provinces, une proportion aussi élevée réclama l'exemption, qui fut accordée dans la plupart des cas [45].

---

45. Cité dans J. LACOURSIÈRE, *op. cit.*, p. 122.

La situation au Québec, on le voit, n'était guère différente de celle qui régnait au Canada anglais, où la guerre ne soulevait pas de grands élans patriotiques, ni dans les villes ni dans les campagnes, une fois tous les « British » d'origine enrôlés. Comme le constate Mason Wade : « Les Canadiens anglais, quelle que fût leur affiliation politique, appuyèrent bruyamment la conscription, en paroles. En fait, ils n'étaient pas beaucoup plus disposés à l'accepter que les Canadiens français qui, en immense majorité, s'y opposaient[46]. »

Mais la malveillance des Canadiens anglais pour les Québécois relève de la pathologie. Dans leur aveuglement chronique à l'endroit des Canadiens français, les journaux anglophones ignoreront ces statistiques durant la campagne électorale qui reportera Borden au pouvoir à la tête d'un gouvernement d'Union. Au début de novembre, Bourassa conseille, dans *Le Devoir*, de voter pour Laurier et les libéraux, les considérant comme un moindre mal. Ce soutien de Bourassa, c'est le baiser de la mort pour les libéraux au Canada anglais, où l'exécration est à son paroxysme contre tout ce qui est québécois. Les journaux de l'Ontario et de l'Ouest allaient encore une fois rivaliser de bassesse et d'infamie contre le Québec et contre le malheureux Laurier, qui goûte ainsi l'amère médecine de ceux qu'il a si bien servis.

> Le *Toronto Mail and Empire* du 10 décembre annonça que Laurier était sans aucun doute bien vu du Kaiser et, le lendemain, inséra une annonce d'élection déclarant qu'un Québec uni tentait de régner sur le Canada. Le jour de l'élection, le *Mail and Empire* dit qu'un vote pour Laurier et ses partisans était un vote pour Bourassa, contre les combattants au front, contre le lien avec la Grande-Bretagne et l'Empire, mais un vote pour l'Allemagne, le Kaiser, Hindenburg, von Tirpitz et celui qui coula le Lusitania. Laurier fut décrit comme l'espoir du Québec, une menace pour le Canada et une satisfaction pour le Kaiser. Le *Toronto Daily News* imprima, le 14 décembre, une carte du Canada avec le Québec en noir, sous l'en-tête « The Foul Blot on Canada ». Laurier était représenté

---

46. M. WADE, *op. cit.*, p. 162.

comme ayant capitulé devant Bourassa. Le 7 décembre, le *Manitoba Free Press* déclara à ses lecteurs qu'il s'agissait de choisir entre l'union et la guerre, ou Laurier et la désunion. Un Citizen's Union Committee remplit la presse anglaise d'annonces enflammées déclarant « Le Québec ne doit pas dominer le Canada » et « La victoire de Laurier serait la première défaite canadienne ». Le comité de publicité unioniste, sous la direction de Sir John Willison, reliait constamment Laurier, Bourassa et le Québec, et soulevait l'animosité ethnique contre le Canada français. Les leaders conservateurs intimèrent que « le Québec était l'enfant gâté de la Confédération », « le foyer d'infection du Dominion tout entier » et que, « si Laurier l'emportait aux élections, Bourassa gouvernerait le Canada » [47].

Le 4 décembre [soit 13 jours avant les élections!], le *Free Press* de Winnipeg déclara que le Québec avait abandonné le Canada et que ce geste avait laissé un goût très amer au pays, lui qui n'avait jamais manqué à ses engagements envers le Québec [48].

De la part de ceux qui ont assassiné Louis Riel et qui ont étouffé le français comme langue vivante dans les provinces de l'Ouest, quel culot! Et cela, avant même que l'on sache le résultat des élections! Une fois ce résultat connu, la presse anglaise continuera de se déchaîner, depuis Ottawa, Toronto ou Winnipeg; mais pas contre ses propres concitoyens qui refusent d'aller outre-mer, plutôt contre ces sales Canadiens français qui ont tant reçu du Canada et qui se montrent si ingrats!

Quelques jours avant les élections, le chef de l'opposition libérale en Ontario, N. W. Rowell, complètement ignorant de la situation au Québec, y était allé d'une dénonciation de la *French Domination* et du clergé catholique, pourtant fidèle allié des Anglais:

Il existe un mouvement nationaliste, clérical et réactionnaire à l'œuvre dans la province de Québec qui, aujourd'hui, domine la situation politique dans cette province et utilise cette heure de grand péril national pour dominer la situation politique dans le Dominion du Canada tout entier [49].

---

47. M. WADE, *op. cit.*, p. 162-163.
48. E. ARMSTRONG, *op. cit.*, p. 238.
49. Cité dans M. WADE, *op. cit.*, p. 167.

Afin de s'assurer de la victoire (comme s'il en avait besoin!), le gouvernement unioniste de Borden pipe les dés. Il va même jusqu'à harceler les pauvres soldats dans les tranchées.

> Des agents électoraux et des officiers partiaux menacèrent les soldats de les envoyer au feu dès le lendemain s'ils ne votaient pas pour le gouvernement d'union. À ceux qui voteraient dans le bon sens, on promettait un congé prolongé à Paris. Ces faits ont été consignés dans le Hansard avec pièces à l'appui. De plus, une singulière disposition de la Loi permettait d'appliquer le vote des militaires dans des comtés autres que ceux de leur résidence. Il devenait ainsi possible de transformer une faible majorité adverse en minorité, ce qu'on ne manqua pas d'ailleurs de faire [50]...

Le lundi 17 novembre 1917, c'est un raz-de-marée conservateur partout, sauf au Québec où le Parti libéral de Laurier remporte soixante-deux des soixante-cinq sièges. À ceux qui redoutent l'absence du Québec dans le cabinet Borden, Bourassa répond que ce n'est pas nécessairement une calamité, que la nomination de ministres québécois était une source de faiblesse plutôt que de force. Il fait justement observer que les Canadiens français recrutés dans les cabinets fédéraux n'ont jamais servi qu'à endormir leurs compatriotes, à couvrir des reculades et d'humiliantes concessions.

Le Canada anglais prend le résultat de l'élection comme une nouvelle manifestation d'insolence des vaincus de 1763. L'*Evening Telegram* de Toronto rêve d'employer la force contre les Canadiens français. «Nous devons sauver le Québec en dépit de lui-même et le replacer dans le droit chemin, même s'il faut employer la force.» L'*Ottawa Journal* salue la confirmation de ce qu'il a toujours pensé, à savoir qu'il existe, au Canada, d'un côté des gens respectables – *decent people* – et de l'autre, la province de Québec. Dégoûté par ce déferlement de haine, le député libéral de Lotbinière, Joseph Napoléon Francœur, encouragé par le premier ministre Lomer Gouin, présente, le 21 décembre 1917, à l'Assemblée législative une

---

50. G. Filteau, *op. cit.*, p. 117.

motion proposant la sécession du Québec de la Confédération canadienne :

> Cette Chambre est d'avis que la province de Québec serait dispo-
> sée à accepter la rupture du pacte fédératif de 1867 si, dans les au-
> tres provinces, on croit qu'elle est un obstacle à l'union, au progrès
> et au développement du Canada [51].

Il explique que, depuis cinquante ans, le Canada français est allé à l'extrême limite de la conciliation et de la concession. Il désire exprimer le sentiment « de la très grande majorité de nos gens qui sont fatigués d'être traités de cette manière, et qui pensent que le temps est venu de cesser ces luttes futiles ou d'en accepter les conséquences logiques [52] ». *Le Soleil* de Qué-bec approuve Francœur et affirme que la Confédération n'a été pour les Canadiens français qu'un attrape-nigaud.

> Nous en avons assez d'une Confédération canadienne qui n'est
> qu'une fédération impérialiste. […] Nous ne sommes plus dispo-
> sés à supporter vos impertinences, vos complots politiques et, bien
> moins encore, vos persécutions [53].

Le 23 décembre, Francœur retirera finalement sa motion, à la demande de Gouin qui ne désire pas qu'un vote ait lieu sur cette question...

Québec 1918 : des soldats torontois mitraillent la foule

Au début de 1918, les autorités canadiennes se lancent, au Québec, à la chasse aux déserteurs. Des « *spotters* », sorte de chasseurs de prime, souvent des repris de justice ou des indics de police, parcourent les villes et les campagnes à la recherche de ceux qui ne se sont pas inscrits auprès du gouvernement. Les *spotters* font preuve de zèle ! Quiconque n'a pas sur lui ses papiers d'exemption est soumis à l'arbitraire de ces salauds. Au

---

51. Cité dans M. WADE, *op. cit.*, p. 163.
52. *Ibid.*, p. 163.
53. *Le Soleil*, 22 décembre 1917.

printemps 1918, il n'y a que trente deux mille hommes qui ont été incorporés dans l'armée canadienne, en vertu de la conscription. Ce n'est pas beaucoup. L'attention est toujours braquée sur le Québec, soupçonné de toutes les traîtrises.

Le Jeudi saint, 28 mars 1918, un incident se produit à Québec. La police fédérale arrête un jeune homme qui ne porte pas sur lui son certificat d'exemption. Il est amené au poste de police où il finira par prouver qu'il est en règle. Mais la rumeur de son arrestation s'est répandue dans la ville ; des gens en colère, deux mille selon certains, attaquent à coups de pierres et d'œufs pourris le poste de police où est détenu le malheureux. Le lendemain soir, les émeutiers attaquent le bureau du registraire de la *Loi sur le service militaire*. L'édifice est incendié. La situation se détériorant, le premier ministre Borden envoie de Toronto mille soldats, dont une unité de Dragons. Le samedi et le dimanche de Pâques sont assez calmes ; tout semble revenir à la normale. Mais, le lundi, l'agitation reprend de plus belle :

> Le 1er avril, les régiments ontariens sont, non pas retirés, mais au contraire renforcés. Des mitrailleuses prennent position, place Jacques-Cartier. Des patrouilles de cavalerie, le mousqueton en travers de la selle, balaient les trottoirs de la rue Saint-Joseph, parcourent la ville, somment les suspects de prouver leur identité [54].

On peut imaginer sans peine l'effet que font ces soldats anglais de Toronto sur les Canadiens français. Pour la première fois depuis 1759, une armée anglaise en tenue de combat occupe Québec, des Dragons patrouillent à cheval. La tension monte. Les militaires ontariens, unilingues comme il se doit, se comportent en conquérants. Profitant de la nuit tombée, de « dangereux » émeutiers les bombardent de balles de neige et autres projectiles.

Le sénateur Philippe Auguste Choquette entend de sa fenêtre un officier torontois donner à ses hommes l'ordre de tirer pour tuer. Les Québécois, pour eux, sont des ennemis, tout autant que les Allemands. On leur voue même un ressentiment

---

54. R. Rumilly, *op. cit.*, t. XXIII, p. 73.

plus vif encore, car on les considère comme des traîtres. Depuis des années, la presse anglaise réclame l'usage de la force, des armes, des baïonnettes contre les Québécois. C'est à la mitrailleuse lourde que les Ontariens vont se venger... Bilan : quelque soixante-quinze victimes civiles, dont quatre hommes fauchés par une rafale de mitrailleuse. Sont assassinés : Georges Demeule, quinze ans, employé dans une manufacture de chaussures, Édouard Tremblay, vingt et un ans, étudiant à l'École technique, Honoré Bergeron, un menuisier de quarante-neuf ans, père de six enfants, et Alexandre Bussières, vingt-cinq ans, un mécanicien du Canadien National. Aucun d'entre eux ne participait aux troubles, comme devait le démontrer l'enquête du coroner : Bergeron était sorti à la recherche de ses enfants qui s'attardaient dehors ; Bussières était allé récupérer son coffre à outils, oublié quelque part ; Tremblay se baladait en compagnie de sa petite amie, et Demeule passait simplement par là. Gérald Filteau note, au sujet de cette enquête :

> [Elle] fut marquée de singulières ignorances ou absences de mémoire du côté des militaires. On ne put jamais connaître l'identité de l'officier qui avait commandé le feu. Bien plus, le témoignage du médecin légiste, qui avait pratiqué l'autopsie des victimes, établit une très forte présomption que les blessures infligées aux morts l'avaient été par des balles expansives, du genre des balles dum dum utilisées pour la chasse au gros gibier, mais interdites par la convention de La Haye dans les opérations militaires. Il faut cependant tenir compte qu'une rafale de mitrailleuse lourde peut infliger de terribles blessures et littéralement couper un homme en deux.
>
> Après cinq jours d'audience, le 13 avril, le Coroner tint « l'autorité militaire responsable de la mort de quatre hommes au cours d'une émeute provoquée par son manque de tact et sa façon d'agir dépourvue de sagesse ». [...]
>
> L'enquête eut, de plus, le résultat de démontrer que l'intervention de la troupe était entourée de nombreuses irrégularités, même d'illégalité en regard des lois du pays. Seule l'autorité civile pouvait demander l'aide de l'armée en proclamant l'*Acte d'émeute*. C'est le général Lessard qui s'était arrogé le droit d'en ordonner la proclamation. Même cet état d'urgence une fois proclamé, on ne

pouvait écarter les autorités civiles. La Loi prévoyait aussi que les patrouilles ou autres troupes devaient être accompagnées d'un magistrat, ce dont on ne se soucia nullement.

Le gouvernement se rendit immédiatement compte du guêpier dans lequel il s'était engagé. Afin de prévenir ou de bloquer les procédures judiciaires de toutes sortes, le Cabinet se hâta d'adopter, en vertu de la *Loi des mesures de guerre* de 1914, un arrêté ministériel tout à fait spécial et à effet rétroactif, légalisant les actions des militaires [55].

Même si le jury a sévèrement blâmé l'armée et accordé des indemnisations aux familles des victimes, ni le gouvernement canadien ni l'armée ne respecteront cette décision judiciaire. Les parents des quatre civils québécois abattus par l'armée, dans des conditions extra-légales, n'obtiendront jamais justice ni aucune compensation. Après tout, ce n'étaient que des Canadiens français, et ils payaient pour tous les autres qui en auraient mérité autant.

Le premier ministre Borden avait confié la mission de rétablir l'ordre à Québec au major-général François-Louis Lessard, le parfait exemple du Canadien français dévoué aux Anglais. Il aura passé sa vie à faire de la répression au nom de Sa Majesté britannique. L'historien Jean Provencher décrit ainsi sa carrière :

> En 1880, lors de la construction du Parlement de Québec, il y a une grève des ouvriers. C'est Lessard qui dirige les troupes qui vont tirer sur les ouvriers, il va y avoir trois morts. En 1885, on va le retrouver dans l'Ouest canadien contre les Métis de Louis Riel. Il va faire le feu contre les Métis. En 1900-1901, il va faire la guerre des Boers en Afrique du Sud. Et là, on le retrouve à Québec en 1918 [56].

Dès son arrivée d'Halifax par train spécial, il avait, de sa propre autorité et illégalement, proclamé la Loi martiale. Il s'était arrogé les pleins pouvoirs sans demander d'autorisation ni au

---

55. G. Filteau, *op. cit.*, p. 161.
56. *Les 30 journées qui ont fait le Québec. Le 24 juillet 1917. La Loi de la conscription.* Eurêka ! Productions : **www.eureka-tv.com**.

premier ministre du Québec ni au maire de la ville, avec l'aplomb que confère la puissance répressive des mitrailleuses contre des civils sans arme.

Aucune *Minute du Patrimoine* n'a jamais commémoré les actions héroïques du général Lessard et de ses valeureux Dragons torontois à Québec, en 1918. Ce moment de grandeur dans l'histoire des Forces armées canadiennes est largement oublié... Un groupe de citoyens de Québec, avec le soutien de la municipalité et de la Commission de la capitale nationale, a l'intention d'ériger un monument à la mémoire de ceux qui tombèrent un jour sous les balles de l'Armée canadienne. Québec : *Printemps 1918* compte sur un financement populaire [57]. Si le gouvernement fédéral, qui a secrètement versé 7,2 millions de dollars pour les *Minutes du Patrimoine*, avait quelque décence résiduelle, il assumerait la totalité des coûts de construction de ce monument ; de plus, lors de son inauguration, il enverrait Sheila Copps, la ministre du Patrimoine, présenter aux citoyens de Québec les excuses du gouvernement d'abord, mais aussi celles des Ontariens dont les journaux avaient alors grandement incité la soldatesque à agir avec autant de brutalité.

Alors que, dans *Le Devoir*, Bourassa dénonçait le recours à la violence des émeutiers, le *Regina Leader*, repris par le *Toronto Globe*, affirmait qu'il était responsable des troubles et réclamait son arrestation. On assiste à une nouvelle explosion d'agressivité envers les Canadiens français. À l'exemple de la *Manitoba Free Press* et de son rédacteur en chef, John Westley Dafoe, ennemi de tout ce qui est français, presque tous les journaux de langue anglaise attisent le feu.

> Éditoriaux, nouvelles tendancieuses, lettres ou prétendues lettres de lecteurs suivaient une gradation savante. De jour en jour, le lecteur de la *Free Press* – le lecteur de Dafoe – sentait sa colère contre Québec monter d'un degré. L'ennemi n'était plus du tout Berlin, mais Québec ; l'Allemand, mais le Canadien français ; le Kaiser,

---

57. Québec : Printemps 1918 : **www.telegraphe.com/printemps1918/index.html.**

mais Bourassa. La *Free Press* insérait des lettres réclamant des
« mesures sommaires » contre Bourassa – et le ton laissait deviner
la nature, très sommaire en effet, des mesures souhaitées. Toujours
à l'exemple de la *Free Press*, les journaux rappelaient aussi que des
gens de Québec-Est, donc des électeurs de Laurier, avaient dé-
chaîné l'émeute, « recouru à la trahison, à l'incendie et au meurtre ». [...] Tous ces journaux attaquaient naturellement le bilinguisme. Dans la Saskatchewan, l'inspecteur James Anderson,
chargé d'angliciser l'enseignement par la persuasion, réussissait
presque partout, sauf auprès des groupes canadiens-français. Il
concluait : « Nous arriverons à les assimiler tous, sauf ces maudits
Canadiens français. » Alors germa un projet de suppression des
langues étrangères, qui visait essentiellement le français. La haine
de Québec, épaisse à couper au couteau, viciait l'air des provinces
anglaises, pesait, à Ottawa, sur les délibérations du Conseil des ministres [58].

Quand, le 20 avril 1918, le gouvernement fédéral annule les
exemptions au service militaire obligatoire dont bénéficient
largement les cultivateurs, l'opposition qu'ont toujours mani-
festée les Québécois à la conscription va s'étendre aux Prairies
et à l'Ontario. Les cultivateurs de cette province demandent
maintenant l'appui de ceux qui ont été dénoncés dans leurs
journaux et par leurs politiciens comme des rebelles et des
traîtres. Des syndicats ouvriers anglophones se joignent aussi
au mouvement. À Calgary, celui qui avait présidé la Commission du service national, l'ancien député tory ultra-loyaliste
R. B. Bennett, maintenant de retour à la pratique du droit, con-
testa la validité de l'arrêté ministériel et prit un bref d'*habeas
corpus* afin de faire libérer un conscrit de vingt-trois ans. Si pa-
reil geste avait été le fait d'un avocat du Québec, les journaux
anglais auraient crié à la trahison ! La Cour supérieure d'Alberta lui donnera raison...

> Aussitôt, des centaines de conscrits de cette province entamèrent
> des procédures. Et la vague se déploya dans les autres provinces et
> le Québec, où, à la requête d'Armand Lavergne, la Cour supérieure
> trouvait le colonel Rodgers, commandant du camp de Valcartier,

---

58. R. Rumilly, *op. cit.*, t. XXIII, p 76-77.

coupable de mépris de cour et le condamnait à l'emprisonnement pour avoir refusé de laisser partir certains requérants. La Cour suprême de l'Alberta, de son côté, ordonnait l'arrestation du colonel Moore qui retenait des conscrits en violation de l'*habeas corpus*.

Devant le refus des commandants des camps militaires, protégés par leurs mitrailleuses, de se soumettre aux ordres des cours de justice, des troubles assez sérieux commencèrent à éclater en maints endroits des provinces anglaises, mettant ainsi à rude épreuve l'arrogance de ceux qui s'étaient voilé la face à la nouvelle des émeutes de Québec [59].

Il était maintenant difficile de reprocher aux Québécois leur tiédeur militaire quand de larges secteurs de la population rurale et ouvrière du Canada anglais leur emboîtaient le pas. « *Traitors R Us* » auraient pu maintenant titrer les feuilles impérialistes comme la *Gazette* et le *Star* de Montréal, le *Globe* de Toronto et la *Free Press* de Winnipeg... La Cour suprême du pays rendra jugement en faveur du gouvernement.

L'effondrement des armées allemandes mettra un terme à la guerre. Le 11 novembre 1918, l'armistice entre les belligérants est signé. Quant au conflit entre francophones et anglophones au Canada, qui a connu une extraordinaire période d'acrimonie durant les quatre années précédentes, il se poursuivra tout au long du XXᵉ siècle, et au-delà... tant que les Québécois formeront une nation distincte.

---

59. G. Filteau, *op. cit.*, p. 162-163.

Les crimes contre les Japonais

Avertissement à toutes les personnes japonaises et aux personnes d'origine japonaise. Soyez avisées qu'en vertu des décrets nᵒˢ 21, 22, 23 et 24 de la Commission de sécurité de la Colombie-Britannique, les régions suivantes sont interdites à toutes personnes de race japonaise[1].

Cet avis, affiché dans les villages côtiers de la Colombie-Britannique au début de 1942, marque le début de la plus importante déportation de l'histoire du Canada depuis celle des Acadiens. Les Japonais qui en sont victimes ont été la cible de discrimination ininterrompue, voire de violence dès leur arrivée au pays en 1886. La Colombie-Britannique anglo-saxonne, à l'exception de ceux qui bénéficient de leur *cheap labour*, éprouve à l'endroit des « *Nikei* » et de tous les Asiatiques en général une hostilité maladive. La première mesure raciste officielle contre ces populations date de 1895, alors que le gouvernement de la province refuse de leur reconnaître la citoyenneté canadienne. La presse attise la haine contre le « péril Jaune » qui menace les jobs des protestants anglo-saxons blancs. L'écrivain Ken Adachi cite cet éditorial du *Victoria Colonist* du 18 juin 1905 :

[…] le Japonais, par un processus évolutionniste engagé depuis des centaines d'années, est, tel que nous le connaissons maintenant,

---

1. Les citations de ce chapitre sont tirées de la bibliographie préparée par Linda Di Biase et Douglas Yancey, des bibliothèques de l'Université de Washington, et présentées sur le site suivant : **www.lib.washington.edu/subject/Canada/internment/intro.html**.

une merveilleuse machine humaine, capable d'effectuer le maximum de travail avec le minimum de moyens de subsistance. Il ne requiert pas une demeure comme un Blanc ; il ne dépense pas le cinquantième de ce que le travailleur manuel blanc le plus mesquin considère comme absolument nécessaire pour se vêtir ; il vit dans un taudis insalubre où un Blanc contracterait des maladies mortelles et, malgré tout cela, il parvient à être aussi efficace qu'un manœuvre blanc non qualifié et, avec une formation adéquate, il est aussi compétent à remplir des fonctions exigeant une certaine habileté [2].

En 1907, on assiste aux premières émeutes racistes organisées par *The Asiatic Exclusion League*, encouragée par la presse violemment xénophobe de Colombie-Britannique. Le 7 septembre, cinq mille manifestants marchent sur l'Hôtel de ville de Vancouver pour réclamer un « Canada blanc » ; ils se dirigent ensuite vers le quartier chinois, où les vitrines de tous les commerces appartenant à des Chinois volent en éclats, puis envahissent le quartier japonais, dont les marchands, simplement armés de bâtons, se défendent comme ils peuvent. Pour protester contre cette violence, les Chinois et les Japonais se mettent en grève ; les industries qui les utilisent comme *cheap labour* doivent fermer leur porte. Des businessmen blancs, menacés dans leur portefeuille, font alors pression sur les politiciens. Le maire de Vancouver, lui-même membre en règle de la ligue raciste, condamne les violences. Et, sans doute plus préoccupé par la grève que celles-ci ont provoquée que par les manifestations racistes, Ottawa délègue sur place le jeune sous-ministre du Travail, un certain William Lyon MacKenzie King, qui sera autorisé à verser 9 000 dollars de compensation à la communauté japonaise ; l'année suivante, il sera envoyé au Japon pour exiger que l'émigration vers le Canada soit limitée à quatre cents personnes par année.

Chroniqueur au *Vancouver Province* et au *Vancouver Morning Star*, Tom McInnes incarne parfaitement le racisme des

---

2. Ken ADACHI, *The Enemy That Never Was : A History of the Japanese Canadians*, Toronto, McClelland and Stewart Ltd, 1977, p. 65.

milieux journalistiques anglo-saxons du début du XXᵉ siècle. Pour lui, la Colombie-Britannique devrait être réservée uniquement aux Britanniques ou, à tout le moins, à des immigrants en provenance d'Europe du Nord. Durant sa carrière, il mènera de multiples campagnes de presse contre les Chinois et les Japonais.

> Nous devons soit les déporter – chose pratiquement impossible à faire – soit leur fermer nos ports en tant qu'immigrants, et rendre la vie impossible à ceux qui sont déjà ici, dont le travail enlève le pain de la bouche de nos compatriotes. Ainsi on les incitera à retourner chez eux [3].

Malgré la haine que leur vouent les *Canadians*, les Japonais multiplient les manifestations de loyauté envers leur pays d'adoption. Durant la Première Guerre mondiale, sur les deux cents Canadiens d'origine japonaise qui combattent en France, cinquante-quatre seront tués et quatre-vingt-douze, blessés. Cette extraordinaire manifestation de dévouement à un Canada qui les rejetait ne modifiera pas l'attitude des autorités ni celle de la population à leur endroit. Ce n'est qu'en 1931 qu'Ottawa consentira, à contrecœur, à donner le droit de vote à ceux, très rares, qui auront survécu à la guerre. Quant aux autres Canadiens d'origine japonaise, ils en seront privés jusqu'en 1947.

Cette haine s'explique en partie par le fait qu'on jalouse les Japonais, leur détermination, leur capacité de travail. En Colombie-Britannique, les pêcheurs blancs convoitent leur permis de pêche, un domaine dans lequel ils excellent et dont, à la fin de la Première Guerre, ils contrôlent presque la moitié des permis. En 1919, le ministère fédéral des Pêches décide de réduire le nombre de permis émis à toute autre personne qu'«aux résidants blancs, aux sujets britanniques et aux Indiens canadiens». Malgré l'hypocrisie de la mesure, c'est évidemment les Japonais que veut ainsi brimer le gouvernement

---

3. Tom McInnes, *Oriental Occupation of British Columbia*, Vancouver, Sun Publishing Co., 1927, p. 133.

canadien ; durant les six années suivantes, il retirera près de mille permis à certains de ses citoyens pour la simple raison qu'ils sont nés au Japon... et qu'ils sont plus vaillants que les pêcheurs blancs qui les envient.

On veut garder le Canada le plus blanc, le plus anglo-saxon, le plus nordique possible, toujours en recourant à des méthodes sournoises et détournées. En 1923, le gouvernement fédéral resserre encore la vis de l'immigration. Il conclut un *gentlemen's agreement* (rien n'est écrit) avec le Japon, qui réduit de quatre cents à cent cinquante le quota officieux d'immigrants masculins japonais admis au Canada chaque année. Les attitudes racistes de la Colombie-Britannique atteindront un paroxysme avec la Seconde Guerre mondiale. Au début de 1941, Ottawa exclut les citoyens canadiens d'origine japonaise du service militaire. En mars, tous les Canadiens japonais doivent s'enregistrer auprès des autorités et, en août, on les oblige à porter sur eux une carte d'identité avec empreinte du pouce et photo.

Dès le début des hostilités avec le Japon, la population anglo-saxonne et les journaux réclament qu'on débarrasse la Colombie-Britannique de la « menace japonaise ». La demande de mesures répressives contre les citoyens d'origine nippone vient de tous les milieux, y compris des municipalités et du gouvernement provincial.

Le 8 décembre, lendemain de l'attaque de Pearl Harbour, douze cents bateaux de pêche appartenant à des « Japonais » sont confisqués. Peu importe qu'ils soient de nationalité japonaise ou canadienne, peu importe qu'ils soient nés ici, peu importe leur loyauté et leurs antécédents irréprochables, la *Loi sur les mesures de guerre* adoptée par le cabinet Mackenzie King, abroge les droits civils de toute personne de « descendance raciale japonaise ». Les Canadiens japonais sont des « étrangers ennemis », « *ennemy aliens* ». Dans le cadre de cette même loi, un décret donne au ministre de la Justice le pouvoir de déporter quiconque à plus de cent milles de la côte de la Colombie-Britannique.

La Commission de sécurité de la Colombie-Britannique (créée pour la circonstance) est chargée de la mise en œuvre des mesures d'exception contre les Canadiens d'origine japonaise. Dans un premier temps, tous les hommes de dix-huit à quarante-cinq ans sont visés ; certains ont à peine vingt-quatre heures pour se préparer à la déportation ou à l'internement. Le couvre-feu est imposé. On procède ensuite à la déportation de leurs familles ; femmes, enfants et vieillards. C'est, bien sûr, la haine des WASP de Colombie-Britannique pour tout ce qui est japonais qui a forcé le gouvernement fédéral à adopter des mesures aussi draconiennes ; mais comme il le fait souvent lorsqu'il cherche à justifier des ignominies, il invoque une menace à la sécurité nationale (rappelez-vous Trudeau en 1970…). Pourtant, des documents rendus publics au tournant des années 1980 démontrent qu'en aucun temps les Forces armées canadiennes, non plus que la GRC n'ont même soupçonné les Canadiens japonais de représenter une quelconque menace pour le Canada.

Au début de mars 1942, près de vingt-trois mille « personnes d'origine raciale japonaise » – les trois quarts d'entre elles sont nées au Canada ou sont naturalisées canadiennes – reçoivent l'ordre de remettre tous leurs biens et possessions au *Custodian of Enemy Alien Property*, le Gardien des biens des étrangers ennemis, comme « mesure de sauvegarde seulement » et de se préparer à la déportation. Le 3 mars, le *New Canadian*, un journal nippo-canadien de Vancouver, écrit au sujet de ces mesures :

> Rapidement, des séries de mesures répressives sans précédent dans l'histoire du pays furent mises en œuvre. Dans les faits, les directives déracinaient sans aucun égard 23 000 hommes, femmes et enfants ; présentaient comme traîtresse et déloyale toute personne d'origine japonaise ; et réduisaient à rien la notion et la valeur de la citoyenneté canadienne [4].

Le 4 mars, une Canadienne japonaise en instance de déportation, Muriel Kitagawa, griffonne une lettre à son frère :

---

4. Cité dans Muriel KITAGAWA, *This is my Own : Letters to Wes & Other Writings on Japanese Canadians, 1941-1948*, Vancouver, Talonbooks, 1995, p. 8-9.

Nous sommes déportés comme les Israélites. L'opinion publique devient sanguinaire et aura notre sang. On agit à notre endroit comme les nazis. OK, nous allons partir. Mais où aller ? Il y a des affiches sur toutes les routes, JAPS KEEP OUT. Couvre-feu. « Mon père se meurt. Puis-je avoir la permission de me rendre à son chevet ? » « NON ! » Comme des taupes, nous nous terrons dans l'obscurité, et osons seulement jeter un coup d'œil par la fenêtre de crainte d'être jetés en taule avec de longues peines de travaux forcés. On confisque nos radios, nos appareils photo, nos voitures et nos camions. On ferme nos commerces. Personne ne veut acheter de nous. Aucune agence n'accepte d'évaluer. Quand on reçoit un avis de se rapporter à la GRC pour être déporté, on se présente de crainte d'être interné. « Qui gardera mon épouse et mes filles ? » Réponse de fier-à-bras. Grand Dieu, si c'était l'Allemagne, on s'attendrait à des choses pareilles, ce serait normal, mais nous sommes au Canada, une démocratie[5] !

Le 16 mai 1942, les premiers déportés arrivent à l'hippodrome Hastings Park, de Vancouver, transformé pour l'occasion en centre de détention (comme le *Vel d'hiv* de Paris) pour les citoyens canadiens d'origine japonaise. En l'espace de quelques semaines, le gouvernement canadien, applaudi par la population blanche de la Colombie-Britannique, va anéantir, sans justification aucune, la communauté japonaise. Au fil des ans, cette communauté a érigé son temple *Nihon-machis*, ses églises chrétiennes, ses écoles ; elle avait mis sur pied des coopératives, des journaux communautaires, des associations de bienfaisance. Ottawa détruira tout !

Séparés de leur femme et de leurs enfants, les hommes sont astreints au travail forcé, principalement dans la construction de routes et chemins de fer ou dans la culture de la betterave à sucre. Les femmes, les enfants et les personnes âgées sont parqués dans des camps d'internement installés dans des localités isolées, à l'intérieur de la province. Le seul crime de ces Canadiens, c'est leur origine raciale japonaise...

Les *dissidents*, c'est-à-dire, par exemple, ceux qui osent se plaindre d'être séparés de leurs familles ou qu'on accuse

---

5. *Ibid.*

d'avoir violé le couvre-feu, sont envoyés dans des camps pour prisonniers de guerre à Angler et à Petawawa, en Ontario. On les y forcera à porter, au dos de leur chemise, le soleil rouge du drapeau nippon.

Le gouvernement canadien poussera l'outrage jusqu'à disposer de certains des biens qu'il administre en fidéicommis ; il accorde à un de ses fonctionnaires, le *Director of Soldier Settlement*, le pouvoir de vendre ou de louer les fermes confisquées aux Canadiens d'origine japonaise. C'est ainsi que seront spoliés cinq cent soixante-douze propriétaires !

> Le gouvernement nous avait promis que, jusqu'à la fin de la guerre, il s'occuperait de nos propriétés. Nous lui avons fait confiance et lui avons confié tous nos biens. C'était des choses très importantes pour nous. Il a alors tout confisqué, nos champs, nos bateaux de pêche, nos voitures en utilisant cette loi inique appelée Loi sur les mesures de guerre. Dès le début, l'intention du gouvernement était de nous abuser [6].

Comme ce fut si souvent le cas dans l'histoire contemporaine du Canada, la politique d'Ottawa quant aux Japonais s'aligne sur celle de Washington. Toutefois, le gouvernement fédéral réussit quand même à se démarquer par son racisme, que traduisent des mesures aussi cruelles qu'injustifiées. À l'encontre de ce qui se fait aux États-Unis, ici on décide de séparer les hommes de leur famille ; les conditions de vie des femmes, des enfants et des vieillards seront si pénibles qu'ils devront compter sur des dons alimentaires en provenance du Japon et acheminés par la Croix-Rouge internationale. Soulignons que, *per capita*, le gouvernement canadien dépensera trois fois moins que son voisin du Sud en ce qui concerne la subsistance des déportés d'origine japonaise ; dans certains camps de concentration, on les fera même payer pour leur propre internement...

Contrairement aux Nippo-Américains, les Canadiens d'origine japonaise ne pourront servir dans les Forces armées

---

6. Genshichi TAKAHASHI, cité dans Keibo OIWA, *Stone Voices : Wartime Writings of Japanese Canadian Issei*, Montréal, Vehicule Press, 1991, p. 192.

avant 1945. Malgré leur déportation, la confiscation de leurs biens, voire leur internement, entre janvier et mai, ils seront cent cinquante à se porter volontaires pour aller combattre en Extrême-Orient. Parmi eux, Harold Hirose : pendant qu'il risque sa vie à la défense de son pays, ses cinq acres de terrain, à Surrey près de Vancouver, seront confisqués et vendus pour 36 dollars. À son retour, il recevra un chèque de 15 dollars, déduction ayant été faite des frais administratifs pour une transaction qu'il n'avait évidemment jamais approuvée ; il effectuera d'innombrables démarches pour récupérer sa terre, mais sans succès[7]... Par ailleurs, plusieurs de ces « Japonais ennemis » furent utilisés tout au long de la guerre comme traducteurs dans les services d'interception des communications japonaises du gouvernement fédéral.

Aucun Japonais n'a jamais été accusé de trahison, d'espionnage ou d'intelligence avec l'ennemi. La GRC n'a jamais réclamé la déportation ou l'internement des Canadiens japonais de Colombie-Britannique. Malheureusement, Ottawa s'est cru obligé d'obtempérer devant le racisme forcené de la population blanche de cette province, racisme exacerbé par des médias hystériques. C'est ce qui explique que, après la fin des hostilités, les mesures racistes, loin d'être abrogées, vont atteindre un niveau sans précédent. Mackenzie King prolonge l'application de la *Loi sur les mesures de guerre*, car il a décidé de régler le problème et de débarrasser définitivement la Colombie-Britannique des Japonais. On leur donne le choix suivant : vous déménagez dans l'Est du pays, ou vous êtes expulsés au Japon. Le 31 mai 1946, près d'un an après la fin de la guerre avec le Japon, commence la déportation de trois mille neuf cent soixante-cinq Japonais du Canada, dont une bonne part sont citoyens canadiens et n'ont jamais vu le pays de leurs ancêtres, et dont certains ne connaissent même pas la langue.

---

7. Roy MIKI et Cassandra KOBAYASHI, *Justice in our Time, The Japanese Canadian Redress Settlement*, Vancouver, Talonbooks, 1991, p. 81.

Dans le but de contester cette mesure criminelle, une association se forme, le *Cooperative Committee on Japanese Canadians*, qui porte la cause devant la Cour suprême du Canada. Assurément, il est impensable que le plus haut tribunal du pays puisse confirmer une loi aussi odieuse ! Et pourtant, en recourant aux arguties les plus spécieuses, la plus haute instance chargée de la justice au Canada déclare constitutionnelle la déportation de citoyens canadiens vers un pays étranger, uniquement en vertu de leur race... Cette immonde abjection souille à jamais l'honneur de la Cour suprême du Canada.

La bassesse de la Cour suprême ne fait que donner de l'ampleur au mouvement de protestation et en 1947, le gouvernement se résout finalement à abroger l'ordre de déportation prononcé en Colombie-Britannique. Il faudra encore un an avant que cette abrogation ne devienne effective pour tous les Japonais vivant au Canada. Enfin, en 1949, les Canadiens japonais déportés en vertu de cette loi infâme peuvent légalement revenir vivre où ils veulent au Canada, y compris en Colombie-Britannique. Jusqu'à la levée des dernières restrictions dont ils furent frappés, les citoyens canadiens d'origine japonaise auront été considérés comme des étrangers ennemis par le gouvernement canadien. Leur déportation et leur internement durant la Seconde Guerre mondiale constituent, selon Peter Ward, auteur d'un excellent ouvrage sur la question[8], « l'expression la plus dramatique du racisme dans l'histoire canadienne ».

En 1988, près d'un demi-siècle après les faits, le gouvernement conservateur de Brian Mulroney présente des excuses officielles aux Canadiens d'origine japonaise pour la violation de leurs droits et le traitement injuste qu'ils ont subi durant et après la Seconde Guerre mondiale. Il propose une série de mesures, dont un redressement symbolique de 21 000 dollars

---

8. W. Peter WARD, *White Canada Forever: Popular Attitudes and Public Policy Toward Orientals in British Columbia*, Montréal, McGill/Queen's University Press, second edition, 1990.

pour chaque Canadien japonais qui a subi la déportation ou l'internement; et surtout, il accorde la citoyenneté canadienne à toutes les personnes de descendance japonaise qui ont été expulsées du pays ou qui ont vu leur citoyenneté révoquée au cours de cette période.

Si le gouvernement canadien a finalement reconnu ses torts à l'endroit des Canadiens japonais, c'est grâce à des gens comme Maryka Omatsu, une avocate qui, pendant des années, a mené campagne pour que sa communauté obtienne justice :

> [...] pour la majeure partie de l'histoire du Canada, pour ceux d'entre nous qui ne sommes pas de descendance anglo-saxonne, le prix à payer pour la citoyenneté canadienne a été une extirpation brutale de nos racines et une immersion inconditionnelle dans la culture dominante. Pour ma génération, l'assimilation a exigé un reniement de nos origines ethniques. Pourtant, la douleur lancinante persiste. Inconfortable dans notre peau, nous avons secrètement tenté de réconcilier l'image que nous renvoie le miroir avec la réalité quotidienne du monde extérieur[9].

Pendant des décennies, les crimes d'Ottawa contre la communauté japonaise ne seront pratiquement jamais évoqués dans les médias du Canada anglais; journalistes, commentateurs et éditorialistes préférant dénoncer comme crime contre l'humanité, par exemple, la déportation des Tatars de Crimée par Staline...

---

9. Maryka Omatsu, *Bittersweet Passage : Redress and the Japanese Canadian Experience*, Toronto, Between The Lines, 1992.

L'antisémitisme à l'anglaise

For the British, the burden of Empire presupposed the existence of a divine power which had selected them for a divine mission through the evolutionary process, through the survival of the fittest. As Cecil Rhodes put it, « I contend that we are the first race in the world, and the more of the world we inhabit, the better it is for the human race » [1].

Le Canada anglais, jusqu'à tout récemment, partageait cette conviction profonde quant à la supériorité raciale des Britanniques. Et il lui a fallu longtemps pour qu'il commence à se créer une identité propre. Avant qu'une loi de la citoyenneté canadienne soit finalement adoptée en 1947, les Canadiens anglais étaient parfaitement satisfaits de n'être que de bons et loyaux sujets de Sa Majesté britannique. Il fallait réserver le pays à la race britannique : « [...] *the British tradition of freedom and self-government was thought to be properly understood only by those of Anglo-Saxon heritage* [2]. » Afin d'atteindre cet objectif, le Canada s'était doté, depuis la fin du XIXᵉ siècle, des règlements les plus discriminatoires, visant à exclure toute immigration qui n'était pas blanche, protestante et anglo-saxonne. Les grands ennemis des Canadiens français, les orangistes qui dominaient la vie sociale et politique du Canada anglais, allaient devenir les ennemis acharnés des Juifs, considérés

---

1. H. W. KOCH, *The Origins of the First World War*, New York, Taplinger Pub. Co., 1972, p. 349.
2. Lita-Rose BETCHEMAN, *The Swastika and the Maple Leaf. Fascist movements in Canada in the Thirties*, Don Mills, Fitzhenry & Whiteside, 1975, p. 45.

eux aussi comme difficilement assimilables et incapables d'apprécier les bienfaits du mode de vie et de la démocratie à l'anglaise.

> Although the Orangemen aimed their biggest guns at their traditional enemy, the French Canadians, they also took a strong stand against Europeen immigrants who – to quote a twelfth of July orator – « have no knowledge of our love of civil and religious liberty » [3].

Le Canada anglais allait mener contre les Juifs une guerre parfois ouverte, mais la plupart du temps cachée, sournoise et hypocrite. Jusqu'à sa mort en 1910, Goldwin Smith était un des plus grands intellectuels du Canada anglais et du monde anglo-saxon en général. L'Université Cornell, à Ithaca dans l'État de New York, où il a enseigné quelques années lui a rendu hommage en donnant son nom au pavillon qui abrite ses départements d'études classiques et de philosophie. Smith était un libéral qui, après avoir été un partisan du mouvement *Canada First*, prôna l'annexion aux États-Unis comme première étape à l'unification de la « race anglo-saxonne ». Il fut aussi l'antisémite le plus virulent et le plus en vue du XIXᵉ siècle au Canada [4].

Professeur à l'Université de Toronto, il eut comme élève William Lyon Mackenzie King, le plus antisémite des premiers ministres canadiens qui, toute sa vie, lui vouerait une grande admiration. Smith dénonçait la « domination juive », et jugeait les Juifs bons à rien. « *Jews are no good anyhow.* » Dans ses conférences comme dans ses écrits, il attaquait systématiquement les Juifs, les traitant de « tueurs de Christ » (*Christ Killers*), leur reprochant de vouer un culte à la richesse…

> *Smith fiercely believed that the Jews were persecuted because they deserved it, that Jews exercised a monopolistic control over the media, and, above all, that they needed to be watched because they constituted a danger to the nation, mankind, and the « general progress of civilization ». [...] Smith articulated his views for almost thirty years*

---

3. *Ibid.*, p. 51-52.
4. Gerald TULCHINSKY, *Taking Root : The Origins Of The Canadian Jewish Community*, Lester Publishing Limited, Toronto, 1992. p. 231-238.

(1878-1906) in high-profile publications and when holding court in Toronto. The only hope for change, in Smith's view, would be if Jews moved to Palestine, or ceased to exhibit the characteristics of self-centered tribalism, gave up their belief in their chooseness, stopped controlling the press, and stopped engaging in barbaric practices like circumcision[5].

On a souvent reproché aux Canadiens français les campagnes d'*Achat chez nous* du début du XXe siècle, comme si cela était un phénomène caractéristique de la société québécoise. On oublie comme toujours de regarder ce qui s'est fait ailleurs au Canada. Dans les années 1920, à Toronto, on boycotte les commerces juifs au point où, croyant ses affaires menacées par la consonance de son nom, la famille Glass publie en 1923 une extraordinaire annonce dans le *Toronto Star* : ses membres tiennent à aviser le public que, contrairement à ce que dit la rumeur, ils ne sont pas juifs, et ils assurent les consommateurs que « *we beg to state that this house is strictly gentile, owned and managed by Canadians in Canadian interests*[6] ».

Pour *The Toronto Telegram*, journal orangiste, les Juifs ne sont pas dignes d'être Canadiens. En 1925, il réclame, en des termes particulièrement abjects, qu'on mette un frein à l'immigration juive : « *An influx of Jews puts a worm next to the kernel of every fair city where they get hold. These people have no national tradition. [...] They are not the material out of which to shape a people holding a national spirit*[7]. »

Dans les années 1930, « *Keep Canada British* » était le mot d'ordre au Canada anglais, où on s'intéressait beaucoup, comme chez les nazis, à l'eugénisme et au fondement biologique de la « race anglo-saxonne ». Plus de la moitié des six cent mille habitants de Toronto viennent d'Angleterre et 80 % de

5. Richard MENKIS, *From Immigration To Integration, The Canadian Jewish Experience : A Millennium*, édition présentée sur le site de B'nai Brith : www.bnaibrith.ca/institute/millennium/millennium03.html.

6. Stephen Speisman, *The Jews Of Toronto : A History to 1937*, Toronto, McClelland and Stewart, 1987, p. 322.

7. *Ibid.*, p. 321.

sa population est de « race anglo-saxonne ». Toronto, à l'époque, est le cœur du Canada anglais. La ville est orangiste, in-
tolérante aux minorités, férocement protestante et impérialiste.

> *Toronto was one of the largest centres of Orange strength.* [...] *The*
> *Order was a powerful force in the city's administration.* [...] *Many*
> *of Toronto's policemen and firemen were members of Orange lodges.*
> *A good number of its civic workers were also Orangemen. The mayor*
> *of Toronto and most of the aldermen were... Orangemen... In To-*
> *ronto, and elsewhere in Orange circles, the Jew was hated because he*
> *was most definitely not British*[8]...

La ville compte quarante-cinq mille Juifs, quarante-cinq
mille de trop, et on entend bien le leur faire sentir. Aussi incroyable que cela puisse paraître aujourd'hui, des affiches
« *Gentiles Only*» avisent les Juifs de ne pas aller sur certaines
plages ou dans certains quartiers. Des centres de villégiature
leur sont fermés : « No Jews or dogs allowed ». En fait, la discrimination contre les Juifs est tellement ouverte et provocante,
les affiches, tellement offensantes que le jeune député conservateur de Hamilton, Argue Martin, introduit au début de 1933
un projet de loi à l'Assemblée législative ontarienne en vue
d'interdire les publicités et les avis discriminants en vertu de la
race et de la religion. Sous le nom de plume *The Observer,* un
commentateur « progressiste » de l'époque, le révérend Slem
Bland, appuie la mesure dans une chronique du *Toronto Daily
Star.* Il ne veut pas blesser inutilement les Juifs avec de telles affiches, mais il défend le droit des employeurs et des propriétaires à avoir des pratiques raciales et religieuses discriminatoires,
à condition qu'ils ne les affichent pas publiquement. Il réclame
donc une loi qui interdirait les manifestations publiques de
discrimination raciale ou religieuse, tout en la tolérant pourvu
qu'elle soit discrète ! Les centres de villégiature, les plages, les
terrains de golf, les promoteurs immobiliers pourraient conti-

---

8. Cyril H. Levitt et William Shaffir, *The Riot at Christie Pits,* Toronto, Lester &
   Orpen Dennys, 1987.

nuer de bannir les Juifs, mais ils ne pourraient plus le dire publiquement. Le projet de loi est rejeté[9].

Durant l'été de 1933, la banlieue de Balmy Beach, sur le Lac Ontario à l'est de Toronto, est totalement britannique. Ses résidents anglos sont courroucés lorsque des Juifs prennent l'habitude de venir se baigner à la plage publique. Bientôt, des jeunes Anglo-Saxons s'attaquent à eux dans le but de les chasser, et multiplient les graffitis *Heil Hitler* sur les murs avoisinants. Les jeunes racistes se présentent aux journalistes comme membres de Swastika Clubs; les journaux de Toronto popularisent l'expression dans des articles sur les confrontations entre baigneurs juifs et résidents anglo-saxons de Balmy Beach. Au cours des mois suivants, ces Swastika Clubs improvisés donnent naissance à un mouvement national, la Swastika Association of Canada, qui s'étendra d'un océan à l'autre. Le fondateur en est Joseph C. Farr, qui s'est fait une réputation à chasser les Juifs des plages réservées aux Anglo-Saxons de l'est de Toronto. Ce protestant orangiste, originaire d'Irlande du Nord, incarnera l'idéologie fasciste au Canada anglais.

> *English Canada was shocked at every reminder of Swastika Clubs and fascist parties in its midst, and persisted in regarding them as totally alien to its democratic way of life (while quite at home in Québec). But fascism, west of the Ottawa River, was not just an import, English-speaking Canadians themselves indulged to some degree in its main component – racism[10].*

Quelques années plus tard, en 1937, apparaîtra sur les plages de l'est torontois une grande affiche: *La Grande-Bretagne vous a donné Jérusalem, pour l'amour de Dieu laissez-nous cette plage*[11].

---

9. Lita-Rose BETCHEMAN, *op. cit.*, p. 51-52.
10. *Ibid.*, p. 45.
11. *Ibid.*, p. 100.

L'émeute de Christie Pits

Quelques semaines après les incidents de Balmy Beach qui donnent naissance aux Swastika Clubs, Toronto sera la scène de la plus violente émeute antisémite de l'histoire du Canada. Le 16 août, au parc Willowdale, plus connu sous le nom de Christie Pits, une partie de balle molle oppose en semi-finale l'équipe Harbor Playground, à majorité juive, à celle de St. Peter, constituée de WASP. Un incident a déjà marqué la partie précédente, deux jours plus tôt : à la fin du match, un spectateur a brandi une chemise noire ornée d'une croix gammée blanche et a crié des injures antisémites à l'équipe de Harbor Playground. La nuit suivante, des vandales ont couvert un mur du parc de graffitis *Heil Hitler*.

Les résidents anglo-protestants du quartier entourant le parc s'inquiètent de voir de plus en plus de Juifs s'y installer. Le soir du 16, toutes les conditions sont réunies pour une confrontation. De nombreux antisémites, au courant de la façon dont s'est terminée la partie précédente, sont sur place, cherchant l'occasion de s'en prendre aux Juifs. Les jeunes joueurs juifs ont demandé la protection d'un certain nombre de leurs amis. L'association des amateurs de balle molle de Toronto a demandé à la police d'être sur place pour éviter tout affrontement, mais la police torontoise, largement constituée d'orangistes antisémites, a ignoré la requête. Elle ne va surtout pas se déplacer pour assurer la protection de jeunes Juifs contre de bons citoyens anglo-protestants qui voient leur quartier envahi par ces indésirables ! La police de Toronto, à cette époque, s'adonne surtout à la répression d'assemblées publiques de communistes et de socialistes, qu'elle associe aux Juifs.

La Commission de police de Toronto avait décrété, en 1928, que toute réunion publique tenue dans une langue autre que l'anglais était illégale, et que les policiers, ne pouvant comprendre ce qui s'y disait, devaient assumer qu'on y prêchait la sédition et la trahison. Philip Halperin, qui publiait une petite feuille communiste en yiddish, fut accusé d'avoir causé du désordre parce qu'il avait pris la parole en yiddish dans une réunion à la mémoire de Lénine. Le chef de police Draper devait expliquer à un journaliste que, même si le policer qui avait arrêté Halperin ne comprenait pas le yiddish, il était convaincu que les institutions britanniques étaient pourfendues dans son discours.

Au parc Christie Pits donc, les Juifs n'auront pas la protection de la police; mais ils sont décidés à se défendre. Dès la fin de la partie, qui a été remportée par l'équipe de St. Peter, un groupe d'antisémites déploient un grand drapeau à croix gammée et se mettent à crier : « *Heil Hitler!* » Les jeunes Juifs se précipitent sur eux : il s'ensuivra six heures de bagarres impliquant de part et d'autre des centaines de combattants, dont certains équipés de bâton de base-ball et de barres de fer. Selon certaines estimations, jusqu'à dix mille personnes participent aux troubles et se livrent au saccage du parc Willowdale et de ses environs. Vingt-deux sympathisants nazis seront interrogés par la police [12]. Plus d'une douzaine de personnes seront hospitalisées. Quatre jeunes anglo-protestants du quartier sont arrêtés; ils avoueront à la police que leur objectif était d'empêcher les Juifs d'utiliser leur parc. Un juge prononcera une ordonnance de non-lieu « *on the ground that the provocation of Jews was intended as a joke* [13] ».

La discrimination dont sont l'objet les Juifs est systématique, et elle s'étend à tous les secteurs d'activité de la société. Un rapport du Congrès juif canadien sur les activités antisémites montre à quel point, au Canada anglais, les emplois étaient alors fermés aux Juifs :

> *Few of the country's teachers and none of its school principals were Jews. Banks, insurance companies and large industrial and commercial interests reportedly excluded Jews. Major department stores avoided hiring Jews as sales personnel. Jewish doctors rarely received hos-*

---

12. Cyril H. LEVITT et William SHAFFIR, *op. cit.*
13. Stephen SPEISMAN, *The Jews Of Toronto : A History to 1937*, Toronto, McClelland and Stewart, 1987, p. 335.

pital appointments, and universities and professional schools restric-
ted numbers of Jewish students and conspired against hiring Jewish
faculty. The report also noted that Jewish nurses, architects and engi-
neers were often forced to assume non Jewish surnames to get jobs[14].

Esther Einbinder, qui, en 1933, fait une thèse de maîtrise
sur les attitudes envers les Juifs à Toronto, constate que le tiers
des hommes d'affaires et des professionnels de la ville vou-
draient bannir les Juifs du Canada ; c'est qu'ils craignent la
montée de la classe moyenne d'origine juive. Et les étudiants
universitaires partagent malheureusement les préjugés de leurs
parents ; Einbinder découvre que 80 % d'entre eux ne veulent
pas admettre de Juifs dans leurs clubs ou associations[15]. Les
Juifs sont exclus des courts de tennis et des clubs de golf. Lorsqu'ils forment leur propre club de tennis et demandent à être
admis dans l'Association des clubs de tennis, ils se voient refu-
sés parce qu'ils sont juifs.

Mais, plus grave encore, les élites du Canada anglais,
comme la classe dirigeante britannique qu'elles singent, croient
que les Juifs sont à l'origine de toutes les révolutions qui ont se-
coué l'Europe depuis 1789. Winston Churchill lui-même propagera ce stéréotype dans un article du *Sunday Herald*, daté du
20 février 1920. Après avoir fait l'éloge du peuple juif – « *No
thoughtful man can doubt the fact that they are beyond all question the most formidable and the most remarkable race which has
ever appeared in the world* » – et de sa contribution à la culture
universelle, Churchill fait la distinction entre les bons et les
mauvais Juifs, parmi lesquels il place ceux qu'il appelle les « Juifs
internationaux » :

> *It has been the mainspring of every subversive movement during the
> Nineteenth Century ; and now, at last, this band of extraordinary per-
> sonalities from the underworld of the great cities of Europe and Ame-
> rica have gripped the Russian people by the hair of their heads and have
> become practically the undisputed masters of that enormous empire.*

---

14. Irving ABELLA et Harold TROPER, *None Is Too Many*, Toronto, Lester and Orpen
Dennys, 1983.
15. Lita-Rose BETCHEMAN, *op. cit.*, p. 102.

Il accuse aussi des « Juifs terroristes » d'être les responsables de la terreur révolutionnaire qui ensanglante plusieurs pays européens à la suite de la Première Guerre mondiale.

> *And the prominent, if not indeed the principal, part in the system of terrorism applied by the Extraordinary Commissions for Combating Counter-Revolution has been taken by Jews, and in some notable cases by Jewesses. [...] Although in all these countries there are many non-Jews, every whit as bad as the worst of the Jewish revolutionaries, the part played by the latter in proportion to their numbers in the population is astonishing.*

L'oligarchie financière ontarienne, en lutte contre l'arrivée des syndicats industriels américains, trouve de bonne guerre, à la suite de Churchill, d'associer les Juifs aux bolcheviks. Le chef du Parti conservateur ontarien et futur chef du Parti conservateur canadien, George Drew, dans ses discours dénonçant l'agitation syndicale, ne nomme que les organisateurs syndicaux qui portent des noms à consonance juive. Il affirme que quatre cent cinquante des quinze cents membres actifs du Parti communiste canadien sont des Juifs. Le stéréotype du Juif communiste est aussi entonné par la presse. Le *Globe* de Toronto, dans son édition du 21 janvier 1935, écrit : « *Although it cannot be said that the majority of Jews are communist, the indications are that a large percentage and probably a majority of Communists are Jews* [16]. »

Comme les affiches, les écrits antisémites se multiplient, associant le plus souvent les Juifs à la révolution. Lorsque le député libéral J. J. Glass évoque, dans un discours à l'Assemblée législative ontarienne, la possibilité d'introduire une loi interdisant la littérature haineuse, le *Globe and Mail* ridiculise l'idée dans un éditorial intitulé « Pourquoi être si susceptible ? ». Un porte-parole des loges orangistes considère que toute loi en ce sens serait une restriction à la liberté de parole et un pas en arrière. Quand Glass revient à la charge, le *Globe and Mail* affirme qu'une telle loi ne serait pas dans la

---

16. *Ibid.*, p. 103.

tradition britannique. Nuisible, antidémocratique et antibritannique [17].

Au Québec, les anglophones sont tout aussi antisémites que le reste du Canada anglais. En 1901, un élève de dix ans, Jacob Pinsler, se voit refuser par la Commission des écoles protestantes du Grand Montréal, pour l'unique raison qu'il est juif, une bourse d'études à laquelle il avait droit. Les anglo-protestants prélèvent des impôts de contribuables juifs, on admet leurs enfants dans les écoles anglo-protestantes, mais on se montre hostile à l'embauche d'enseignants de confession israélite. Les Juifs sont aussi exclus de l'administration de la commission scolaire et du Conseil d'administration.

> When Jews sought full political participation in the commission, the commissioners saw this as a threat and, in no uncertain terms, told the Jews they were only guests in a system that must remain Protestant. Allowing Jewish commissioners would lead to non-Christians teaching Protestant children, protested a leading commissioner, « [and] it scarcely seems necessary to characterize such an innovation as undesirable ». And indeed, Jewish teachers found it nearly impossible to get a job at a Protestant school, at a time when Jewish students constituted one-third of the student body [18].

À l'Université McGill, des années 1920 jusqu'à la Seconde Guerre mondiale, les Juifs sont soumis à des règles de contingentement, et on leur impose des critères d'admission plus sévères qu'aux autres candidats. L'homme responsable de la politique d'exclusion des Juifs de l'Université McGill est le vice-chancelier de l'époque, Sir Arthur Currie. Un gymnase de l'Université honore sa mémoire ; aucun organisme juif n'a jamais demandé qu'on fasse disparaître son nom du campus. La communauté juive du Québec passe généralement sous silence la discrimination dont elle a été l'objet de la part des Anglo-Québécois pour faire une fixation sur le chanoine Lionel Groulx.

> Si Groulx avait été un intellectuel foncièrement antisémite, comme certains le prétendent, cet antisémitisme aurait occupé

---

17. Irving ABELLA et Harold TROPER, *op. cit.* (introduction de l'édition de 1986), p. xi.
18. Richard MENKIS, *op. cit.*

une proportion notable de son discours et de ses actions. Il aurait écrit des pamphlets antisémites, organisé des événements en ce sens, prôné une conduite belliqueuse à l'égard des Juifs, etc. Ce qu'il n'a jamais fait. Groulx serait bien le premier « chef de file » d'un mouvement antisémite, comme quelques-uns l'ont un jour désigné, à n'avoir à peu près jamais parlé des Juifs, et lorsqu'il le faisait, c'était le plus souvent en des termes positifs. Il incitait ses compatriotes à pratiquer le sens de la solidarité et à cultiver l'attachement à leur culture que ses compatriotes juifs manifestaient. Observant un parallèle dans la situation des deux groupes, il a même été un jour jusqu'à écrire que les Canadiens français étaient les « Juifs de l'Amérique »[19].

Dans un de ses nombreux textes, le chanoine Groulx a même condamné l'antisémitisme : « L'antisémitisme, non seulement n'est pas une solution chrétienne ; c'est une solution négative et niaise[20]. » En fait, selon le sociologue Gary Caldwell[21], dans l'ensemble de l'œuvre de Groulx, on ne trouve que deux citations qui pourraient être considérées comme antisémites.

Chez les Anglo-Québécois, la discrimination contre les Juifs n'est pas limitée à l'éducation ; elle est généralisée, comme le constate Gérard Bouchard :

> Hors du milieu scolaire, les Juifs montréalais se heurtaient à l'exclusion quasi systématique dont ils étaient victimes auprès de l'establishment anglo-québécois. Ils étaient tenus à l'écart du milieu de la finance, du Barreau anglophone, des clubs sociaux prestigieux, des sociétés de loisir (YMCA, YWCA), et le reste. C'est ce rejet qui a conduit les Juifs à mettre sur pied leur propre réseau institutionnel (hôpital, écoles, centres communautaires, etc). Dans l'ensemble, il ressort des travaux et des témoignages les plus autorisés qu'il

---

19. Benoît LACROIX et Stéphane STAPINSKY, « Lionel Groulx : actualité et relecture », *Les Cahiers d'histoire du Québec au XXe siècle*, n° 8 ; présenté sur www.vigile.net/groulx/cahiers8pres1.html.

20. BRASSIER, « Lionel Groulx », *L'Action nationale*, avril 1993, ; cité par Gary CALDWELL, *op. cit.*, p. 242.

21. Gary CALDWELL, « La controverse Delisle-Richler. Le discours sur l'antisémitisme au Québec et l'orthodoxie néo-libérale au Canada », *L'Agora*, vol. I, n° 9, juin 1994 ; présenté sur www.agora.qc.ca/liens/gcaldwell.html.

existait au sein de la communauté anglo-québécoise un antisémitisme très actif et très efficace ; mais il avait la propriété de se faire
plus discret que l'antisémitisme canadien-français, lequel avait ten-
dance à s'exprimer bruyamment sur la place publique [22].

De l'orangisme au fascisme

La montée du fascisme et du nazisme en Europe va se ré-
percuter au Canada anglais, où les orangistes ont déjà fait le
saut vers l'antisémitisme ; le fascisme y prendra des allures britanniques et impérialistes. Au milieu des années 1930, Mussolini est largement admiré par l'intelligentsia et par les élites
économiques du Canada anglais. Un ancien président de l'Association ontarienne des magistrats, S. A. Jones, fasciste et ardent impérialiste, publie un livre intitulé *Is Fascism the Ans-
wer?* et, en 1934, il fait l'éloge du fascisme dans une allocution
au Empire Club de Toronto. Au même moment, le *Montreal
Star* se demande en éditorial : « *Could we Import Mussolini?* ».
À Winnipeg, le 26 septembre 1933, une douzaine d'anciens
combattants de la Première Guerre mondiale mettent sur pied
un mouvement de « chemises brunes », le Canadian Nationalist Party, dont le chef est William Whittaker, un Britannique
dans la cinquantaine. La salle est décorée d'*Union Jack*, et
Whittaker assure la couronne britannique de la loyauté de son
nouveau parti. Les participants au congrès de fondation se
sont donné pour objectif de combattre le communisme, car,
pour eux aussi, Juif égale communiste, et de créer au Canada
un gouvernement central fort : le CNP veut abolir les assemblées législatives provinciales. Une descente de police dans les
bureaux du Parti permet de découvrir une liste où les membres
sont classés suivant leur habileté militaire… Le leadership du
Parti restera anglo-saxon, mais la majorité des membres sera

---

22. Pierre ANCTIL, Ira ROBINSON et Gérard BOUCHARD (dir.), *Juifs et Canadiens
français dans la société québécoise* [Actes du colloque], Sillery, Éd. du Septentrion, 2000, p. 23.

constituée d'immigrants européens, surtout des Allemands mennonites. Une feuille violemment antisémite publiée par le Parti est imprimée sur les presses d'un journal de l'Église mennonite, dans lequel Herman Neufrel, son directeur, fait l'éloge de Hitler et diffuse des extraits de discours de Goebbels.

Toujours à Winnipeg, un lieutenant dissident de Whittaker, Howard Simpkin, fonde en 1934 un autre mouvement fasciste, la Canadian Union of Fascists, qui se réclame cette fois du leader fasciste britannique, Sir Oswald Mosley, et de sa British Union of Fascists. En moins d'un an, la CUF créera des succursales de Toronto à Vancouver ; comme les partisans de Mosley en Grande-Bretagne, les membres de la Canadian Union of Fascists adoptent la chemise noire.

Faisant la chronique des années de dépression dans les Prairies, le journaliste et historien James Gray affirme que les nazis infiltrent les universités, les écoles et les églises. « Jusqu'à ce que la guerre éclate, écrit-il dans *The Winter Years*, l'antinazisme était une cause perdue à Winnipeg [23]. » En fait, le Canada anglais avait alors emboîté le pas à la mère patrie, où une partie importante de la classe dirigeante était gagnée aux idéaux fascistes et nazis. On estime à deux cents le nombre de députés conservateurs britanniques qui, avant la guerre, ont exprimé ouvertement leur admiration pour Mussolini, et, parmi eux, Winston Churchill. Dans les années 1920, après avoir rendu visite au Duce en Italie, Churchill avait déclaré à la presse :

> *I could not help being charmed, like so many other people have been, by Signor Mussolini's gentle and simple bearing. [...] If I had been an Italian, I should have been wholeheartedly with you from start to finish* [24].

Un député conservateur, Sir Thomas Moore, estimait que « *there cannot be any fundamental differences of outlook*

---

23. J. GRAY, *The Winter Years. The Depression on the Prairies*, Toronto, Macmillan, 1966, p. 185.

24. Dave Renton, *Fascism and Anti-Fascism in Britain* : **www.dkrenton.co.uk/trent2.html**. Renton est maître-assistant (lecturer) au Département d'histoire du Edge Hill College.

between Blackshirts and their parents, the Conservatives». Quatre députés conservateurs faisaient d'ailleurs partie du January Club du leader fasciste Sir Oswald Mosley, aristocrate proche de la famille royale et ancien député travailliste. On affirme même qu'en 1936, après son abdication, Edouard VIII se rendit à Black House, le siège de la British Union of Fascists, pour recevoir le salut bras levé des militants qui s'y étaient assemblés [25].

Devenu duc de Windsor, il entretiendra une correspondance secrète avec Hitler, qui aurait envisagé de le faire régent du Royaume si jamais il s'emparait de l'Angleterre. Les Saxe-Cobourg-Gotha, mieux connus sous leur nom d'emprunt de Windsor, sont d'origine allemande. En 1945, la correspondance entre le duc de Windsor et Hitler a été saisie à Berlin par les services secrets britanniques et remise à la famille royale. L'agent secret chargé de la mission, Anthony Blunt, était un agent double au service de Moscou. Même après avoir été mis au courant de sa félonie, la reine Élisabeth le maintint dans son poste de conservateur de sa collection de portraits, où elle l'avait nommé pour acheter son silence et protéger la réputation de la famille royale [26].

Des documents d'époque, récemment rendus publics, montrent à quel point les cercles dirigeants britanniques étaient antisémites. En mai 1939, le député Archibald Ramsay avait créé une société secrète, le Right Club, qui regroupait trois cent trente-cinq membres (deux cents hommes, cent trente-cinq femmes) de la haute société anglaise. Selon le journal londonien *The Independent*:

> *The purpose of the organization was to support fascist policies, to «oppose and expose the activities of Organized Jewry» and to influence the British government to maintain peace with Germany.*

---

25. *Ibid.*
26. Voir sur ces questions: John COSTELLO, *Mask of Treachery: Spies, Lies, and Betrayal*, révisé et mis à jour, New York, Warner Books, 1990; Anthony Cave BROWN, *Treason In The Blood*, New York, Houghton Mifflin, 1994; John COSTELLO et O. TSAREV, *Deadly Illusions*, New York, Crown Publishers, 1993.

Meetings were chaired by no less a figure than the Duke of Welling-ton [27].

Afin de protéger la réputation de la classe dirigeante du pays, la liste des membres du Right Club avait été saisie par les services secrets britanniques peu après l'entrée en guerre de la Grande-Bretagne contre l'Allemagne, et elle était restée sous clé depuis à la Weiner Library de Londres. Les journalistes y ont découvert des noms de sommités, comme le cinquième duc de Westminster, le second baron Redesdale, Lord Sempill, Lord Ronald Graham, Lord Carnegie, le comte de Galloway, la princesse Blucher, Sir Alexander Walker, l'écrivain A. K. Chesterson, et de nombreux autres racistes et sympathisants nazis, dont E. H. Cole, chef des White Knights, une version anglaise du Ku Klux Klan.

Adrien Arcand : quand Ottawa finance la presse antisémite

Adrien Arcand était le chef du principal parti politique fasciste canadien d'avant-guerre. C'est avec un plaisir évident que les commentateurs du Canada anglais évoquent son spectre pour l'associer au nationalisme québécois, totalitaire et antidémocratique. Il y a erreur sur la personne. Comme Pierre Elliott Trudeau et Jean Chrétien, Arcand était un adversaire résolu du séparatisme. Défenseur des valeurs et des idéaux *canadians*, il était même secrètement à la solde du premier ministre du Canada.

En bon Canadien français fédéraliste et anglophile, Adrien Arcand s'enrôle dans la milice de l'armée canadienne alors qu'il fait ses études de génie chimique à l'Université McGill. Attiré par le journalisme, il travaille au *Montreal Star* et à *La Presse*, d'où il est renvoyé lorsqu'il tente d'organiser un syndicat. Avec son complice et imprimeur, Joseph Ménard, il va

---

27. Paul LASHMER, « Revealed : Nazis' Friends Inside the British Elite », *The Independent*, dimanche 9 janvier 2000.

ensuite créer une série de petits journaux férocement antisémites. Le Parti conservateur du Québec et son chef Camilien Houde reçoivent l'appui des deux journaux d'Adrien Arcand, *Le Miroir* et *Le Goglu*, aux élections de mars 1930. Mais dans les mois qui suivent, Houde rompt avec Arcand, et l'ancien maire de Montréal interviendra par la suite pour défendre les Juifs. Camilien Houde n'est pas le seul nationaliste québécois du temps à se porter à la défense des Juifs ; Henri Bourassa, qui, dans sa jeunesse, avait manifesté de l'hostilité envers les Juifs, rencontrera des représentants du Congrès juif canadien et fera des interventions aux Communes pour condamner l'antisémitisme. Il sera d'ailleurs dénoncé par Arcand, dans *Le Goglu*, comme un ami des Juifs, à l'instar de son grand-père Louis Joseph Papineau qui avait été à l'origine de la fameuse loi de 1832 par laquelle on accordait tous les droits politiques aux Juifs du Bas-Canada.

Les conservateurs fédéraux pensent avoir des chances de battre Mackenzie King aux élections générales de 1930, à condition d'augmenter considérablement leur nombre de sièges au Québec. Leur chef, Richard Bedford Bennett, possède une richesse considérable ; en 1929, il s'était engagé à donner 2 500 dollars (26 857 dollars) [28] par mois à l'organisation centrale conservatrice… De septembre 1929 à février 1930 [29], il aura cependant donné 57 000 dollars (612 357 dollars). Les conservateurs n'ont aucune base populaire au Québec ; ils portent l'odieux de la pendaison de Riel et de la conscription de la Première Guerre, et la presse francophone appuie les libéraux. C'est dans ce contexte qu'Adrien Arcand et son associé, Joseph Ménard, sont secrètement approchés, au nom de Bennett, par le sénateur Joseph H. Rainville qui leur propose de financer

---

28. Les nombres entre parenthèses donnés dans cette section constituent la valeur actuelle (2001) des sommes citées, calculée à l'aide de l'indice de la Banque du Canada, publié sur son site : **www.bank-banque-canada.ca/fr/inflation_calc-f. htm.**
29. Marc La Terreur, *Les tribulations des conservateurs au Québec, de Bennett à Diefenbaker*, Québec, Presses de l'Université Laval, 1979, p. 11.

leurs publications pour qu'elles soutiennent les conservateurs. On leur promet une garantie financière initiale de 25 000 dollars (268 577 dollars) et des appuis supplémentaires si nécessaire, à condition que les deux journaux d'Arcand, *Le Miroir* et *Le Goglu*, et son mouvement, l'Ordre patriotique des Goglus, aident les conservateurs à gagner plus de douze sièges aux élections. Une troisième publication, *Le Chameau*, qui paraît pour la première fois le 14 mars 1930, n'aurait sans doute jamais vu le jour sans cette aide politicienne. Une lettre manuscrite d'Arcand à Bennett, datée du 22 mai 1930 et qui porte la mention *Confidentiel*, indique que les deux hommes se sont déjà rencontrés au moins une fois, lorsque Arcand a exposé au chef conservateur fédéral son plan pour la campagne électorale [30].

> *Last week, my partner Jos. Ménard and I were honored and favored with an interview with you. Our plan of procedure and propaganda was exposed to you as well as our program of meetings throughout this province.*

Après avoir expliqué que leur situation financière est difficile notamment parce qu'un incendie criminel a détruit leur imprimerie, il demande un premier versement sur les subsides promis par le Parti.

> *We thought that, for our peace of mind and working facilities, it would be fair to ask for an immediate amount of $15 000, and a little help occasionnally from Mr Rainville until our three papers are on the way of making a business success parallel to our tremendous political results.*

C'est pendant qu'ils sont ainsi secrètement financés, au milieu du printemps 1930, que les journaux d'Arcand deviennent des véhicules de propagande antisémite. Avec les importants subsides qu'ils reçoivent, Arcand et Ménard entreprennent aussi une vigoureuse campagne en faveur de Bennett et de son

---

30. La lettre se trouve dans le Fonds Bennett, aux Archives publiques du Canada à Ottawa. Il en existe une photocopie dans les archives du Congrès juif canadien à Montréal. Sauf indications contraires, les lettres citées se trouvent dans les archives du CJC, à Montréal, sous la cote : P0005 ARCAND, Adrien (collection).

parti, notamment en imprimant pour eux des centaines de milliers de tracts. Aux élections du 28 juillet 1930, les conservateurs de Bennett prennent le pouvoir en faisant élire cent trente-sept députés, dont vingt-quatre au Québec, et parmi ceux-ci, seize francophones.

> Depuis près de vingt ans, aucun francophone conservateur n'avait été élu à la Chambre des communes, au cours d'une élection générale. Depuis 1891, le Québec n'avait pas envoyé à Ottawa autant de députés « strictement » conservateurs. Ces résultats étaient à peine croyables, si l'on songe que les conservateurs n'avaient fait aucun effort particulier pour plaire au Québec[31].

C'est en vérité la crise économique de 1929 qui explique la défaite des libéraux. Les conservateurs ont bénéficié d'un vote de protestation. Mais au Québec, ils attribuent leur succès à Arcand et à ses journaux qui ont pratiquement été les seuls à les soutenir ; les deux leaders fascistes recevront 18 000 dollars (193 376 dollars) pour leurs services. Nous sommes en 1930, en pleine crise. Les sommes versées en catimini par le chef du Parti conservateur au leader fasciste et tribun antisémite Adrien Arcand pour son appui électoral sont colossales ! On peut se demander si, sans cet apport, les trois feuilles d'Arcand auraient pu survivre.

Le 14 janvier 1931, Adrien Arcand et Joseph Ménard écrivent au premier ministre Bennett pour lui rappeler que son principal organisateur pour le Québec, le sénateur Rainville leur a promis 25 000 dollars (268 577 $) et tout le soutien supplémentaire nécessaire pour le maintien des trois journaux, à condition que *Le Goglu* aide le Parti à gagner plus de douze sièges au Québec. Les deux fascistes se plaignent à Bennett que le sénateur Rainville ne respecte pas ses engagements.

Arcand et Ménard concluent ainsi leur lettre à Bennett : « [...] *we consider you the supreme judge, and whatever will be decided by you will be law for us. Your obedient servants,* {signé] *Adrien Arcand, Joseph Ménard* ».

---

31. Marc LA TERREUR, *op. cit.*, p. 24.

Le 28 janvier 1931, dans une lettre sur papier en-tête du journal *Le Miroir* portant la mention *Confidentiel*, Arcand et Ménard détaillent les dépenses qu'ont encourues leurs journaux pour le Parti, durant la dernière campagne électorale. La facture compte notamment 2 400 dollars pour la distribution gratuite de quatre-vingt mille exemplaires du *Goglu* et du *Miroir* dans lesquels on faisait la promotion des candidats conservateurs, et 1 000 dollars pour une édition spéciale du *Miroir* en réponse à un article de *La Presse* qui reprochait aux conservateurs d'avoir imposé la conscription durant la Première Guerre. En outre, les deux antisémites réclament 52 000 dollars (627 752 dollars) pour avoir organisé pour le Parti cent quatre assemblées électorales qui avaient attiré quatre cent mille personnes. (Ils évaluent à 500 dollars le coût de chaque assemblée.) Au total, ils exigent la somme de 65 900 dollars (784 690 dollars). Par ailleurs, ils reconnaissent avoir reçu du sénateur Joseph H. Rainville, chef organisateur du parti conservateur fédéral au Québec, la somme de 18 000 dollars pour laquelle ils ont signé un titre de créance (bond) lui donnant un privilège (lien) sur leurs trois journaux, le jour où leur compagnie sera incorporée.

Arcand et Ménard reviennent à la charge dans un mémo, daté du 14 juillet 1931, au nouveau premier ministre Bennett, qu'ils appellent « notre chef » ; ils affirment avoir des dettes de 50 000 dollars (603 608 dollars) et rappellent à Bennett qu'il leur a promis de rembourser leurs dépenses durant la campagne électorale. Ils vont même le rencontrer à Ottawa pour discuter de la question, mais il ne semble pas que cette visite ait aidé à redresser la situation financière de leurs journaux.

Le 2 janvier 1932, Adrien Arcand et Joseph Ménard écrivent à Bennett, sur papier en-tête du *Miroir* : « Nous sommes sur le bord de la faillite, et notre entreprise vit ses dernières heures… » Puis ils ajoutent :

> *We will be glad and proud in our misfortune to have loyally served our ideal, our country, the doctrin (sic) of our Party and the God-sent man who leads our country so wisely in this hour of great distress and who has all our admiration and confidence.*

Ils terminent en affirmant :

> *If God permits that, by one way or the other, we survive for one week or one year, you may rest assured that we will be during that time as we have been since our first interview,*
>
> *Your loyal and faithful Soldiers,*
>
> [signé]
>
> *Adrien Arcand Joseph Ménard*

Les conservateurs fédéraux canadiens ne sont pas les seuls à financer Arcand, qui reçoit aussi de l'argent d'un ami, Lord Sydenham, ancien gouverneur de Bombay qui appartient à l'extrême droite du Parti conservateur britannique. Le Lord est un antisémite notoire et auteur d'un brûlot, *The Jewish World Problem.* Arcand reproduit régulièrement dans ses journaux les élucubrations maladives de ses amis anglais d'outre-mer ; il correspond avec le bizarre Arnold Spencer Leese, chef de la Imperial Fascist League, de Grande-Bretagne. Auteur d'un ouvrage classique sur les chameaux, Leese, dans l'ordre, haïssait les Juifs, et adorait les chameaux, l'Empire britannique et le fascisme ; vétérinaire et végétarien, il avait une fixation sur la viande kasher. Arcand trouvait les spéculations de Leese tellement captivantes qu'il envoya une copie de son journal, *The Fascist,* à Bennett, croyant que cela pourrait l'intéresser [32]. Mais c'est à un autre antisémite anglo-saxon farfelu, le Rhodésien Henry Hamilton Beamish, qu'il emprunta son idée d'envoyer les Juifs à Madagascar...

Les diatribes antisémites d'Arcand sont d'une telle violence que les deux députés juifs de l'Assemblée législative du Québec, Peter Bercovitch et Joseph Cohen, proposent des projets de loi qui le condamnent. Au début de 1932, Arcand écrit : « Nous n'avons jamais caché le fait que toute notre sympathie va au mouvement de Hitler. » Arcand accumule les poursuites en diffamation contre lui et, en mai 1932, il va de nouveau de-

---

32. Martin Robin, *Shades of Right. Nativist and Fascist Politics in Canada, 1920-1940,* Toronto, University of Toronto Press, 1992, p. 118.

mander à ses amis, les conservateurs fédéraux, de le tirer d'affaire. Le 7 juin 1932, le député conservateur de la circonscription de Saint-Antoine, Leslie G. Bell, un personnage influent dans le Parti, écrit au premier ministre que *Le Goglu* « *as you are aware, rendered us efficient and valuable service during the last election campaign. On every occasion when it was necessary to call upon their services, they responded most effectively.* » Plus loin dans sa lettre, le député Bell affirme : « *I am quite thoroughly convinced that the proprietors of " The Goglu " are conservative in their politics and are prepared to back the Federal interests with all their strength.* »

Un autre député conservateur anglophone de Montréal, John A. Sullivan, intervient également auprès de Bennett pour qu'il aide Arcand et Ménard à sauver leurs journaux. En parlant de l'horrible torchon antisémite qu'est *Le Goglu*, Sullivan écrit : « *It would be a pity to see it fall, and you alone can help it in the present circumstances.* » Incapables de faire face aux conséquences financières de toutes les poursuites qui se sont accumulées contre eux, Arcand et Ménard sont mis en faillite.

Le 4 janvier 1933, Arcand, toujours assez proche de Bennett, écrit à son secrétaire particulier pour lui dire que le représentant de Hitler à Washington, Kurt Ludecke, aimerait vivement rencontrer le premier ministre durant la troisième ou la quatrième semaine de janvier. « Laissez-moi savoir si cela est possible. » Kurt Ludecke est le représentant du Parti nazi allemand chargé de recueillir des fonds et des appuis en Amérique. Il n'existe aucune trace documentaire permettant de savoir si cette rencontre a eu lieu, non plus que d'écrits indiquant que le premier ministre Bennett ait refusé ou évoqué quelque prétexte que se soit pour l'éviter.

Le député libéral montréalais S. W. Jacobs, qui préside le Congrès juif canadien en 1933, écrit à un ami de Baltimore :

> *Not one person carrying on an anti-Jewish campaign in Quebec is a man of responsibility. Many are youths, not yet twenty. Quebec public men are with us. [...] We have one paper in Quebec worse in its attitude to Jews than any in Germany. It must be subsidized, for prior*

to its present campaign against Jewry, it was dragged through the bankruptcy courts[33].

Jacobs ne sait pas que c'est l'homme qu'il affronte quotidiennement aux Communes, le premier ministre du Canada lui-même, R. B. Bennett, qui a été la principale source de financement de cette feuille antisémite. En mars 1933, les trois journaux le plus violemment antisémites du Canada ferment leurs portes. Le nouvel intermédiaire entre Bennett et Arcand, Pierre Édouard Blondin, leader du gouvernement au Sénat canadien, a conseillé à Arcand de faire faillite et de repartir à zéro. « *Turn a new sheet.* » La nouvelle publication antisémite d'Arcand, lancée le 4 mai 1934, s'appelle *Le Patriote*.

Entre temps, les fascistes progressent rapidement dans les Prairies. Au Manitoba, malgré les lois contre le libelle haineux adoptées en 1934, le Canadian Nationalist Party continue à publier des articles venimeux contre les Juifs. En Alberta, le Canadian Corps Association demande une commission d'enquête sur les menées fascistes dans la province. Lita-Rose Betcheman, auteur de T*he Swastika and the Maple Leaf*, écrit : « *From 1933 to 1935, the western fascists were actually more numerous and better organised than Arcand's party*[34]. »

Alors qu'Arcand multiplie les attaques contre les Juifs, les conservateurs fédéraux le considèrent toujours comme un des leurs, quelqu'un qui, un jour, pourrait renouveler leur parti. Au début de 1934, le sénateur Blondin confie à Bennett, en parlant d'Arcand :

> [...] *he has launched a movement which (under the name of The Christian national party) aims simply at the debunking of all the rot in the old parties, which, when the end comes, will be found to be « a regenerated Conservative party » in Quebec, which I think we need*[35].

---

33. Lita-Rose BETCHEMAN, *op. cit.*, p. 37.
34. *Ibid.*, p. 45.
35. Correspondance de Pierre Édouard Blondin et R. B. Bennett, citée par Robin MARTIN, *op. cit.*

Les conservateurs fédéraux sont tellement satisfaits des activités d'Arcand qu'ils le nommeront de nouveau responsable de la publicité pour la campagne électorale au Québec, à l'approche des élections de 1935. Arcand et son journal, *Le Fasciste canadien*, vont soutenir le Parti conservateur et mener une virulente campagne contre Mackenzie King, qui remportera malgré tout une éclatante victoire, avec cent soixante-quatorze des deux cent cinquante sièges des Communes. En dépit de l'appui d'Arcand, les conservateurs ne garderont que cinq sièges au Québec.

En 1936, dans une lettre à Bennett, un organisateur conservateur, A. W. Reid, estimera que le parti a versé au total 27 000 dollars (359 284 dollars) à Arcand. Cependant, tout n'a sans doute pas été dit sur les liens entre les conservateurs fédéraux et le fasciste Adrien Arcand; les archives Arcand d'avant-guerre ont disparu alors qu'elles étaient en possession de la Gendarmerie royale du Canada. On parle de tonnes de documents qui ont été saisies par la GRC en 1940, et qui n'ont jamais été revues depuis!

Il est manifeste que les fascistes et les sympathisants nazis étaient plus nombreux au Canada anglais qu'au Québec, mais les chefs fascistes anglophones étaient des individus ternes et sans relief. Ce ne sera pas la première fois qu'un parti politique canadien aura compté sur un leader charismatique en provenance du Québec pour prendre le pouvoir. Arcand partageait les positions impérialistes britanniques des groupes fascistes anglo-canadiens; et il voulait diriger le Canada, pas le Québec. Si son parti avait été élu, il aurait exigé une participation plus grande du Canada dans les affaires de l'Empire. Arcand était un fasciste dans la plus pure tradition britannique. Comme le souligne Lita-Rose Betcheman, un membre de la Canadian Legion ou un orangiste n'aurait pu s'objecter lorsqu'il s'écriait: « [...] *we will fight for our King, our God, our country. Communism is a crime against God, the family, the King, the home, everything*[36]. » Il est prévu dans les statuts de son parti que chaque

---

36. *The Globe and Mail,* 5 janvier 1938; cité par Lita-Rose BETCHEMAN, *op. cit.,* p. 109.

réunion commence par le salut fasciste. Tenant le bras droit levé, les militants récitent le serment suivant :

> *Moved by the unshakable faith in God, a profond love for Canada, ardent sentiment of patriotism and nationalism, a complete loyalty and devotion toward our Gracious Sovereign who forms the recognized principle of active authority, a complete respect for the British North America Act, for the maintenance of order, for national prosperity, for national unity, for national honour, for the progress and the happiness of a greater Canada, I pledge solemnly and explicitly to serve my party. I pledge myself to propagate the principles of its program. I pledge myself to follow its regulation. I pledge myself to obey my leaders. Hail the party! Hail our Leader [37] !*

Les membres de tous les partis fédéralistes canadiens actuels pourraient, sans se renier, prêter ce serment ! Arcand était un fédéraliste, un impérialiste, un adversaire déterminé de Lionel Groulx et des nationalistes québécois, qu'il considérait comme des ennemis à combattre.

> [...] *Arcand insists that his organisation as no sympathy with the extreme French nationalist mouvement represented by the group which split from Premier Duplessis, after he was returned to power because he would not go all the way they wished. « We were the first in Quebec to fight Separatism, Arcand declares, and we are carrying on that fight very satisfactorily, swallowing many ex-members of that failing movement. »*
>
> *Frankly, the National Social Christian Party is aiming for Dominion power, Arcand admits, describing Dominion power as the real key to the vital problems of this country [38].*

Arcand restera un fédéraliste convaincu toute sa vie. Le 3 mai 1965, il écrit au chef de l'Union nationale, Daniel Johnson, pour lui dire tout le mal qu'il pense de l'organe du Parti :

> De dégoût, j'ai dû à regret annuler mon abonnement au *Montréal Matin* qui m'était livré à l'auberge Saint-Pierre, à Lanoraie. Ce journal, de par ses articles, commentaires, éditoriaux, « communi-

---

37. Frederick EDWARDS, « Fascism in Canada », *Maclean's Magazine*, 15 avril 1938, p. 66.
38. *Ibid.*, p. 68.

qués» mis en bonne place et avec gros titres, est devenu plus séparatiste que tous nos mouvements séparatistes [39]...

Le fascisme au Canada, dans les années 1930, prône un
gouvernement central fort. *The Thunderbold*, l'organe de la
Canadian Union of Fascists, va jusqu'à réclamer l'abolition des
administrations provinciales et l'établissement d'un état cor-
poratif fédéral.

En 1938, le Ontario Nationalist Party a formé une section
de choc, et ses «légionnaires» se livrent plusieurs fois par semaine à des exercices et à des défilés sous la direction du
fasciste-orangiste Joseph Farr. Cette troupe de choc est constituée essentiellement d'Anglo-Saxons portant chemises bleues
et brassards à croix gammée. Dans l'Ouest, les immigrants allemands manifestent de la sympathie pour Hitler:

> *Indeed, nazi and fascist activity in Saskatchewan was sufficiently
> alarming that a large protest meeting was held in June 1938 and a
> deluge of letters from veteran's groups and patriotic societies espres-
> sing their concern descended upon the Minister of Justice in Ottawa.
> The situation continued to cause alarm. A year later, a resident of a
> little town not far from Saskatoon reported to CCF HQ that «this
> spring fascist activities here so menaced the peace of the community
> that the Canadian legion found it necessary to organize a "protect
> democracy drive"». Even after the outbreak of war, the MP for
> Prince Albert, John Diefenbaker, was asking the government what it
> intended to do about nazi influence in Saskatchewan [40].*

L'année 1938 verra la fusion du Parti national social chrétien d'Arcand avec le Canadian Nationalist Party, de l'Ouest, et
le Ontario Nationalist Party, dont l'existence clandestine remonte aux Swastika Clubs. Le nouveau parti prend le nom de
National Unity Party of Canada, le Parti de l'unité nationale du
Canada. Aucun des partis fédéralistes actuellement aux Communes ne rejetterait un tel nom. Le symbole du Parti de l'unité
nationale du Canada est une croix gammée entourée de

---

39. Lettre d'Adrien Arcand à Daniel Johnson, Collection Adrien Arcand, Biblio-
    thèque Vanier, Université Concordia, Montréal.
40. Lita-Rose Betcheman, *op. cit.*, p. 127.

feuilles d'érable et surmontée d'un castor. La première réunion du nouveau parti est prévue pour avril 1938, dans un quartier juif de Toronto. Arcand privilégie toujours les tactiques de provocation qui s'inspirent de celles du fasciste anglais, Sir Oswald Mosley. À l'ouverture du congrès de fondation, le 4 juillet 1938, les chefs fascistes envoient un télégramme au gouverneur général du Canada l'assurant de leur loyauté. L'assemblée, qui se déroule au Massey Hall de Toronto, réunit deux mille cinq cents participants. Le premier orateur, le chef fasciste ontarien Joseph Farr, se lance dans une attaque en règle contre les Juifs ; des représentants des autres provinces se succèdent ensuite au micro avec des discours à l'avenant.

Même si son chef le plus célèbre était Canadien français, l'extrême droite au Canada, avant la guerre, et c'est encore le cas aujourd'hui, était essentiellement anglophone. Selon des transfuges du parti d'Arcand, celui-ci n'a jamais compté plus de mille huit cents membres au Québec. Par contre, pour la seule ville de Toronto, la police municipale avait compilé une liste de plus de mille partisans du groupe nazi National Unity Party of Canada. Si on ajoute à ce nombre les fascistes du reste du Canada anglais, il est évident que les partisans francophones d'Arcand sont largement minoritaires ; et si on joint à ces nazis les membres d'organisations rivales et les militants du Ku Klux Klan, nombreux dans les Prairies, il ne fait aucun doute que les Québécois constituaient une faible minorité de l'extrême droite militante.

Le nazisme florissant en Europe alimente l'antisémitisme du Canada anglais. À compter de 1935, l'Allemagne nazie enlève aux Juifs la citoyenneté allemande et leur droit de vote, et les expulse de la fonction publique. Le gouvernement canadien ne condamne pas ces outrages pour la bonne raison que des lois et des pratiques semblables existent déjà au Canada anglais contre les Juifs et contre d'autres minorités ethniques.

À Toronto, des affiches proclament : *Jews Keep Out/Gentiles Only*. On organise des boycotts de commerces, parce qu'ils appartiennent à des Juifs. Toronto est alors un bastion anglo-

protestant où s'épanouissent l'intolérance religieuse et la discrimination raciale. Les Juifs peuvent pratiquer le droit, mais
les grands bureaux leur sont fermés ; ils peuvent devenir médecins, mais de nombreux hôpitaux les refusent. Dans l'espoir de
démontrer l'antisémitisme des Québécois, on rappelle régulièrement au Canada anglais qu'en 1934, quatorze stagiaires en
médecine à l'hôpital Notre-Dame firent la grève lorsque
Samuel Rabinovitch, premier de sa classe à l'Université de
Montréal, fut embauché. Pourtant, on ne cite presque jamais
un autre incident antisémite qui s'est produit la même année,
à savoir que le Regina Hospital, en Saskatchewan, refusa d'en-
gager deux médecins juifs comme radiologistes, prétextant que
cela serait « inacceptable » pour les autres employés et pour la
population. L'avocat Irving Himel, cofondateur de l'Association torontoise des libertés civiles, fut au cœur de la bataille ju-
ridique qui mit fin à la pratique qui interdisait la vente d'im-
meubles ou de terrains à des Juifs ; il se souvient des années
1930 à Toronto.

> *In those days, Jews couldn't get jobs in places like Eaton's and Simp-*
> *son's. There were quotas to keep them out of universities and deeds*
> *had clauses restricting the sale of properties to Jews, and if you loo-*
> *ked Jewish or had a Jewish name, you were turned away from hotels*
> *and resorts* [41].

Même s'il a pu avoir le soutien de quelques membres du
clergé catholique pour certaines de ses campagnes, Arcand n'a
jamais reçu l'appui de la hiérarchie catholique ; le pape Pie XI
avait dénoncé Hitler pour avoir brisé le concordat de 1933, et
le clergé québécois était ouvertement antinazi. D'autre part,
l'option fédéraliste d'Adrien Arcand l'éloignait des nationalistes qui, après l'affaire Riel et la conscription de la Première
Guerre, étaient recentrés sur le Québec. De plus, de manière
générale, l'antisémitisme au Québec semble avoir été moins
répandu qu'au Canada anglais. Professeur de science politique
à l'Université Simon-Fraser, de Colombie-Britannique, et

---

41. Cité dans *National Post*, 30 juillet 2001, p. A-12.

auteur d'un des deux livres de référence sur le fascisme au Canada durant la période d'avant-guerre, Martin Robin est d'avis qu'il n'y a jamais eu de mouvement de masse antisémite au Québec.

> *The nationalist organizations, though tinged and tainted with anti-Semitism, did not, separately or together, comprise an anti-Semitic movement whose primary purpose was to combat and eradicate an alleged jewish menace. Anti-Semitism of the other sort, the virulent, obsessive kind, the psychopathological species, which elevated the Jewish question to the key to the mystery of the world and served as the one true guide to social and political action, remained in Quebec the property of the marginal misshapen few; coteries of troubled men, women – and bobolinks* [42] *– who, as the depression deeped, descended into the gutter of Jew-bashing and Fascist politics* [43].

L'antisémitisme au Québec n'a jamais eu, non plus, un caractère populaire. Comme le souligne le Pr Robin : « *French Canadians, in their everydays contacts, got along rather well, and that whatever prejudice did exist, was of the superficial sort and, in any event, decidedly non violent.* » Il n'y a jamais eu au Québec d'incidents comme à Christie Pits : le fait est indéniable, la plus grande manifestation antisémite de l'histoire du Canada a eu lieu à Toronto. Sur les bonnes relations entre Juifs et Canadiens français, Martin Robin cite le discours d'Israel Rabinovitch au cours d'une réunion de la division Est du Congrès juif canadien, le 22 octobre 1933 :

> *One must not perpetate the error of considering the French Canadians as irretrievably anti-semitic. [...] Those Jews who come into contact with our French Canadian neighbors, in business or in any other walk of life, will testify to the fact that often one can most excellently harmonize with them, and particularly when one speaks their language and when one manifests an understanding of their national sensibilities* [44].

---

42. Goglus.
43. Martin ROBIN, *op. cit.*, p. 109.
44. *Ibid.*, p. 109.

Mackenzie King

De tous les premiers ministres du Canada, William Lyon Mackenzie King est celui qui a exercé le pouvoir le plus long-temps : vingt et un ans ! Et au Canada anglais, il est considéré comme le plus grand d'entre eux. Ce qu'on sait moins, c'est qu'il était aussi un adepte du spiritisme et un antisémite.

Le 17 décembre 1933, à l'occasion de son anniversaire de naissance, Mackenzie King réunit parents et amis qui lui mani-festent leur affection et lui offrent leurs vœux... Pourtant, ils sont tous morts depuis au moins dix ans ! Voici ce qu'il confie à son journal intime au sujet de cette touchante petite fête de famille :

> The record tonight was an amazing one. It came through very clear, as follows :
>
> | Who is there? | Mother | Any message? | Love! |
> | Who is there? | Father | Any message? | Love! |
> | Who is there? | Max | Any message? | Happy birthday! |
> | Who is there? | Bella | Any message? | Happy birthday[45]! |

Alors que le pays est plongé dans la plus grave crise écono-mique de son histoire et malgré sa formation en économie, Mackenzie King, un individu troublé, crédule et irrationnel converse presque chaque jour avec des esprits et « préfère se ré-fugier dans le spiritisme plutôt que de tenter de trouver des so-lutions à la crise », pour reprendre les mots d'un de ses biogra-phes, Luc Bertrand :

> En effet, au début des années 30, Mackenzie King utilise toutes les méthodes possibles pour communiquer avec les morts. Il apprend à lire des feuilles de thé dans une tasse. Il consulte des médiums, ces personnes qui sont supposées posséder le pouvoir de commu-niquer avec les esprits.
>
> Les techniques varient. Une fois concentré, le médium se met à écrire avec rapidité sur une feuille pour livrer à Mackenzie King le message d'une personne décédée. Parfois, un esprit parle par la

---

45. Journal personnel de Mackenzie King, p. 487a.

bouche du médium en s'adressant directement à lui. Un jour, Mackenzie King entend un médium parler une langue que ni l'un ni l'autre ne connaît. Cela suffit à Mackenzie King pour croire en ce pouvoir extraordinaire [46].

Aussi paranoïaque qu'excentrique, Mackenzie King est convaincu que ses domestiques écoutent aux portes lorsqu'il s'entretient avec ses médiums, et qu'ils sont donc au courant de ses secrets. Il changera donc de technique afin que son personnel ne puisse l'espionner en train de converser avec les morts. Après les médiums, il fera appel aux tables tournantes !

Chaque soir, il parle avec des morts et pas n'importe lesquels ! Dans l'autre monde, Mackenzie King a des relations privilégiées. Qu'il soit chef de l'opposition ou premier ministre du Canada, dans les moments les plus importants de sa carrière ou les plus décisifs pour le pays, il consulte, si l'on en croit son journal intime, les célébrités suivantes : Léonard de Vinci, Laurent de Médicis, Louis Pasteur, Wilfrid Laurier, saint Luc, saint Jean, Anne Boleyn (la malheureuse femme de Henri VIII d'Angleterre, décapitée sur l'ordre de son mari), le premier ministre anglais Gladstone et de nombreuses autres personnalités des arts, de la politique et de la culture. Si la coterie de fantômes illustres qui entoure Mackenzie King, lui prodiguant conseils et informations, est vraiment impressionnante, elle est plutôt mal renseignée. Il faut croire que les esprits ne sont pas plus perspicaces que les vivants…

Ainsi, la veille des élections générales du 14 octobre 1935, au cours d'une séance de spiritisme, il demande ses prédictions à Wilfrid Laurier (mort en 1919), qui lui accorde une majorité de quarante-cinq sièges… Ce bon Laurier est dans l'erreur : « Elle sera plutôt de quatre-vingt-dix-sept sièges. Par ailleurs, tous les conservateurs importants dont Laurier avait prévu la défaite ont été réélus. Encore une fois, un esprit trompeur semble s'en être mêlé [47]…»

---

46. Luc BERTRAND, *L'énigmatique Mackenzie King*, Vanier, Les Éditions L'interligne, 2000, p. 70.
47. *Ibid.*, p. 75.

Séance de spiritisme, le 1ᵉʳ septembre 1939, chez Mackenzie King. Bulletin spécial d'informations d'outre-tombe! Des esprits avertissent le premier ministre du Canada qu'un Polonais a assassiné Hitler. La rumeur qui circulait dans l'Au-delà est malheureusement sans fondement: le 3 septembre 1939, la Grande-Bretagne et la France déclareront la guerre à Adolf Hitler, toujours führer de l'Allemagne.

Les commentateurs du Canada anglais, qui ont pris plaisir à mettre en cause la santé mentale de certains premiers ministres du Québec, n'ont jamais sérieusement étudié (avec des psychiatres?) le cas Mackenzie. Sa naïveté terminale de même que les signes patents de problèmes psychoaffectifs (attachement infantile à sa mère, peur des femmes, etc.) mériteraient une évaluation psychiatrique détaillée. La discrétion est tout aussi grande au sujet de son antisémitisme caractérisé. Car chez lui, spiritisme et admiration pour le régime nazi et son chef allaient de pair. Le lucide et pénétrant premier ministre du Canada, à la veille de la Seconde Guerre mondiale, faisait ainsi, dans son journal intime, l'éloge d'Adolf Hitler:

> Je suis convaincu qu'Hitler est un spirite et que, comme moi, il fait appel à l'esprit de ses parents et amis décédés. Je crois qu'il est dévoué à sa mère, comme je le suis à la mienne. Je crois que le monde va connaître un très grand homme en Hitler. Je ne comprends pas toute sa pensée, ni sa cruauté envers les Juifs, mais Hitler lui-même n'est qu'un paysan. Je dirais même qu'il atteindra un jour le même rang que Jeanne d'Arc, comme libérateur de son peuple, et, s'il est le moindrement prudent, il peut devenir le libérateur de toute l'Europe [48].

Dans leur ouvrage *None Is Too Many*, Irving Abella et Harold Troper citent une autre observation encore plus délirante, tirée du journal intime de Mackenzie King. Le premier ministre du Canada considère qu'Hitler pourrait devenir un sauveur du monde: « *He might come to be thought of as one of the saviours of the world. He had the chance at Nuremberg, but*

---

48. Cité par Luc Bertrand, *op. cit.*, p. 83.

*was looking to Force, to might, and to violence as means to achie-
ving his ends, which were, I believe at heart, the well-being of his
fellow man, not all fellow men, but those of his own race* [49] »

À la conférence impériale de 1937 à Londres, la politique
d'apaisement du premier ministre britannique, Neville Cham-
berlain, est fortement encouragée par Mackenzie King. Ce dernier, de plus en plus fasciné par Hitler, décide même d'aller en
Allemagne le rencontrer. Le Berlin que Mackenzie King visite
en 1937 est sous le coup des lois antisémites de Nuremberg : les
Juifs sont exclus de diverses professions ; ils sont interdits dans
plusieurs hôtels et centres de villégiature... tout comme en
Ontario. Et comme Toronto et Ottawa, Berlin est couvert d'affiches qui avertissent que les Juifs ne sont plus les bienvenus
dans différents établissements. Cela ne choque donc nullement
Mackenzie King, qui voit tous les jours la même chose, notamment au Club Rideau à Ottawa...

Le premier ministre canadien profite de son passage à Berlin pour signer un accord commercial avec l'Allemagne nazie ;
il passe ensuite une soirée à l'opéra avec Goering. Quand Hitler tient devant lui des propos outrageusement antisémites,
King ne s'objecte pas ; le ton sur lequel il les note dans son
journal intime montre même qu'il y souscrit :

> [...] *I would have loathed living in Berlin with the Jews, and the way
> in which they increased their numbers in the City, and were taking
> possession of its more important part. He said there was no pleasure
> in going to a theatre that was filled with them. Many of them were
> very coarse and vulgar and assertive. They were getting control of all
> the business, the finance, and had really taken advantage of the
> people. It was necessary to get them out, to have the German people
> control their own City and affairs. He told me that I would have
> been surprised at the extent to which life and morals had become
> demoralized; that Hitler had set his face against all that kind of
> thing, and had tried to inspire desire for a good life in the minds of
> young people.*

---

49. Sauf indication contraire, les citations du journal de Mackenzie King sont
    tirées de l'ouvrage de Irving ABELLA et Harold TROPER, déjà cité.

Mackenzie King, le plus grand des premiers ministres canadiens, ne prend pas la défense des Juifs devant son interlocuteur ! Il n'écrit rien dans son journal qui indique la moindre objection aux paroles totalement méprisables que le Führer a prononcées en le prenant à témoin. Au contraire, il note : « *My sizing up of the man, as I sat and talked with him, was that he is really one who truly loves his fellow man.* » King est on ne peut plus heureux d'avoir rencontré un tel homme qui, de surcroît, partage son opinion sur les Juifs. À la veille de quitter Berlin en pleine répression antisémite, il consigne sereinement ceci : « *I can honestly say that it was as enjoyable, informative and inspiring as any visit I have had anywhere.* » Et enfin, preuve manifeste de son manque total de jugement et d'appréciation pour ce qui se passe en Allemagne, « *I come away from Germany tremendously relieved.* » À la Chambre des communes, seul le député juif de Toronto, Sam Factor, aura le courage de dénoncer les ouvertures amicales du premier ministre du Canada à Hitler.

Le 29 mars 1938, William Lyon Mackenzie King, l'homme qui, au début du siècle, avait multiplié les efforts pour interdire le Canada aux Asiatiques, écrit dans son journal intime, en parlant du Canada : « *We must nevertheless seek to keep this part of the Continent free from unrest and from too great an intermixture of foreign strains of blood, as much the same thing as lies at the basis of the Oriental problem. I fear we would have riots if we agreed to a policy that admitted numbers of Jews*[50]. »

Un an après son voyage en Allemagne, Mackenzie King reçoit à sa résidence d'été de Kingmere ; après le dîner, il cause avec ses invités, dont le secrétaire de la légation américaine à Ottawa. Il se rappelle avec tendresse sa rencontre avec Hitler, qu'il décrit comme un homme doux et très sincère. Dans le compte rendu qu'il fera de cette soirée, le diplomate américain

---

50. Cité par Jean GERBER, « Too Close to Home », *Canadian Jewish News*, 19 avril 2001. Éditiom Internet : www.cjnews.com/pastissues/01/apr19-01/features/ feature1.htm.

ajoutera que King considère que Hitler a le visage d'un honnête homme (*a good man*), d'un rêveur qui donne l'impression d'avoir un tempérament artistique [51].

En septembre 1938, MacKenzie King croit toujours que Hitler est un personnage de qualité. « Hitler et Mussolini, quoique dictateurs, se sont vraiment efforcés de faire le bonheur des masses, et ainsi, de s'assurer de leur appui. [...] La manière dictatoriale était peut-être nécessaire afin de retirer ces bienfaits aux privilégiés qui les monopolisaient jusque-là [52]. » À la même époque, il dira encore que l'admission de réfugiés représente peut-être une plus grande menace pour le Canada que Hitler lui-même. En 1939, il affirme à une délégation juive venue le rencontrer que la *Kristallnacht* pourrait être une bénédiction... cette Nuit de cristal du 9 novembre 1938 où les SS et les sympathisants nazis avaient incendié des centaines de synagogues, de commerces et de maisons appartenant à des Juifs, et durant laquelle trente mille Juifs seront arrêtés et déportés dans des camps de concentration.

La politique d'exclusion des réfugiés juifs [53]

Plus hypocrite que les États-Unis, le Canada n'a jamais établi de quotas officiels contre des groupes spécifiques. Ici, c'est de façon oblique, notamment par des *gentleman's agreements*, qu'on a procédé en vue d'opérer une sélection raciale et ethnique des immigrants. Les Britanniques et les Américains furent toujours les bienvenus, encouragés, recrutés, leur voyage souvent subventionné ; ensuite, on donnait préférence aux Européens du Nord. Au bas de l'échelle, figuraient les Juifs, les Asia-

---

51. Cité par Irving ABELLA et Harold TROPER, *op. cit.*, p. 37.
52. Luc CHARTRAND. « Dis-moi la vérité ! Le mythe du Québec fasciste », *L'actualité*, vol. XXII, n° 3, 1er mars 1997.
53. Ma description de la politique canadienne d'immigration en ce qui concerne les Juifs, pour la période 1935-1945, se fonde sur l'ouvrage décisif quant à cette question, et déjà cité, *None Is To Many*, de Irving ABELLA et Harold TROPER.

tiques et les Noirs : on ne voulait pas d'immigrants qui appartenaient à « des races qui ne peuvent être assimilées sans des pertes sociales et économiques pour le Canada ». Selon Abella et Troper, tous les immigrants étaient évalués « *by their degree of similar "racial characteristics" to the Anglo-Canadian majority* ».

L'opposition conservatrice appuyait la politique d'immigration du gouvernement et s'opposait également à l'immigration juive. Le chef conservateur Robert Manion évoque à cet effet le problème du chômage. En Ontario, un sondage auprès des députés fédéraux et provinciaux montre que libéraux et conservateurs sont d'accord avec Manion. Seul le CCF réclame l'admission au pays d'un quota équitable de réfugiés. La ligne éditoriale du *Globe* était qu'il fallait maintenir comme majoritaire au Canada la race britannique [54].

L'homme chargé de mettre en application cette politique d'immigration raciste au Canada s'appelle Frederick Charles Blair ; il a été nommé directeur des Services d'immigration en 1935 par le premier ministre Bennett, le prédécesseur de Mackenzie King. Né en 1874, à Carliste en Ontario, de parents écossais, Blair est un baptiste antisémite. Il est convaincu que le Canada est en danger de se voir submergé par les Juifs, et que sa mission est d'en endiguer le flot. Selon son expression, il ne veut pas que le Canada devienne « *the dumping ground for 800,000 Jewish refugees* ». Il estime que « les Juifs ne peuvent pas être traités comme une nation ou un groupe religieux, mais seulement comme une race ». L'intérêt du Canada étant de les empêcher d'y entrer, il encourage Hitler à trouver une solution nationale à son problème juif. Sous l'autorité de Mackenzie King, c'est cet homme qui définira la politique canadienne d'immigration jusqu'en 1943.

Entre Juifs et non-Juifs venant du même pays et ayant les mêmes conditions socioéconomiques et professionnelles, ce sont toujours les seconds qui auront la priorité. De plus, les

---

54. Lita-Rose Betcheman, *op. cit.*, p. 133.

Juifs seront les seuls de tous les réfugiés à être classés par les fonctionnaires de l'immigration canadienne non en vertu de leur citoyenneté mais selon leur *race*, quel que soit leur pays d'origine. Dans le rapport annuel de la Direction de l'immigration, Blair écrit : « Le Canada, en accord avec la pratique généralement acceptée, accorde plus d'importance à la race qu'à la citoyenneté [55]. » L'Allemagne nazie n'aurait pas dit mieux...

Dans les années qui précèdent immédiatement la Seconde Guerre mondiale, tout le monde sait ce qui se passe en Allemagne : les nazis y ont officiellement entrepris l'anéantissement de la communauté juive, et plus personne ne peut plaider l'ignorance. Ému, le président Roosevelt convoque pour le 6 juillet 1938, à Évian en Suisse, une conférence dont l'objet sera le problème que représente l'exode de deux cent mille Juifs à la suite de l'annexion forcée de l'Autriche par l'Allemagne nazie. Le Canada fera partie des trente-deux pays qui fermeront leurs portes à ces réfugiés. Dans son intervention, le représentant d'Ottawa à la conférence affirme que le pays ne veut accueillir que des fermiers, excluant ainsi l'immense majorité des Juifs autrichiens qui sont citadins. Le refus du Canada et des autres pays participant à la conférence d'Évian va encourager la solution finale. Hitler ne comprend que très bien, aux vues des résultats catastrophiques de la conférence d'Évian, que personne ne veut des Juifs.

Comme on le constate dans une lettre qu'il envoie à un pasteur anglican de Toronto, le raciste Frederick Blair est parfaitement conscient que les Juifs sont menacés d'extermination en Europe, mais il ajoute qu'« en admettre un plus grand nombre au Canada ne résoudrait pas le problème [56] ».

Le futur gouverneur général Vincent Massey, alors haut commissaire du Canada à Londres, était membre du groupe Clivenden, une coterie aristocratique pro-allemande et antisémite animée par Lord et Lady Astor. Massey fit en sorte que de

---

55. Irving ABELLA et Harold TROPER, *op. cit.*, p. 230.
56. *Ibid.*, p. 35.

nombreux Allemands des Sudètes, catholiques ou sociaux-démocrates, déplacés par les Accords de Munich, s'établissent au Canada. Quelques jours après avoir reçu les recommandations de Vincent Massey, le gouvernement autorisa l'immigration de ces Allemands, mais maintint son interdiction aux Juifs, pourtant exilés pour la même raison. Cependant, quand des Juifs qui s'étaient vus refuser l'entrée au Canada sous un prétexte ou un autre reprenaient la procédure en s'affirmant chrétiens, ils se voyaient alors autorisés à entrer au pays sans aucune difficulté. Tout au long de la guerre, Vincent Massey s'opposa à ce que le Canada donne refuge aux Juifs européens ; après 1945, fidèle à lui-même, il soutint que le Canada n'avait pas, non plus, l'obligation de recevoir des survivants de l'Holocauste.

Dans un long chapitre de *None Is Too Many*, Abella et Troper décrivent en détail comment le Canada refusa de laisser entrer au pays des milliers d'enfants juifs qui finirent dans les camps d'extermination nazis. Ils citent aussi Frederick Blair qui se moque d'un groupe de Juifs qui, ayant réussi à quitter le Japon, auraient voulu émigrer au Canada : « Ça me rappelle ce que j'ai déjà vu sur une ferme à l'heure de nourrir les porcs, quand ils tentent tous de mettre le pied dans la mangeoire. » En mars 1939, Blair alla même jusqu'à entreprendre des démarches pour déporter vers l'Allemagne des Juifs qui étaient arrivés au Canada avec des visas de touristes.

Le 15 mai 1939, le luxueux paquebot *Saint-Louis* quitte Hambourg, en Allemagne, à destination de Cuba avec à son bord neuf cent sept Juifs qui avaient fait partie de la haute société allemande avant que le gouvernement hitlérien ne les dépouille de leurs droits et de leurs biens. Pendant que le navire traverse l'Atlantique, La Havane révoque leur autorisation de débarquer ; les États-Unis les refusent également. Les réfugiés de la mer se tournent alors vers le Canada. Mackenzie King accompagne le roi et la reine d'Angleterre dans leur tournée américaine, lorsqu'il apprend le sort tragique des passagers du *Saint-Louis*. Malgré les appels à la compassion des Canadiens

d'origine juive, le premier ministre se déclare « catégoriquement opposé à l'admission des passagers du *Saint-Louis*»,
affirmant qu'il ne s'agit pas là d'un problème canadien.

Son homme de main pour les questions juives, Frederick
Blair, proclame que le Canada en a déjà trop fait pour les Juifs.
« [...] si ces Juifs devaient trouver refuge [au Canada], ils seraient suivis par d'autres à pleins bateaux. Aucun pays ne
pourrait ouvrir ses portes assez grandes pour recevoir les centaines de milliers de personnes juives voulant quitter l'Europe :
on doit tracer la ligne quelque part. »

Le *Saint-Louis* retourne donc en Europe. La Belgique, com-
patissante, accueille ses passagers juifs qui se dispersent en
Grande-Bretagne, en Belgique, en Hollande et en France...
Après l'invasion de ces trois derniers pays, nombre d'entre eux
seront capturés par la Gestapo et mourront dans les camps
d'extermination nazis.

Une fois la guerre déclarée, la conduite malveillante des
fonctionnaires fédéraux envers les Juifs sera encore plus abjecte. Quelque deux mille Juifs allemands résidant au Canada
sont alors considérés comme des étrangers ennemis et internés
dans les mêmes camps que les prisonniers de guerre SS et les
sympathisants nazis. Dans un documentaire réalisé par le Conseil canadien des chrétiens et des juifs, *Toward a Just Society*, le
rabbin Erwin Schild raconte son expérience :

> [...] *the fact that we were treated as German sympathizers, and no-
> body hated the Germans as passionately as I did, or as we did, me
> and my colleagues. And then to be interned as possible German sym-
> pathizers, well that's a uniquely Jewish experience. It's an absur-
> dity* [57].

Le même documentaire souligne que le Canada, à l'époque
de Mackenzie King, soumettait certains de ses citoyens à la
même sorte de persécution que pratiquaient les tyrans contre

---

57. *Toward a Just Society*, produit et dirigé par David A. Stein pour le Conseil canadien des chrétiens et des juifs. La transcription de la vidéo est présentée sur
www.interlog.com/~cccj/J.

lesquels ils se battaient : « *While Canadians fought to liberate the people of the world from the tyranny of fascism, enslavement, and genocide, at home, Canada subjected some of its own citizens to the same kind of ethnic persecution practiced by the Axis powers*[58]. »

L'antisémitisme tranquille des Églises protestantes

Devant les terribles persécutions dont eurent à souffrir les Juifs, les Églises protestantes ont-elles eu une attitude plus exemplaire que celle de l'Église catholique, identifiée aux francophones et si souvent vilipendée par les commentateurs *Canadians* ?

Alan Davies, ministre de l'Église unie du Canada et professeur à l'Université de Toronto, et Marilyn Nefsky, sociologue à l'Université de Lethbridge, qui ont étudié la question en se fondant sur des documents officiels des Églises protestantes, arrivent à la conclusion que, dans l'ensemble, elles sont restées silencieuses quand le gouvernement fédéral refusait impitoyablement l'asile aux Juifs. Les deux auteurs estiment de plus que l'antisémitisme a formé un courant souterrain au sein du protestantisme canadien, nourri de chauvinisme anglo-britannique[59].

L'Église unie, la plus importante confession protestante, déplora l'antisémitisme en Allemagne, mais un de ses pasteurs les plus libéraux, Claris Silcox, favorable à l'immigration juive, préconisait cependant l'établissement de quotas pour limiter le nombre d'étudiants juifs dans les facultés de médecine canadiennes…

Le clergé anglican, toujours selon Davies et Nefsky, entretenait lui aussi des idées antisémites. L'évêque A. C. Headlam,

---

58. *Ibid.*
59. Alan T. Davis, *How Silent were the Churches? Canadian Protestantism and the Jewish Plight During the Nazi Era*, Wilfrid Laurier University Press, 1997 ; cité par Sheldon Kirshner, « The Kirshner File », *The Canadian Jewish News*, 23 avril 1998.

président du Conseil anglican des relations étrangères, condamnait la violence contre les Juifs, tout en rendant ces
derniers responsables de la violence des communistes russes et
en accusant les libres-penseurs juifs d'utiliser le judaïsme pour
diffamer le christianisme. Tout autant que les membres de
l'Église unie, les anglicans croyaient que la conversion au christianisme était le remède ultime à l'antisémitisme. Officiellement donc, l'Église anglicane condamnait l'antisémitisme et,
surtout, ses dérives, mais elle privilégiait l'immigration blanche, anglo-saxonne et protestante.

L'Église presbytérienne, dont était membre le premier ministre Mackenzie King, montrait aussi un manque de tact
quant aux questions juives. Au sujet de la Nuit de cristal, le
révérend John Inkster, de la Knox Presbyterian Church de
Toronto, la plus importante paroisse de la confession, estimait
que les Juifs n'étaient pas sans reproches puisqu'ils n'avaient
pas embrassé le christianisme. Pour leur part, les baptistes
n'étaient ni meilleurs ni pires que les autres confessions protestantes, en ce qui concernait les Juifs et le judaïsme.

Les luthériens, souvent d'origine allemande ou scandinave,
furent largement silencieux sur les crimes commis par les nazis. Quant aux mennonites, la plupart de descendance allemande ou russe, ils condamnaient l'antisémitisme allemand
comme cruel et se plaignaient qu'il gênait leurs efforts missionnaires auprès des Juifs allemands... D'après Davies et
Nefsky, la communauté mennonite était malgré tout contami-
née par l'antisémitisme, comportement qui était attisé par une
fascination pour Hitler et le nazisme, et par la conviction que
les Juifs étaient responsables des malheurs de la planète, plus
particulièrement du communisme. Encore une fois aveugles
ou ignorants de ce qui s'était passé dans leur propre société, les
donneurs de leçons du Canada anglais reprochent à l'Église catholique d'avoir adopté le même type de comportement, en
évoquant les mêmes justifications.

LE PLAN ROOSEVELT POUR RÉGLER LA QUESTION DES CANADIENS FRANÇAIS ET DES JUIFS

En 1942, dans une lettre à Mackenzie King, le président Roosevelt propose de collaborer en vue d'assimiler les Canadiens français et les Franco-Américains. Il suggère qu'une politique concertée, mais secrète, non écrite, serait peut-être appropriée. Roosevelt confie également à Mackenzie King qu'il entend, après la guerre, disperser les Juifs et les Italiens de New York, trop nombreux à son goût dans cette ville.

Extrait

When I was a boy in the « nineties », I used to see a good many French Canadians who had rather recently come into the New Bedford area, near the old Delano place, at Fair Haven. They seemed very much out of place in what was still an old New England community. They segregated themselves in the mill towns and had little to do with their neighbours. I can still remember that the old generation shook their heads and used to say, « this is a new element which will never be assimilated. We are assimilating the Irish but these Quebec people won't even speak English. Their bodies are here, but their hearts and minds are in Quebec ».

Today, forty or fifty years later, the French Canadian elements in Maine, New Hampshire, Massachusetts and Rhode Island are at last becoming a part of the American melting pot. They no longer vote as their churches and their societies tell them to. They are inter-marrying with the original Anglo Saxon stock; they are good, peaceful citizens, and most of them are speaking English in their homes.

All of this leads me to wonder whether, by some sort of planning, Canada and the United States, working toward the same end, cannot do some planning – perhaps unwritten planning which would not even be a public policy – by which we can hasten the objective of assimilating the New England French Canadians and Canada's French Canadians into the whole of our respective bodies politic. There are, of course, many methods of doing this, which depend on local circumstances. Wider opportunities can perhaps be given to them in other parts of Canada and the U.S.; and at the same time, certain opportunities can probably be given to non French Canadian stock to mingle more greatly with them in their own centers.

In other words, after nearly two hundred years with you and after seventy-five years with us, there would seem to be no good reason for great differentials between the French population elements and the rest of the racial stocks.

It is on the same basis that I am trying to work out post-war plans for the encouragement of the distribution of certain other nationalities in our large congested centers. There ought not to be such a concentration of Italians and of Jews, and even of Germans as we have today in New York City. I have started my National Resources Planning Commission to work on a survey of this kind[60].

Les rescapés de l'enfer nazi : des indésirables au Canada

Le 20 mai 1943, discutant avec un chargé d'affaires hollandais qui s'informait de la possibilité que des Juifs hollandais résidents de pays neutres puissent obtenir l'asile au Canada, le directeur de l'immigration, Frederick Blair, lui affirma : « Les Juifs et les autres éléments indésirables ne seront jamais admis au Canada[61]. » Même si, au Canada anglais, plusieurs se montraient favorables à l'accueil de réfugiés juifs durant la guerre, on y était opposé à toute immigration juive définitive. Un responsable de la communauté juive de Winnipeg écrit à un collègue de Toronto :

---

60. Cité par Richard CLÉROUX dans sa chronique du 12 mai 1998 sur Canoe : www. canoe.ca/CNEWSPoliticsColumns/may12_cleroux2.html.
61. Irving ABELLA et Harold TROPER, *op. cit.*, p. 147.

They fear the question of [Jewish] immigration as much as the Devil is said to fear holy water. They are all in favor of Canada offering « sanctuary for refugees » at the present time, but they do not wish this issue to be confused with the question of opening the doors of Canada to non Anglo-Saxon immigrants after the war. Many of them are in favor of refugees, but opposed to immigrants[62].

L'éditeur du *Winnipeg Free Press*, James H. Gray, reproche aux Canadiens de verser des larmes de crocodile sur le sort des Juifs européens : « *It is unfortunately but decidedly untrue to say that the people of Canada are unanimous in desiring to see justice done to the Jews. [...] It is unfortunately but decidedly untrue to say that they desire to see all measures taken to relieve the plight of the Jews*[63]. »

En Alberta, le *Hanna Herald* met ses lecteurs en garde contre une pétition qui réclame l'assouplissement des règlements sur l'immigration, et se demande pourquoi les Juifs constituent le groupe le plus détesté du monde entier, tout en affirmant que le sentiment antisémite est contraire à l'enseignement chrétien et aux idées humanistes. En 1943, la Légion canadienne est le porte-étendard d'une campagne contre l'admission d'Européens indésirables au Canada, et lance un appel à un programme d'immigration britannique intensif dès après la guerre.

Déjà au début de 1939, le premier ministre de Colombie-Britannique, T. D. Patullo, avait avisé Mackenzie King que sa province était disposée à accepter des réfugiés, mais qu'elle ne voulait pas beaucoup de Juifs... Il est aujourd'hui un pont qui porte son nom à New Westminster.

Le dossier d'Ottawa quant à l'accueil des rescapés juifs de l'enfer nazi est particulièrement scandaleux. Le Canada, le plus grand pays libre de la planète et l'un des moins populeux, n'en accepta qu'un peu moins de 4 400, le plus petit nombre de tous les pays d'immigration :

---

62. *Ibid.*, p. 159.
63. *Ibid.*, p. 159.

États-Unis	200 000
Palestine	125 000
Grande-Bretagne	70 000
Argentine	50 000
Brésil	27 000
Chine	25 000
Bolivie et Chili	14 000

Durant la guerre, le Canada fera tout pour cacher cette épouvantable réalité. Ottawa réussira même à convaincre une revue américaine sérieuse que sa politique d'accueil envers les Juifs européens est admirable ; à la fin de 1943, *The New Republic* apprend avec satisfaction à ses lecteurs qu'au moins un pays ne se contente pas de vœux pieux horrifiés, mais prend les moyens appropriés pour secourir les Juifs de l'Holocauste. La revue rapporte que, depuis 1933, le Canada a admis 39 000 immigrants d'Europe, dont une grande majorité de réfugiés ; *The New Republic* reprochait aux États-Unis sa politique peu généreuse envers ces derniers. C'était encore une fois un cas de complaisance mal fondée de la part des Américains envers le Canada, et cet éloge reflétait l'habileté de la campagne mensongère de relations publiques d'Ottawa. Irving Abella et Harold Troper montrent dans leur ouvrage que les soi-disant 39 000 immigrants européens sauvés par le Canada comprenaient... 25 000 prisonniers de guerre de pays de l'Axe, 4 500 Allemands internés en Grande-Bretagne, embarqués de force pour le Canada, et 8 000 Britanniques temporairement évacués de Grande-Bretagne. Peut-on imaginer un mensonge plus effronté !

Quand Frederick Blair prit sa retraite en 1943, il reçut la plus haute décoration pour services méritoires rendus au Canada. Son successeur, A. L. Joliffe, maintint jusqu'en 1949 la politique d'immigration antisémite du gouvernement canadien. Trois mois après la fin de la guerre, Joliffe écrivit :

The claim is sometimes made that Canada's immigration laws reflect class and race discrimination : they do, and necessarily, so. Some form of discrimation cannot be avoided if immigration is to be effec-

tively controlled in order to prevent the creation in Canada of expen-
ding non assimilable racial groups, the prohibiting of entry to immi-
grants of non assimilable races is necessary [64].

Dans l'immédiat après-guerre, de 1945 à 1948, des 65 000 réfugiés admis au Canada, seuls 8 000 étaient juifs. Durant la même période, de concert avec les autorités britanniques, on permettait à plusieurs criminels de guerre nazis qui avaient collaboré avec les services secrets britanniques de s'installer au Canada.

On mesure la profondeur de l'antisémitisme du premier ministre Mackenzie King lorsqu'on lit dans son journal personnel, en date de 1946 – alors que les faits de l'Holocauste sont connus – cette réflexion sur son ancien professeur, le fervent antisémite Goldwin Smith, dont nous avons parlé au début de ce chapitre :

I recall Goldwin Smith feeling so strongly about the Jews. He expres-
sed it at one time as follows : that they were poison in the veins of a
community [...] the evidence is very strong, not against all Jews [...]
that in a large percentage of the race, there are tendencies and trends
which are dangerous indeed [65].

Six millions de morts n'ont rien changé à l'opinion que « le plus grand premier ministre de l'histoire du Canada » se faisait des Juifs. Aucun remords, aucune mauvaise conscience. Aucune compassion. Ils ne sont toujours pas les bienvenus au Canada. Les bons immigrants pour Mackenzie King, ce sont des Anglo-Saxons blancs d'Europe du Nord ou de pays du Commonwealth. Même en 1947, alors que le gouvernement envisage de libéraliser sa politique d'immigration pour faire face à une pénurie de main-d'œuvre, Mackenzie King n'avait pas changé son approche raciste du problème, comme l'illustre cette intervention aux Communes :

The people of Canada do not wish, as a result of mass immigration,
to make a fundamental alteration in the character of our population.

---

64. Irving ABELLA et Harold TROPER, *op. cit.*, p. 199.
65. Cité par Gerald TULCHINSKY, *op. cit.*, p. 238.

> *Large-scale immigration would change the fundamental composi-*
> *tion of the Canadian population. And be certain to give rise to social*
> *and economic problems of a character that might lead to serious dif-*
> *ficulties in the field of international relations* [66].

En 1947, un décret ministériel autorise, par privilège spécial, cinq cents orphelins juifs de l'Holocauste à entrer au
Canada. Mais la politique officielle d'exclusion des Juifs se
poursuivra encore un an. Seuls ceux « qui possèdent la capacité
de s'ajuster » au Canada peuvent s'y établir. Pendant la plus
grande partie de son histoire, le Canada a été un pays réservé
aux Blancs. Modelé sur la Grande-Bretagne, le Canada anglais
était une société élitiste, fermée aux réfugiés persécutés et aux
immigrants non blancs.

Les antisémites William Lyon Mackenzie King et Frédé-
reck Blair sont responsables de la mort, dans des camps d'extermination nazis, de milliers d'hommes, de femmes, d'enfants et de vieillards qu'ils ont refusé d'accueillir au Canada.
À cause d'eux, le Canada porte la honte d'avoir le pire bilan
de toutes les démocraties occidentales en ce qui a trait à l'accueil des réfugiés juifs. Interviewé pour le documentaire
Toward a Just Society, réalisé par le Conseil canadien des chrétiens et des Juifs, le Pr Irving Abella soulignait que « *Canada*
had perhaps the most miserly record of any western country, of
any immigration country in providing a haven to Jewish refu-
gees from Nazi terror during World War II and before World
War II [67] ».

De façon odieuse, Mackenzie King a régulièrement invo-
qué l'opposition du Québec à l'admission de réfugiés comme
prétexte pour justifier sa conviction intime que le Canada ne
devait pas admettre de Juifs qui fuyaient l'Allemagne Nazie. Il
fit porter le blâme sur le Québec, alors que le Canada anglais
dans son ensemble était plus qu'hostile à leur venue.

---

66. Cité dans la chronologie du Canadian Council for Refugees sur **www.web.net/
    ~ccr/history.html**.
67. *Toward a just society,* op. cit.

Les Canadiens français avaient une attitude défensive devant l'immigration juive ou autre parce que, depuis la Conquête, la politique avouée et maintes fois répétée des Anglo-Canadiens était de les noyer sous un flot migratoire. Les Juifs et les Canadiens français subissaient les mêmes discriminations de leur part, comme le souligne Morton Weinfeld :

> *The Jews are a small minority within Quebec; but the Québécois are an equally small minority within a predominantly English-speaking continent. To understand the situation of Jews in Quebec, it is thus important to recognize that we have here not a classic minority-majority relationship, but rather one between two groups, each of which is deeply marked by minority traits. [...] Both groups share parallel histories of minority struggle and perceived victimization, including a common exclusion by a dominant Anglo-Saxon group from key economic and social sectors in Quebec*[68].

Pour conclure ce chapitre particulièrement sombre de l'histoire contemporaine du Canada, je me permets de citer longuement le Pr Gérard Bouchard, dans sa présentation des Actes du colloque « Les Juifs et les Canadiens français dans la société québécoise ». Ses considérations au sujet de la situation au Québec s'appliquent *a fortiori* au Canada tout entier :

> Un discours incessant et à plusieurs voix a érigé en stéréotype la xénophobie, l'intolérance, le racisme et l'antisémitisme, présentés comme des comportements caractéristiques des Canadiens français, qui faisaient injure à la bonne réputation internationale du Canada. Bien malgré eux et le plus souvent à leur insu, plusieurs francophones ont largement intériorisé ce discours, jusqu'à se convaincre que ces traits peu enviables leur étaient en quelque sorte spécifiques. Les porte-parole de la communauté juive ont contribué à accréditer cette représentation. Par exemple, ils ont vivement dénoncé, et avec raison, les expressions d'antisémitisme chez les Canadiens français au cours des années 1920-1930. Mais ils fermaient les yeux sur les vexations et préjudices qui, parallèlement, leur étaient infligés par les Anglo-Québécois. [...] On ne se

---

68. Morton WEINFELD, *The Jews of Quebec*, cité par Xavier Gélinas, *Notes on Anti-Semitism among Quebec Nationalists, 1920-1970 : Methodological Failings, Distorted Conclusions* : **www.qsilver.queensu.ca/history/Papers/gelinas.htm**.

Épilogue

Le dessein des *Minutes du patrimoine* est de faire croire que francophones et anglophones au Canada vivent dans une société d'admiration mutuelle malgré certaines vicissitudes mineures sur lesquelles on ne s'étend guère. L'entreprise conforte le Canada anglais dans l'ignorance des crimes qui ont marqué son histoire nationale et, du côté québécois, perpétue le mythe de la coopération harmonieuse des deux grands peuples fondateurs dans l'édification du pays.

Alors que le Québec a une culture et une identité bien affirmées, celles du reste du Canada le sont moins. D'où les efforts du gouvernement fédéral pour créer une identité canadienne, qui soit fondée sur quelque chose de plus solide que le Programme national d'assurance-maladie. Son intérêt actuel pour l'histoire s'inscrit dans cette démarche.

Depuis quelques années, le gouvernement du Canada engage des dépenses considérables pour susciter une histoire nationale acceptable tant pour les anglophones que pour les francophones et les autres communautés de la mosaïque canadienne. En réaliser une qui soit à la fois véridique et qui satisfasse tout le monde, tout en évitant les platitudes de la rectitude politique, relève de la quadrature du cercle. Au Canada, il est impossible d'écrire une histoire nationale qui fasse consensus parce que, en fait, il y a deux histoires nationales, différentes et antagonistes. Il est plus facile de concocter des capsules télévisées à l'eau de rose vantant les grands Canadiens et les mirifiques réalisations du pays que de parler des forfaits, des injustices, du mépris, de la discrimination dont ont été l'objet les Canadiens français et les autres minorités au Canada…

Au début du xixe siècle, les Canadiens français avaient déjoué les plans qu'ourdissaient les Anglais à leur endroit en apprenant à utiliser le système parlementaire britannique à leur avantage. L'affaire s'est terminée avec les troubles de 1837-1838 et l'Acte d'Union, qui consacrait définitivement leur mise en minorité dans un Canada-Uni. La période de tension actuelle, qui date de la fin des années 60 du xxe siècle, n'est pas sans rappeler cette époque. Un mouvement d'affirmation nationale, enclenché avec la Révolution tranquille, menace de nouveau l'intégrité du régime politique canadien.

Le rapport de domination qui caractérisait les relations entre le Canada anglais et les Canadien français s'est transformé en un rapport de concurrence depuis que les Québécois se sont fixé pour objectif de construire sur leur identité nationale un état différent de celui du Canada anglais. Cette aspiration a engendré une concurrence politique entre deux ambitions universalistes [1] pour reprendre l'analyse de la politologue Maryse Potvin.

La conviction arrogante du Canada anglais que son État est moralement supérieur à celui que se construisent les Québécois et, contrairement à ce dernier, véritablement universaliste assure un blocage complet de la situation politique actuelle. Elle explique aussi la hargne, les emportements rageurs, les dérapages racistes, la mauvaise foi évidente et la démesure qui caractérisent le discours anglo-canadien à l'égard du Québec. L'exemple vient de haut. Trudeau, le plus éloquent porte-parole du Canada, n'a-t-il pas déjà déclaré devant le Congrès des États-Unis que l'indépendance du Québec serait un crime contre l'humanité ? Le projet québécois, qui vaut bien l'autre, a l'avantage de s'appuyer sur une identité nationale plus mar-

---

1. Maryse POTVIN, « Les dérapages racistes à l'égard du Québec au Canada anglais depuis 1995 », *Politique et Sociétés*, vol. XVIII, n⁰ 2, 1999.

quée que celle de la majorité anglophone en voie de dissolution rapide dans l'américanité malgré les attentions et les soins palliatifs que lui prodigue la ministre du Patrimoine.

L'Histoire dira si ceux qui ont repris le flambeau de Papineau, des patriotes et de leur projet national parviendront à le réaliser.

* * *

Ce survol du côté sombre de l'histoire du Canada s'arrête à la fin de la Première Guerre mondiale, dans le cas des Canadiens français, et n'aborde que de façon incidente les exactions commises contre les autochtones. En plus des chapitres consacrés aux Japonais et aux Juifs, il aurait fallu dénoncer la répression des peuples indigènes, de même que les iniquités perpétrées contre les Noirs et contre d'autres communautés immigrantes qui ont été, elles aussi, l'objet de politiques d'exclusion et de discrimination de la part de la majorité canadienne.

J'envisage d'aborder dans une suite éventuelle à cet ouvrage le traitement réservé à ces communautés, tout en poursuivant le survol des injustices commises à l'endroit des Canadiens français durant la période allant de 1920 à nos jours. Ce second tome, s'il est écrit, traitera aussi du Ku Klux Klan canadien et de l'extrême droite raciste et antisémite, une manifestation, de nos jours, presque exclusive au Canada anglais, et à la région de Toronto.

Normand Lester,
Outremont, octobre 2001

Bibliographie

Volumes

ABELLA, Irving et Harold TROPER, *None Is Too Many*, Toronto, Lester and Orpen Dennys, 1983.

ADACHI, Ken, *The Enemy That Never Was: A History of the Japanese Canadians*, Toronto, McClelland and Stewart Ltd, 1977.

ANCTIL, Pierre, Gérard BOUCHARD et Ira ROBINSON, *Juifs et Canadiens français dans la société québécoise* [Actes du colloque], Sillery, Éd. du Septentrion, 2000.

ARMSTRONG, Elisabeth, *Le Québec et la crise de la conscription, 1917-1918*, Montréal, VLB éditeur, 1998.

BELL, George, *Rough Notes by an Old Soldier*, Londres, Day & Son, 1867.

BERTHELOT, Hector et Édouard-Zotique MASSICOTTE, *Le bon vieux temps*, Montréal, Beauchemin, 1916.

BERTRAND, Luc, *L'énigmatique Mackenzie King*, Vanier, Les Éditions L'interligne, 2000.

BETCHEMAN, Lita-Rose, *The Swastika and the Maple Leaf. Fascist movements in Canada in the Thirties*, Don Mills, Fitzhenry & Whiteside, 1975.

BETTATI, Mario, *Le droit d'ingérence, mutation de l'ordre international*, Paris, Éditions Odile Jacob, 1996.

BOTHWELL, Robert et J. L. GRANARTSTEIN, *Our Century: The Canadian Journey in the Twentieth Century*, Toronto, McArthur & Co., 2001.

BROWN, Anthony Cave, *Treason In The Blood*, New York, Houghton Mifflin, 1994.

CONLOGUE, Ray, *Impossible Nation: The Longing for Homeland in Canada and Quebec*, Toronto, The Mercury Press, 1999.

COSTELLO, John, *Mask of Treachery: Spies, Lies, and Betrayal*, révisé et mis à jour, New York, Warner Books, 1990.

COSTELLO, John et O. TSAREV, *Deadly Illusions*, New York, Crown Publishers, 1993.

DAVIS, Alan, T., *How Silent Were the Churches? Canadian Protestantism and the Jewish Plight During the Nazi Era*, Waterloo, Wilfrid Laurier University Press, 1997.

DE LAGRAVE, Jean-Paul, *Les journalistes démocrates au Bas-Canada (1791-1840)*, Éd. de Lagrave, 1975.

DESCHÊNES, Gaston (textes réunis et présentés par), *Une capitale éphémère. Montréal et les événements tragiques de 1849*, Sillery, Septentrion, 1999.

FILTEAU, Gérard, *Histoire des Patriotes*, Montréal, Éd. l'Aurore/Univers, 1980.

————, *Le Québec, le Canada et la guerre 1914-1918*, Montréal, Les Éditions de l'Aurore, 1977.

FRANCIS, Diane, *Fighting for Canada*, Toronto, Key Porter Press, 1996.

GOULET, Georges R.D., *The Trial of Louis Riel, Justice and Mercy Denied*, Calgary, Telwell Publishing, 1999.

GRAY, Clayton, *Le vieux Montréal*, Montréal, Éditions du Jour, 1964.

GRAY, J., *The Winter Years. The Depression on the Prairies*, Toronto, Macmillan of Canada, 1966.

GREENWOOD, F. Murray, *Legacies of Fear. Law and Politics in Quebec in the Era of the French Revolution*, Toronto, University of Toronto Press, 1993.

GREER, Allan, *Habitants et Patriotes*, Montréal, Boréal, 1997.

HARE, John, *Aux origines du parlementarisme québécois, 1791-1793*, Québec, Éd. du Septentrion, 1993.

KITAGAWA, Muriel, *This is my Own: Letters to Wes & Other Writings on Japanese Canadians, 1941-1948*, Vancouver, Talonbooks, 1995.

KOCH, H.W., *The Origins of the First World War*, New York, Taplinger Pub. Co., 1972.

KYTE SENIOR, Elinor, *Les Habits rouges et les Patriotes*, Montréal, VLB éditeur, 1997.

LA TERREUR, Marc, *Les tribulations des Conservateurs au Québec, de Bennett à Diefenbaker*, Québec, Presses de l'Université Laval, 1979.

LACOURSIÈRE, Jacques, *Histoire populaire du Québec*, Sillery, Septentrion, 1995.

LACOURSIÈRE, J. et C. BOUCHARD, *Notre histoire. Québec-Canada*, Montréal, Éditions Format, 1972.

LEBLANC, Dudley, *The Acadian Miracle*, Lafayette (Louisiane), Evangeline Pub. Co., 1966.

LEBLANC, Émery, *Les Acadiens*, Montréal, Éditions de l'Homme, 1963.

LEFEBVRE, André, *La Montreal Gazette et le nationalisme canadien (1835-1842)*, Montréal, Guérin éditeur, 1970.

LEVITT, Cyril H. et William SHAFFIR, *The Riot at Christie Pits*, Toronto, Lester & Orpen Dennys, 1987.

LONG, J. C., *Lord Jeffrey Amherst: A Soldier of the King*, New York, Macmillan, 1933.

MARCHAND, Jean-Paul, *Conspiration? Les anglophones veulent-ils éliminer le français du Canada?*, Montréal, Stanké, 1997.

McINNES, Tom, *Oriental Occupation of British Columbia*, Vancouver, Sun Publishing Co., 1927.

MIKI, Roy et Cassandra KOBAYASHI, *Justice in Our Time, The Japanese Canadian Redress Settlement*, Vancouver, Talonbooks, 1991.

O'CONNELL, Robert L., *Of Arms and Men: A History of War*, Weapons and Aggression, New York et Oxford, Oxford University Press, 1989.

OIWA, Keibo, *Stone Voices: Wartime Writings of Japanese Canadian Issei*, Montréal, Vehicule Press, 1991.

OMATSU, Maryka, *Bittersweet Passage: Redress and the Japanese Canadian Experience*, Toronto, Between The Lines, 1992.

OUELLET, Fernand, *Le Bas-Canada, 1791-1840, changements structuraux et crises*, Éd. Ottawa, Université d'Ottawa, 1980.

PAPINEAU, Louis Joseph, *Histoire de la Résistance du Canada au gouvernement anglais*, Montréal, Comeau & Nadeau, 2001.

PARKMAN, Francis, *The Conspiracy of Pontiac and the Indian War after the Conquest of Canada*, Boston, Little, Brown, 1886.

RENS, Jean-Guy, *L'Empire invisible*, Québec, Presses de l'Université du Québec, 1993. (cf. site des Presses de l'Université du Québec)

RICHLER, Mordecai, *OH CANADA! OH QUEBEC! Requiem for a Divided Country*, New York, Alfred A. Knopf, 1992.

ROBIN, Martin, *Shades of Right. Nativist and Fascist Politics in Canada, 1920-1940*, Toronto, University of Toronto Press, 1992.

ROYAL, Joseph, *Histoire du Canada, 1841-1867*, Montréal, Beauchemin, 1909.

RUMILLY, Robert, *Histoire de la province de Québec*, Montréal, Éd. Bernard Valiquette.

SCHWARZ, Frederic D., *Awful Disclosures*, American Heritage, 1999. (cf. site de American Heritage)

SPEISMAN, Stephen, *The Jews Of Toronto: A History to 1937*, Toronto, McClelland and Stewart, 1987.

SPRAGUE, Donald, *Canada and the Metis, 1869-1885*, Waterloo, Wilfrid Laurier University Press, 1986.

THOMAS, Lewis H., Dictionnaire biographique du Canada, Québec, Presses de l'Université Laval, 1982.

TRUDEL, Marcel, *La révolution américaine, 1775-1783*, Sillery, Les Éditions du Boréal Express, 1976.

TULCHINSKY, Gerald, *Taking Root: The Origins Of The Canadian Jewish Community*, Toronto, Lester Publishing Ltd, 1992.

VAUGEOIS, Denis, Québec *1792: Les acteurs, les institutions et les frontières*, Montréal, Éd. Fides, 1992.

VAUGEOIS, Denis et Jacques LACOURSIÈRE, *Canada-Québec. Synthèse historique*, Montréal, Éditions du Renouveau pédagogique, 1973.

WADE, Mason, *Les Canadiens français, de 1760 à nos jours*, Montréal, Le cercle du livre de France, 1963.

WALDMAN, Carl, A*tlas of the North American Indian*, New York, Facts on File, 1985.

WALLOT, Jean-Pierre, *Un Québec qui bougeait: trame socio-politique au tournant du XIXᵉ siècle*, Sillery, Les Éditions du Boréal Express, 1973.

WARD, W. Peter, *White Canada Forever: Popular Attitudes and Public Policy Toward Orientals in British Columbia*, Montréal, McGill/Queen's University Press, second edition, 1990.

L'Encyclopédie du Canada, Montréal, Stanké, 1987.

Archives

ARCAND, Adrien, *Correspondance*, Archives du Congrès juif canadien, Montréal, sous la cote: P0005 ARCAND, Adrien (collection).

———, *Lettre à Daniel Johnson*, Collection Adrien Arcand, Special Collections, Vanier Library, Concordia University, Montréal.

BENNETT, R. B., *Fonds R. B. Bennett*, Archives publiques du Canada, Ottawa.

KING, Mackenzie, *Mackenzie King Diaries*, University of Toronto Press, 1980.

Revues et journaux

AMIEL, Barbara, *Maclean's Magazine*, juin 1997.

BABY, François, « Fallait-il sauver le soldat Monckton de l'oubli? », *L'Action nationale*, août 1999. (cf. site de L'Action nationale)

BONOKOSKI, Mark, *Ottawa Sun*, septembre 1997.

BRASSIER, « Lionel Groulx », *L'Action nationale*, avril 1993.

CALDWELL, Gary. « La controverse Delisle-Richler. Le discours sur l'antisémitisme au Québec et l'orthodoxie néo-libérale au Canada », *L'Agora*, juin 1994, vol. I, nᵒ 9. (cf. site de *L'Agora*)

CHARTRAND, Luc. « Dis-moi la vérité! Le mythe du Québec fasciste », *L'actualité*, 1ᵉʳ mars 1997, vol. XXII, nᵒ 3.

———, « Les " Rhodésiens " masqués. Les cercles de droite du Canada anglais sont en train d'inventer un racisme subtil, politiquement correct! », *L'actualité*, 15 avril 2000.

CONLOGUE, Ray, interviewé par Carole Beaulieu, « C'est la culture… stupid! », *L'actualité*, 15 mars 1997. (cf. vigile.net)

DAIGLE, Jean, « La déportation des Acadiens », *Horizon Canada*, vol. I, n° 12, Saint-Laurent, Centre d'étude en enseignement du Canada, 1984.

EDWARDS, Frederick, « Fascism in Canada », *Maclean's Magazine*, 15 avril 1938.

FOGLIA, Pierre. « Faut arrêter de freaker », *La Presse*, 16 décembre 2000.

FOTHERINGHAM, Allan, *Maclean's Magazine*, 30 octobre 1995.

FRANCIS, Diane. « Readers Support Tough Stance against Quebec Separatists », *The Financial Post*, 4 juillet 1996.

————, *The Financial Post*, 14 novembre, 1995.

————, *The Financial Post*, 7 octobre 1996.

FRISKO, Pierre et Jean Simon Gagné, « Le Québec vu par le Canada anglais. La haine. », *Voir*, vol. XII, n° 24, 18 juin 1998.

GERMAN, Daniel, « The Political Game and the Bounds of Personal Honour : Sir Frederick Middleton and the Bremner Furs », *Saskatchewan History*, vol. XLV, n° 1, printemps 1993.

HARRIS, Michael, *The Toronto Sun*, mai 1998.

JOHNSON, William, The Gazette, septembre 1996.

KIRSHNER, Sheldon, « The Kirshner File », *The Canadian Jewish News*, 23 avril 1998.

LASHMER, Paul, « Revealed : Nazis'Friends Inside the British Elite », *The Independent*, dimanche 9 janvier 2000.

LECKER, Robert, *Saturday Night*, juillet/août 1996.

MADSEN, Chris. « Military Law, the Canadian Militia, and The North-West Rebellion of 1885 », *Journal of Military and Strategic Studies*, University of Calgary, printemps 1998.

MARTIN, Lawrence, *The Globe and Mail*, 30 août 1997.

MCPHERSON, James, *Saturday Night*, mars 1998.

MILLOY, M. J. « Rebel Without A Cause. A Response to the Politics of Pierre Falardeau's, *15 Février 1839* », *Hour*, 28 janvier 2001.

NEAL, Christopher, *Cité libre*, février-mars 1998.

PARÉ, Jean, « Opération Salissage », *L'actualité*, 1er mars 1997.

POTVIN, Maryse, « Les dérapages racistes à l'égard du Québec au Canada anglais depuis 1995 », *Politique et Sociétés*, vol. XVIII, n° 2, 1999.

RAKOFF, Vivian, *The Globe and Mail*, 25 août 1997.

ROBSON, John, « Why Levine Must Go », *Ottawa Citizen*, éditorial, 22 mai 1998.

STANLEY, George F. G. « Louis Riel », *Revue d'histoire de l'Amérique française*, vol. XVIII, n° 1, juin 1964. (cf. site de l'Institut d'histoire de l'Amérique française)

————, *Acadiensis*, vol. II, no 1, 1972-1973.

YAFFE, Barbara, Interview de Anna Terrana, *Vancouver Sun*, juillet 1996.

« A Rebellion Diary », *Alberta Historical Review*, vol. 12, 1964.

« MP Compares Bouchard to Hitler », *The Globe and Mail*, 30 juillet 1996.

Vidéo

Toward a Just Society, produit et dirigé par David A. Stein pour le Conseil canadien des chrétiens et des juifs. La transcription de la vidéo est présentée sur www.interlog.com/~cccj/J.

Publications sur Internet

APPLEBLATT, Anthony, *Saskatchewan and The Ku Klux Klan* : www.usask.ca/education/ideas/tplan/sslp/kkk.htm.

DI STASI, Dominic, *Orangeism. The Canadian Scene. A Brief Historical Sketch*, juillet 1995 : www.orangenet.org/stasi.htm.

GERBER, Jean, « Too close to home », *Canadian Jewish News*, 19 avril 2001, internet edition : www.cjnews.com/pastissues/01/apr19-01/features/feature1.htm.

GRIFFITHS, Naomi, *The Acadian Deportation; Causes and Development*, (thèse de doctorat) : www.collections.ic.gc.ca/acadian/english/eexile/eexile.htm.

LACROIX, Benoît et Stéphane STAPINSKY, « Lionel Groulx : actualité et relecture », *Les Cahiers d'histoire du Québec au XXᵉ siècle*, nᵒ 8 : www.vigile.net/groulx/cahiers8pres1.html.

LAWRENCE, Charles, *Lettre aux autorités de Londres* : www.multimania.com/digagnon/raymonde.htm.

LEBLANC, Dudley, The Acadian Miracle : www.collections.ic.gc.ca/acadian/francais/fexile/fexile.htm.

MCCONNELL Brian, *The Canadian Twelfth. An Orange Celebration* : www.firstlight_2.tripod.com/Twelfth.htm.

MENKIS, Richard, *From Immigration To Integration, The Canadian Jewish Experience : A Millennium* ; édition présentée sur le site de B'nai Brith : www.bnaibrith.ca/institute/millennium/millennium03.html.

OUIMET, Adolphe et B.A.T. de MONTIGNY, Riel. *La vérité sur la question métisse*, Bibliotek multimédia : www.microtec.net/~iandavid.

RENTON, Dave. Fascism and Anti-Fascism in Britain : www.dkrenton.co.uk/trent2.html.

ROUGH, Alex, Canadian Orangeism. A Military Beginning, 1991 : www.members.tripod.com/~Roughian/index-97.html.

SCHWARZ, Frederic D., *Awful Disclosures*, American Heritage, 1999 : www.americanheritage.com/99/sep/timemachine/1849.htm.

Acadie; Esquisse d'un parcours; Sketches of a Journey: **www.collections.ic. gc.ca/acadian/francais/fexile/fexile.htm.**

Sites Internet

Anti-Fascist Action – Stockholm. International News: **www.afa-stockholm. antifa.net/nyheter/e01/eN010225.htm#church.**

BABY, François: **www.action-nationale.qc.ca/acadie/baby.html.**

BEAULIEU/CONLOGUE: **www.vigile.net/pol/culture/beaulieuconlogue.html.**

Bibliothèques de l'Université de Washington: **www.lib.washington.edu/ subject/Canada/internment/intro.html.**

B'nai Brith: **www.bnaibrith.ca/institute/millennium/millennium03.html.**

Canadian Council for Refugees: **www.web.net/~ccr/history.html.**

CLÉROUX, Richard: **www.canoe.ca/CNEWSPoliticsColumns/may12_ cleroux2.html.**

Conseil national des Arts du Canada: **www.canadiana.org/ECO/mtq?id= 1046bf9705&doc=38886.**

COUTURE, Patrick: **www.geocities.com/Athens/Ithaca/7318/PONTIAC. HTM.**

D'ERRICO, Peter: **www.nativeweb.org/pages/legal/amherst/lord_jeff.html.**

GERVAIS, Richard: **www.vigile.net/999/gervaismonckton.html.**

Grand Orange Lodge of Ireland: **www.grandorange.org.uk/choose.htm.**

Institut d'histoire de l'Amérique française: **www.pages.infinit.net/histoire/ riel.html.**

La Banque du Canada: **www.bank-banque-canada.ca/fr/inflation_calc-f. htm.**

L'Agora: **www.agora.qc.ca/liens/gcaldwell.html.**

Université du Québec: **www.sciencetech.com/rech/th3.htm.**

University of Calgary: **www.stratnet.ucalgary.ca/journal/1998/article5. html.**

Index onomastique

Table